René Lüchinger
Kampf um Sprüngli

René Lüchinger

Kampf um Sprüngli

Wie Alexandra Gantenbein
eine Schokoladedynastie spaltet

Weltwoche-ABC-Verlag

Für Birgitta und Moritz

©
1993 Weltwoche-ABC-Verlag
Alle Rechte vorbehalten
Umschlag: Heinz Unternährer, Zürich
Satz: rw direktsatz ag, Winterthur
ISBN 3-85504-145-8

Inhalt

Vorwort

«Verfall einer Familie». Diesen Untertitel gab Thomas Mann seinem Roman «Buddenbrooks». Seine letzten Lebensjahre verbrachte der grosse Schriftsteller an der Alten Landstrasse 39 in Kilchberg bei Zürich – als Nachbar der Fabrikantenfamilie Sprüngli. Jahre später gerät auch diese Dynastie ins Wanken.

Das Portrait dieser schweizerischen Schokolade-Dynastie erschöpft sich nicht im Sittengemälde einer Familie, der nach einem gnadenlosen innerfamiliären Machtkampf die Kraft fehlt, die Nachfolge aus den eigenen Reihen sicherzustellen. Es ist auch die Chronik einer Firma, die immer dann in eine tiefgreifende Krise gerät, wenn sie durch die unternehmerische Entwicklung dazu verdammt wird, in eine nächstgrössere Dimension hineinzuwachsen. Um die Jahrhundertwende zog die Umwandlung der Einzelfirma Sprüngli in eine Aktiengesellschaft tiefgreifende Erschütterungen nach sich. An der Schwelle zur Jahrtausendwende löst der Zwang zur Internationalisierung des Geschäfts und die damit verbundene Notwendigkeit, zu einem Konzern zu mutieren, die Krise aus. Immer gehen diese Entwicklungsschübe einher mit einem Verlust an Übersichtlichkeit. In der im zünftischen Zürich über Generationen verankerten Familie Sprüngli reissen dadurch Widersprüche auf, die sich kaum mehr kitten lassen.

Typisch für die Chocoladefabriken Lindt & Sprüngli AG und ebenso typisch für zahlreiche Schweizer Familienbetriebe ist die Rekrutierungsmethode der Verwaltungsräte. Meist wird das oberste Leitungsgremium mit Personen besetzt, die sich irgendwoher kennen, und die nicht selten in einem Abhängigkeitsverhältnis zueinander stehen. Sei es, dass die Familienunternehmer sich gegenseitig in ihre Verwaltungsräte berufen; sei es, dass Einzelne ein halbes Leben in der Firma verbracht haben und als Belohnung auch noch im Aufsichtsrat Platz nehmen dürfen. Oder sei es, dass Bankenvertreter und Familienunternehmer zu einer eigenartigen Symbiose zusammenfinden, in der Kritik- und Konfliktfähigkeit abhanden gekommen sind. Spielt sich dieser Mechanismus in einem börsenkotierten Familienunternehmen ein, in dem der Familienpatriarch an der Spitze nur noch einen Bruchteil der Aktien besitzt, ist dies ein Vorgang von höchster öffentlicher Relevanz.

Insofern verbirgt sich hinter der Geschichte von Lindt & Sprüngli weit mehr als der «Verfall einer Familie», den man allenfalls als Privatsache abtun könnte.

Zürich, Oldsmar/Florida, Frühjahr 1993

Prolog

Wie sich ein Schokoladefabrikant in fünfter Generation anno 1992
mit siebentausend und einer Aktie gegenüber seiner Ex-Frau, der
Hausbank und seinen Aktionären ein letztes Mal die Macht sichert
und den Weg ebnet zum Traualtar

Am 23. April 1992, einem diesigen Donnerstag, ist Dr. rer.
oec. Rudolph R. Sprüngli früh auf den Beinen. Lange hat er
sich auf diesen Tag vorbereitet, Folien und Graphiken zeichnen
lassen, sich Argumentationsstrategien zurechtgelegt. Kurz vor
10 Uhr, dem Beginn der Generalversammlung, sitzt er am
langen Tisch auf der Bühne des grossen Kongresshaussaales in
Zürich. An der Wand hängt schlaff das Firmenemblem der
Chocoladefabriken Lindt & Sprüngli AG. Mit fahrigen Be-
wegungen schiebt der 72jährige Patriarch Aktenbündel hin und
her. Ab und zu wechselt er ein paar Worte mit seinen Verwaltungsräten, die neben ihm auf dem Podium Platz genommen
haben. Der Schokoladefabrikant wirkt nervös.

Kein Wunder. Rudolph Sprüngli steckt in einer fürchterli-
chen Zwangslage. Vor einem Monat hat er sich scheiden lassen,
in einem Monat will er wieder heiraten. Die Einwilligung zur
Scheidung hat ihm seine Ex-Frau unter der Bedingung abgegeben, dass er sich nicht mehr vereheliche. Verstösst er gegen
diese Abmachung, riskiert er, die Kontrolle über ihr stattliches
Aktienpaket zu verlieren. Heute geht es darum, sich die Macht
im Unternehmen unter allen Umständen zu sichern.

Um dies zu erwirken, will Sprüngli den Aktionären der
Chocoladefabriken Lindt & Sprüngli AG drei einschneidende
Statutenänderungen vorschlagen: Die Einflussmöglichkeiten

Dritter sollen ausgeschlossen, die eigene Machtfülle potenziert werden.

Hellwach ist der Schokoladepatron. Das Gesicht etwas eingefallener als sonst, als hätte sich seine ganze Energie in den Sinnen gebündelt, konzentriert darauf, aufkeimenden Widerstand im Aktionärsvolk zu orten. Den Oberkörper leicht vornübergebeugt, wie ein Klappmesser, das in Angriffsstellung schnellen kann.

Denn sicher kann er nicht sein, dass die Aktionäre seinen Anträgen auch diesmal widerspruchslos folgen werden, wie sie das bislang stets getan hatten. Er muss damit rechnen, dass sie sich für einmal nicht zufriedengeben mit dem Drei-Kilo-Kartonkoffer voll Kirschstängeli, Lindor-Kugeln und Schokoladetafeln sowie einer um zehn Franken erhöhten Dividende. Er muss gefasst sein auf unangenehme Fragen.

Es könnte ja schliesslich einer auf die Idee kommen, nachzufragen, warum Verwaltungsratsvizepräsident Kurt Reichlin und sein VR-Kollege Peter Schütz nicht mehr auf dem Podium sitzen. Es könnte einer Auskunft verlangen über den abrupten Rücktritt von Rudolf Konrad Sprüngli, seinem erstgeborenen Sohn und designierten Nachfolger. Naheliegend wäre auch, dass sich einer nach dem Verbleib von Frankreich-Chef Frédéric W. Zimmer erkundigt, den die Aktionäre noch vor einem Jahr mit Standing Ovations für den höchsten Umsatzzuwachs bedacht hatten. Kurzum, es besteht akute Gefahr, dass die Aktionäre ihm Schwierigkeiten machen, ja gar die Palastrevolution wagen und ihm die Gefolgschaft bei seiner Wiederwahl zum Verwaltungsratspräsidenten verweigern.

Ahnungslos strömen die Kapitalgeber durch den Eingang K in den Grossen Saal des Kongresshauses. Punkt 10 Uhr sitzen 1866 Aktionärinnen und Aktionäre, in der Mehrzahl Frauen, in der Hauptsache Betagte, Schulter an Schulter; sie vertreten 21 682 Stimmen oder 77,4 Prozent aller Lindt & Sprüngli-Aktien. Diese geballte Kapitalmacht an der Basis zu neutralisieren, die totale Entmündigung der Aktionäre und die Sicherung der eigenen Machtposition, darauf zielt die Regie an diesem Morgen. Und Rudolph Sprüngli weiss, auf welcher Klaviatur er zu spielen hat. Der erste Akt lautet: Befriedigung der pekuniären Erwartungen der vom Wallis bis Appenzell, von Kilchberg bis Basel Angereisten. Und der Patron zeigt sich spendabel. «Trotz aller widerborstigen Umstände hat unser Umsatz zugenommen», sagt er in seiner Präsidialansprache im Ton innerer Genugtuung, «und so können wir Ihnen heute einen guten Abschluss unterbreiten, der es uns auch erlaubt, unsere Politik der Erhöhung der Dividende um jährlich zwei Prozent des Nominalwertes weiterzuführen.» Die Aktionäre sind befriedigt.

Opium für das Aktionärsvolk ist auch Akt zwei im Sprüngli-Bühnenstück. «Mit besonderer Genugtuung können wir heute bekanntgeben», so der Patron, «dass unsere Unternehmung als erste schweizerische Lebensmittelunternehmung das Zertifikat der «Schweizerischen Vereinigung für Qualitätssicherungs-Zertifikate» gemäss Euro-Norm 29001 erhalten hat.» Kaum einer im Saal hat je etwas von einer solchen Euro-Norm gehört. Zum Beweis, dass es sich hierbei um eine gewichtige Angelegenheit handelt, stemmt der 1.68 Meter kleine Mann am Rednerpult ein voluminöses Dossier in die Höhe. «Dieser dicke Ordner hier, der sich «Qualitätssicherungs-Handbuch» nennt, umfasst lediglich die Grundlage unseres Qualitätssicherungssystems. Das gesamte Werk umfasst rund 50 solche Ordner.» Kaum sind die Worte verhallt, ergiessen sich Hostessen in den Saal, verteilen blaufarbene Schokoladepackungen auf denen zwei Kakaobohnen aufgedruckt sind. Es sind Tafeln dunkler Surfin Schokolade, so etwas wie das Urmeter Sprünglischer Schokoladekunst. Auf der Packung befindet sich das Qualitätssicherungs-Zertifikat. Das Aktionärsvolk ist begeistert.

Die Gefühlswallungen nutzt Sprüngli zu seinem nächsten Handstreich. Auch er ist langfristig vorbereitet. In diesen Part der Dramaturgie werden eingespannt: Ein ahnungsloser Sohn, ein williger Chefredaktor und eine auflagenschwache Wirtschaftszeitung. Vor Tagen hat Sprüngli der «Schweizer Handelszeitung» ein Interview gewährt, in dem er zu den Stichworten von Chefredaktor Kurt Speck über «Manager, Macht und Führung» philosophieren durfte. Just am Tage der Generalversammlung erscheint das Blatt an den Kiosken. Titelzeile: «Das ist mein Nachfolger». Und Rudolph Sprüngli hat 3000 Exemplare nachdrucken lassen, die er während der Generalversammlung auflegen lässt. Die Kapitalgeber reissen sich um die druckfrischen Zeitungen als wären es Lindor-Kugeln. In Windeseile verbreitet sich die Message des Patrons: Luzius Sprüngli, der zweitgeborene Sohn soll den Patriarchen einst ersetzen. Dumm nur, dass der Auserwählte, der auf der anderen Seite des Atlantiks, in den USA, seinem Job nachgeht, nichts von seinem Glück weiss. Doch fürs erste sind die Aktionäre mit dem Verdauen dieser Nachricht beschäftigt. Und dass es noch am selben Tag ein hitziges Telefonat zwischen Vater und Sohn geben wird, wird ihnen kaum zu Ohren kommen. Genausowenig die Tatsache, dass Rudolph Sprüngli das Ganze dann als leidiges Missverständnis, die eindeutige Schlagzeile als journalistische Schlamperei abtun wird.

Nach dieser geschickten Massage der linken, die Gefühlswelt steuernden Gehirnhälfte, leitet der Patron über zum Traktandum 5, «Teilrevision der Statuten zwecks Anpassung an die neuen Aktienrechtsbestimmungen». Er sagt: «Der Besitz von Namenaktien soll pro Aktionär statutarisch auf vier Prozent des Namenaktienkapitals begrenzt werden und zwar ungeachtet seiner Nationalität und seines Wohnsitzes. Mit dieser neuen Statutenbestimmung soll eine liberale Eintragungspraxis und die Öffnung des Namenaktienkapitals auch für Ausländer gewährleistet und eine aktionärsfreundliche Eintragungspraxis verfolgt werden. Bezogen auf die Gesamtzahl von 20 000 Namenaktien sind dies 800 Namenaktien.» Kein Aktionär stolpert über die Worte «liberal» und «aktionärsfreundlich», keinen würgt es im Hals, keiner spürt aufkeimenden Widerspruch. Denn nur oft genug wiederholt, machen sich diese Worte selbständig, verdichten sich zu Wahrheit. Von seinem kapitalgebenden Fussvolk unbedrängt kann der Schokoladeboss der börsenkotierten Publikumsgesellschaft noch eine eigentliche «Lex Sprüngli» nachschieben und seinen «verehrten Aktionärinnen und Aktionären» mitteilen, dass «die heutigen Besitzstände der sehr wenigen Aktionäre, die bereits über vier Prozent des Namenaktienkapitals besitzen aus rechtlichen Gründen weiterhin gewahrt bleiben.» Natürliche Personen, die von dieser komfortablen Regelung profitieren dürfen, gibt es genau zwei: Rudolph Sprüngli und seine geschiedene Gattin Elisabeth Halter.

Die Stimmenzähler notieren: Die Generalversammlung beschliesst mit einer Gegenstimme.

Der nächste Paragraph, den die Aktionäre absegnen dürfen, lautet: «Das Stimmrecht eines einzelnen Aktionärs an der Generalversammlung soll auf sechs Prozent aller Aktienstimmen des Grundkapitals beschränkt werden. Bezogen auf die Gesamtzahl von 28 000 Aktienstimmen sind dies 1680 Stimmen.» Und: «Auch hier soll der Verwaltungsrat oder ein vom Verwaltungsrat bezeichneter Ausschuss berechtigt sein, in besonderen Fällen von dieser Beschränkung abzuweichen.»

Die Stimmenzähler notieren: Die Generalversammlung beschliesst mit einer Gegenstimme.

Die kapitalgebende Basis hat sich selber entmündigt und einem unberechenbar gewordenen Unternehmer ausgeliefert. Der um Sprüngli herumdrapierte Verwaltungsrat verhält sich sprachlos. Rudolf Konrad Sprüngli, der unsanft aus der Geschäftsleitung verabschiedete erstgeborene Sohn, schweigt. Bierbrauer Martin Hürlimann, SKA-Banker Kurt Widmer, Sprüngli-Adlatus Martin Fehle, durch jahrelanges Training im Kopfnicken geübt, schweigen. Ulrich Geissmann, frischgekürter Direktionspräsident, schweigt. Franz Peter Oesch, St. Galler

Wirtschaftsanwalt und Neu-Verwaltungsrat, schweigt ebenfalls. Und die Aktionäre, sie schweigen.

Angesichts dieser kollektiven Sprachlosigkeit setzt der paragraphenbewanderte Rudolph Sprüngli zum nächsten, seinem wichtigsten Coup an: Die Neutralisierung der einzigen Aktionärin, von der jetzt noch Gefahr ausgehen kann. Es gilt zu verhindern, dass Elisabeth Halter, geschiedene Sprüngli, ihr Aktienpaket als Faustpfand gegen ihn verwenden kann. Harmlos klingt der Wortlaut des Paragraphen, der dies ermöglichen soll: «Wie bisher gilt im Normalfall das absolute Mehr der an der Generalversammlung vertretenen Aktienstimmen. Einzig für wichtige Statutenänderungen betreffend eine Sitzverlegung, die Umwandlung von Namenaktien in Inhaberaktien, die Übertragung von Namenaktien von mehr als vier Prozent, die Vertretung der Aktien an der Generalversammlung und die Beschränkung des Stimmrechtes auf sechs Prozent an der Generalversammlung, die Änderung dieses Artikels sowie Liquidation oder Fusion sollen inskünftig von mindestens drei Viertel der an der GV vertretenen Aktienstimmen getragen werden, wobei die GV nur beschlussfähig sein kann, wenn mindestens Dreiviertel des Grundkapitals anwesend sind.»

Sprüngli will ganz sicher sein, dass jetzt nichts mehr schiefgehen kann. Für einmal bekommt seine Stimme einen fast beschwörenden Unterton: «Die Einführung dieses Abstimmungsquorums erscheint mir deshalb von eminenter Bedeutung, weil wir ein eigenständiges und unabhängiges Unternehmen bleiben wollen. Dazu müssen wir uns aber auf das operative Geschäft konzentrieren können. Wir dürfen nicht zulassen», schallt es aus den Lautsprechern, «dass wir durch Versuche zur Einflussnahme oder gar Übernahme von unserer angestammten Arbeit abgehalten werden.» Mit diesen mahnenden Worten meint der Firmenchef seine Ex-Frau.

Die Aktionäre sind beeindruckt: Die Generalversammlung beschliesst einstimmig.

Dieser letzte Paragraph ist ein Meisterwerk Sprünglischer Taktik. Selbst im unwahrscheinlichsten Fall, dass plötzlich absolut alle Aktionäre beispielsweise die Umwandlung von (vinkulierten) Namen- in frei handelbare Inhaberaktien, die Eintragung von mehr als vier Prozent der Namenstitel in das Aktionärsregister, oder gar eine Fusion der Gesellschaft beschliessen wollten, würden mit dem nun abgesegneten Dreiviertelsquorum für derartig einschneidende Absichten 25 Prozent der insgesamt 28 000 Stimmen genügen, um solche Vorstösse jederzeit vereiteln zu können. Wer 7000 und eine Stimme in die Waagschale werfen kann, ist somit der uneingeschränkte Herrscher in Kilchberg. Und es gibt nur eine Person, die diese Stimmkraft mit Müh und Not aufbringen kann: Rudolph Sprüngli.

Zum Zeitpunkt der Generalversammlung liegen in dem betriebseigenen «Fonds für Pensionskassenergänzungen» etwas über 3500 Stimmen. Präsident des Fonds und damit Nutzniesser der dort gebunkerten Stimmen ist Rudolph Sprüngli. Je 100 Namenaktien hat der Patron seinen Kindern Rudolf Konrad, Regula und Luzius geschenkt, mit ihnen aber einen Poolvertrag abgeschlossen, der ihm die Stimmen dieser Aktien sichert. Er selber verfügt zum Zeitpunkt der Generalversammlung direkt über nicht wesentlich mehr als 10 Prozent aller Lindt & Sprüngli-Titel. Unter dem Strich gelingt es ihm somit mit letzter Kraft diese 7000 und eine Stimme zusammenzubringen, die er für die Sperrminorität braucht. Und dank diesem geschickten Schachzug kann ihm auch Elisabeth Halter nicht mehr in den Rücken fallen. Selbst dann nicht, wenn sie sich nach der Wiedervermählung ihres Ex-Gatten entschliessen sollte, ihre Aktien zu veräussern. Ja selbst der Schweizerischen Kreditanstalt, seiner Hausbank, sind nun die Hände gebunden. Die Bank, bei der seine eigenen Aktien als Sicherheit für ausstehende Kredite hinterlegt sind, muss sich seinem Willen fügen, denn rechtlich liegen die Stimmrechte dieser Titel bei ihm. Auch die SKA kann Sprüngli nun kaum mehr aus dem Verwaltungsratspräsidium verdrängen oder ihn gar zu einem Verkauf der Firma zwingen.

Ein einziger Lindt & Sprüngli-Aktionär verspürt kurz vor dem Ende der Generalversammlung doch noch den inneren Drang, sein Wort an Rudolph Sprüngli zu richten. Er dankt dem Verwaltungsratspräsidenten für seinen um- und weitsichtigen Einsatz im Dienste der Firma und trifft damit exakt das kollektive Gefühl. Die Wiederwahl zum Verwaltungsratspräsidenten geht jedenfalls schlank über die Bühne. Instinktsicher weiss Sprüngli, warum er diese Wahl von der Generalversammlung und nicht wie sonst üblich durch den Verwaltungsrat vornehmen lässt. Der Wiedergewählte beantwortet das eindeutige Votum der Kapitalgeber mit einem gewinnenden Lächeln. Und während das Aktionärsvolk den Garderoben zuströmt, wo es, wie jedes Jahr nach getaner Schuldigkeit, mit reichlich Schokolade eingedeckt wird, sammelt Sprüngli seine Folien und Graphiken, von denen er kaum Gebrauch machen musste, wieder ein.

Wenige Tage nur nach dieser für ihn so erfolgreich verlaufenen Generalversammlung fliegt Sprüngli mit seiner Braut Alexandra Gantenbein in die vorgezogenen Flitterwochen und steigt in einem Hotel in West Palm Beach ab. Bei der Ankunft ist der Champagner in der mit hunderten von weissen Rosen geschmückten Suite bereits kaltgestellt. Beide, Rudolph Sprüngli und Alexandra Gantenbein, haben jeder für sich allen Grund, auf ihr gemeinsames Glück anzustossen.

Vier Wochen nach Sprünglis Handstreich im Kongresshaus will auch Alexandra am Ziel sein: In der Kirche in Hemberg, in der einst ihre Eltern Andreas und Fanny vor dem Altar standen, die Ehe mit dem Schokoladekönig zu schliessen. Es soll eine triumphale Rückkehr in ihren Geburtsort werden, wenn sie nach einem bewegten Leben in die eheliche Geborgenheit zurückfindet.

Der Weg zum Traualtar scheint geebnet. Am 5. Mai, zwei Tage vor dem Abflug in die USA, haben Rudolph & Alexandra auf dem Zivilstandsamt im zürcherischen Maur das Aufgebot bestellt. Am 22. Mai, nachmittags um vier, soll die Trauung stattfinden und eine Woche später die kirchliche Heirat folgen.

Es sollte alles etwas anders kommen.

I

Die Anfänge

Ein Waisenkind aus Andelfingen kommt an der Limmat zu einer
blühenden Zuckerbäckerei, erwirbt das Stadtbürgerrecht, findet
Aufnahme in der Zunft zur Schiffleuten und steigt damit in
Zürichs bessere Gesellschaft auf

Üppig ist es ja nicht gerade, was der Schneider Hans Heinrich
Sprüngli aus dem zürcherischen Andelfingen bei seinem Tod
im Jahre 1781 nach einem arbeitsamen Leben seiner Ehefrau,
dem fünfjährigen David und der dreijährigen Elisabeth hinterlässt: ein Wohnhaus samt Stall, ein wenig Kies- und Ackerland,
ein Stück Reben. Alles ist belehnt, doch zum Glück nur mässig
verschuldet. Zeit, Reichtümer zu scheffeln, hat Hans Heinrich
Sprüngli in den 44 kurzen Jahren seines Lebens nicht gehabt;
mit Schneidern und als selbstversorgender Nebenerwerbsland-
wirt lässt sich keine goldene Nase verdienen. Als nur drei Jahre
nach seinem Ableben auch die Ehegattin stirbt, sieht die Zukunft der minderjährigen Kinder ziemlich düster aus. Die gesetzlichen Bestimmungen im Stadtstaat Zürich schreiben zwin-
gend vor, dass bei Vollwaisen Liegenschaften, Hab und Gut
öffentlich versteigert, ein Vormund ernannt und die Hinterbliebenen bei Pflegeeltern untergebracht werden müssen. So
ordnet es der auf Schloss Andelfingen residierende Landvogt
denn auch an.

Als der zum gesetzlichen Vormund ernannte Seckelmeister
Hans Konrad Breiter nach erfolgter Versteigerung den Erlös
zählt, wird er kaum in Freudensprünge ausgebrochen sein: 334
Gulden, 31 Schilling und sechs Heller addiert er und kann sich
keineswegs sicher sein, dass dieses bescheidene Vermögen aus-

reicht, um die Kosten für Kleider und Nahrung der bei zwei Andelfinger Familien untergebrachten David und Elisabeth Sprüngli über Jahre hinweg zu begleichen. Bescheiden ist auch, was den beiden Waisenkindern aus ihrem Elternhaus als Besitz verbleibt: Ein Doppelbett mit Anzug, zwei Leintücher, eine Bettstatt samt Bettwäsche; ein paar weisse Handschuhe von David, eine Bibel mit silbernem Schlösschen von Elisabeth. Und jedes Jahr, wenn Vormund Hans Konrad Breiter für die Behörden über die Höhe des verbliebenen Vermögens Rechenschaft abzulegen hat, sind seine Sorgenfalten grösser geworden. 1798, im vierzehnten Jahr der Vormundschaft, summiert sich der verbliebene Besitz auf noch 44 Gulden, 24 Schilling und drei Heller. Davon muss er im Jahr darauf, als der Wehrmann David Sprüngli eine Uniform benötigt, weitere zehn Gulden abziehen. Es kann also nicht mehr allzuviel Bares gewesen sein, das Breiter 1801 dem mit 25 Jahren nunmehr volljährig gewordenen David Sprüngli und seiner Schwester Elisabeth in die Hand gedrückt hat. Knapp hat es gereicht, um die Waisenkinder durchzubringen. Nun müssen sie selber für sich aufkommen.

Während Elisabeth Sprüngli im heimischen Andelfingen bleibt, heiratet und 1844 dort kinderlos stirbt, zieht es David Sprüngli in die Fremde. Im wenige Wegstunden entfernten Zürich will er sein Glück versuchen. Als der junge Mann an die Limmat übersiedelt, findet er eine Stadt im Umbruch, in der das Gestern noch nicht ganz tot, das Morgen noch nicht lebensfähig ist. Die Clique der zünftig-aristokratischen Patrizierfamilien, Geister des Ancien Regime, die seit jeher politisch und wirtschaftlich bestimmende Kaste, stemmt sich mit aller Macht gegen die Ideen der Französischen Revolution und der Aufklärung, die vor allem in den Zürcher Seegemeinden Fuss gefasst haben. Unterstützt von aufgeklärten Kreisen der Stadt pochen die fortschrittlichen Bürger der Seegemeinden auf Einfluss in Politik, Bildung und Wirtschaft. Und David Sprüngli erlebt eine knapp 11 000 Einwohner zählende Stadt im Belagerungszustand: Nacheinander marschieren napoleonische und österreichische Truppen ein. Im Zürich der Jahrhundertwende lösen sich zwischen 1798, dem Ende der zünftlerisch-ständischen Zustände, und 1830, als die liberalen Ideen nach der französischen Julirevolution auch hier zum Durchbruch gelangen, restaurativ-zünftlerische und fortschrittlich-liberale Kräfte mehrmals und teils abrupt an den Schalthebeln der Macht ab.

David Sprüngli ist das einerlei. Der Zuwanderer aus Andelfingen hat existentiellere Bedürfnisse als sich in den Widerstreit der Ideen einzuschalten. Seit 1806 arbeitet Sprüngli als Bediener – heute würde man wohl Hilfsarbeiter sagen – beim Pastetenbeck Hans Kaspar Waser, der zwischen Bellevue und Grossmünster, an der Scheitergasse, sein Geschäft betreibt. In diesen Jahren kann er so viele Batzen sparen, dass er es sich leisten kann, in der Pfarrei Kloten am Berchtoldstag 1812 Katharina Schwarz aus Oberhausen vor den Traualtar zu führen. Mit schöner Regelmässigkeit stellt sich nun der Nachwuchs ein: noch im selben Jahr Katharina, zwei Jahre später David, wiederum zwei Jahre später, 1816, Rudolf.

Seither zieren die männlichen Namen David und Rudolf mit einer Häufigkeit die Ahnentafel der Familie Sprüngli, als hätte es sich bei David Sprüngli-Schwarz nicht um ein Waisenkind, sondern mindestens um einen Grafen mit Stammbaum gehandelt. Die Nachfahren hören auf Namen wie David Rudolf oder wenigstens Johann Rudolf, Hans Rudolf. Als in der dritten Generation ein Sprüngli auf Robert getauft wird, weiten sich die Kombinationsmöglichkeiten schlagartig aus, getauft wird nun auf David Robert oder, leicht gallisch angehaucht, auf Rudolph Robert. Anders als gekrönte Häupter haben die Sprünglis nie so geschichtsbewusst gedacht, dass sie die Nachkommen einfach und dynastisch durchnummeriert hätten. Wer sich den Durchblick durch die sechs Generationen erhalten will, tut gut daran, die Sprüngli-Stammtafel (24) nicht aus der Hand zu legen.

Dem Mann, der mit der Namenswahl seiner drei Kinder so weitreichende genealogische Wellen ausgelöst hat, widerfährt um das Jahr 1819 Schicksalhaftes. Er zieht, inzwischen zum Zuckerbeck-Gesell avanciert, mit seiner vierköpfigen Familie in das Haus «Zur kleinen Farb», das in unmittelbarer Nachbarschaft der heutigen Gerbergasse liegt. Dieses Anwesen, in dem mehrere Familien und Untermieter hausen, gehört dem angesehenen Zuckerbeck Hans Jakob Vogel, der in der Marktgasse 5 an den Ufern der Limmat eine florierende Zuckerbäckerei führt. Und bei seinem Vermieter findet der Bäckergeselle David Sprüngli auch Anstellung. Die Vogels, Zuckerbäcker in dritter Generation, die seit 1720 besagtes Geschäft betreiben, sind eine Honoratiorenfamilie, wohlhabend und somit angesehen in der Zwinglistadt. Hans Jakob Vogel politisiert im Grossen Rat und ist Ersatzmann am Zürcher Obergericht; der Bruder, David Vogel, besitzt einen blühenden Kornhandel, ist Ratsherr, Oberrichter und sitzt in der Kantonsregierung, dem Kleinen Rat.

Für den bei Stellenantritt 43jährigen lohnabhängigen David Sprüngli ist es eine fremde, eine unerreichbare Welt, in der sich sein Prinzipal Hans Jakob Vogel bewegt. Sprünglis eigener Lebensradius ist wesentlich kleinräumiger bemessen. 1830 zieht der Zuckerbeck-Gesell in das Haus «Zur Fischgrat» an der Schipfe 41, einem etwas windschiefen fünfstöckigen Haus mit niedrigen Decken direkt am linken Limmatufer. Von seinem Fenster aus vemag Sprüngli die Vogelsche Zuckerbäckerei auf der anderen Seite der Rathausbrücke zu erblicken, zur Rechten recken sich die Türme des Grossmünsters, die wie zwei Finger, einem Mahnmal zwinglianischen Arbeitsethos' gleich, gen Himmel ragen.

1831 trifft die gutgehende Vogelsche Zuckerbäckerei ein Schicksalsschlag. Hans Jakob Vogel, der Prinzipal, stirbt; die Hinterbliebenen, die Witwe und der einzige Sohn, wie der Vater auf Hans Jakob getauft, führen das Geschäft weiter. Nur ein halbes Jahrzehnt später erkrankt der Sohn derart schwer, dass keine Heilung mehr möglich ist. Am 6. Juli 1836 wird Hans Jakob Vogel junior zu Grabe getragen. Zurück bleibt eine überforderte Witwe, die nicht weiss, was nun mit dem Geschäft geschehen soll. Von der Familie bleibt nur ein einziger übrig. Georg Ludwig Vogel, der Sohn des Bruders des verstorbenen Prinzipals. Dieser hat zwar den Beruf eines Zuckerbäckers erlernt, verspürt jedoch keine Lust, seinen Beruf auch auszuüben. Er befasst sich mit der Kunst und entwickelt sich mit der Zeit zum wohl bedeutendsten Zürcher Historienmaler der Romantik. Plötzlich scheint es nur noch eine Person zu geben, die für Übernahme der Vogelschen Zuckerbäckerei in Frage kommen kann: der langjährige Angestellte David Sprüngli.

Die einzige von David Sprüngli erhaltene Photographie zeigt einen leicht untersetzten Mann, der die Stirn in Falten gelegt hat und mit skeptischem Blick in die Linse schaut. Unter der breiten Nase zieht sich ein dünnlippiger Mund durch das Gesicht, der an den Enden nach unten abfällt. Von den Nasenflügeln bis zu den Mundenden haben sich rechts und links zwei tiefe Furchen durch das Antlitz gegraben. Unter dem schweren Gehrock schaut ein gemusterter Schal hervor, der vor der Brust ordentlich übereinandergelegt ist.

Das ist kein stolzes Fabrikantengesicht. Es ist das Antlitz eines Handwerkers, der ein Leben lang hat rechnen müssen. Die Enge der finanziellen und wohl auch räumlichen Verhältnisse haben dieses Gesicht geprägt. Und nun eröffnet sich also für David Sprüngli plötzlich und unverhofft die Aussicht, sich zum Besitzer einer Zuckerbäckerei im Herzen Zürichs aufzuschwingen. Schlaflos müssen die Nächte in diesem Juni des Jahres 1836 für David Sprüngli gewesen sein, quälend die Fragen, auf die er eine Antwort finden muss. Soll er in seinem sechzigsten Lebensjahr wirklich noch ein derartiges Wagnis auf sich nehmen und sich selbständig machen? Auch wenn der Preis dafür fast unvorstellbare 24 000 Gulden beträgt, über sechzigmal soviel wie ihm seinerzeit sein eigener Vater nach einem arbeitsreichen Leben hinterlassen hat?

David Sprüngli sucht den Rat seines jüngsten Sohnes Rudolf, damals gerade zwanzig Jahre alt, der in der Vogelschen Zuckerbäckerei den selben Beruf wie der Vater erlernt hatte. Der jugendliche Elan des Sohnes obsiegt schliesslich über die Skepsis des Vaters. Am 15. Juni 1836 wird der «Kauf-Brief für Herrn David Sprüngli von Andelfingen; sesshaft in Zürich für 24 000 Gulden in Zürcher Münz und Währung» von selbigem unterzeichnet. Um diesen finanziellen Kraftakt bewältigen zu können, müssen sämtliche Ersparnisse angegriffen und für den Löwenanteil des Preises erst noch Schuldbriefe ausgestellt werden – es ist ein Kauf auf Pump. Nur 1250 Gulden kann David Sprüngli bar auf den Tisch legen, für die restlichen 22 750 Gulden unterzeichnet er Kaufschuldbriefe, den grössten über 10 000 Gulden zu Gunsten der Witwe Magdalena Vogel. Für diesen stolzen Preis erstehen Sprüngli Vater und Sohn das zweigeschossige Haus «Zum Goldenen Ring» an der Marktgasse 5, eine enge Liegenschaft, die über eine Grundfläche von knapp 86 Quadratmeter verfügt. Nicht einmal ein Hof, geschweige denn weitere Grundstücke gehören dazu; lediglich ein paar wenige Fässer, die sich im Keller befinden, werden im Kaufvertrag vermerkt. Erwähnt werden noch drei Sitzplätze im Grossmünster. Es ist aber kaum anzunehmen, dass diese Kirchenörter die Preisfrage wesentlich beeinflusst haben.

Die neuen Geschäftsinhaber, die mit «David Sprüngli & Sohn» firmieren, haben Glück. Die Seidenindustrie, Anfang des 19. Jahrhunderts Zürichs Haupterwerbsquelle, steht in hoher Blüte und insbesondere deren Exporte in die USA schaffen monetären Mehrwert in der Stadt, mit dem sich Zürichs Bürgertum unter anderem die süssen Versuchungen der Zuckerbäckerei Sprüngli leisten kann. Nach sieben Jahren Selbständigkeit haben die Sprünglis bereits 11 500 Gulden der

Kaufschuld getilgt; im Jahre 1844 ist das Anwesen im Herzen Zürichs lediglich noch mit 12 500 Gulden belastet.

Kaum hat der Geschäftsbesitzer Sprüngli das Gröbste hinter sich, verspürt er den Drang, seinen hart erkämpften sozialen Aufstieg vom Waisenkind zum Selbständigen auch nach aussen zu dokumentieren. Er legt das profane «Zuckerbäcker» als Berufsbezeichnung ab und nennt sich fortan «Confiseur». Dieses nach Kunst-Handwerk klingende Wort zergeht auf der Zunge wie zartschmelzende Schokolade. Und der Confiseur, der etwas gelten will in der Zwingli-Stadt, ist auch bestrebt, den Makel des Zugewanderten abzulegen und das Stadtbürgerrecht zu erlangen. David Sprüngli unterzeichnet am 29. Januar 1838 ein entsprechendes Gesuch, das er dem Zürcher Stadtpräsidenten zuschickt. Von der Bürgerrechtskommission wird dieses zur Annahme empfohlen; am 25. Juni 1838 hält David Sprüngli die begehrte Urkunde in den Händen. 820 Gulden hat der sparsame Neubürger sich diesen Herzenswunsch kosten lassen. Diese Auslage hätte sich Confiseur Sprüngli ersparen können. Spätere Geschlechtsforscher haben Urkunden aufgestöbert, die Sprüngli, hätte er sie nur zu Gesicht bekommen, gewiss erfreut hätten. David Sprüngli, das vermeintliche Waisenkind ohne Vergangenheit, ist ein direkter Nachkomme eines Hans Sprüngli, der im Jahre 1543 als Landschreiber und rechte Hand des Landvogts von Zürich nach Andelfingen gegangen war. Und auch dieser Hans Sprüngli ist kein Niemand gewesen: Er war Sohn eines Adam Sprüngli-Wegmann, Zunftmeister zu Schneidern und ein kriegerischer Mann, von dem es heisst, er habe 1513 am Kriegszug nach Dijon teilgenommen und 1515 an der Schlacht von Marignano als Büchsenschütze seine Spuren hinterlassen. Quintessenz dieses Ausflugs in die Vergangenheit: David Sprüngli entstammt einem stadtzürcherischen Ratsgeschlecht, das bereits einmal das Stadtbürgerrecht besessen hatte. Akribische Historiker fanden sogar heraus, dass Sprünglis seit dem 13. Jahrhundert in Zürich ansässig, meistens im Schneiderberuf tätig waren; dass aber auch nicht weniger als dreizehn Pfarrer dieses Nachnamens existiert haben. Noch vor einem Jahrhundert hat in Thalwil ein Geistlicher namens Sprüngli gewirkt.

Es trifft sich gut für den nun zum Stadtbürger erhobenen Confiseur David Sprüngli, dass die Zürcher Zünfte, nach dem weitgehenden Verlust des politischen Einflusses in Exekutive und Legislative im Gefolge der französischen Julirevolution 1830, an Blutarmut und Nachfolgemangel leiden. Notgedrungen müssen sich die alten Zürcher Zunftfamilien unter den Neubürgern nach geeigneten Kandidaten umsehen. David Sprüngli bittet um Aufnahme in den Club, von dem er sich die letzte gesellschaftliche Anerkennung erhofft und der ihm schlagartig ein Beziehungsnetz eröffnen würde, von dem er noch kurz zuvor nur hätte träumen können. 1839, ein Jahr nachdem David Sprüngli das Bürgerrecht erlangt hat, sind der Confiseur und sein Sohn und Compagnon Rudolf Sprüngli Mitglieder in der Zunft zur Schiffleuten.

Es sind die Geister der Vergangenheit, mit denen sich der Aufsteiger aus Andelfingen verbündet. Manch einer, mit dem Sprüngli nun das Zunftwappen teilt, hat während den vorausgegangenen vier Jahrzehnten tatkräftig mitgewirkt beim Versuch, die vorrevolutionären Zustände wiederherzustellen, in denen Zunftzwang und Mehrheitsvertretungen im Rate der alten Zürcher Geldaristokratie Macht und Reichtum gesichert hatten. Und manch einer hat seine Heldentaten auch für die Nachwelt protokollieren lassen. Da lesen wir beispielsweise in der «Geschichte der Zunft zur Schiffleuten in Zürich» von einem Hans Rudolf Roemer-Lavater, Spross eines alten Zürcher Geschlechts, zünftiger Oberstleutnant und Ratsmitglied während der Restaurationszeit, einem «forschen Offizier, der sich, wenn auch, was sich für einen Schiffleuten-Zünfter von selbst versteht, nicht zu Pferd, sondern im Schiff, in den Jahren des Umsturzes einen kühnen Husarenstreich gestattete, indem er mit einem Trupp Altgesinnter den als Haupt der Aufständischen geltenden Gerber Wunderli in Meilen zur Nachtzeit aus dem Bette holte und ihn nach Zürich in die Gefangenschaft führte. Schon nach wenigen Stunden aber wurde er freigelassen, konnte ihm doch nichts anderes vorgeworfen werden, als dass er ein Gegner des Stadtregiments und ein Aristokratenhasser war. Für den jungen Leutnant, der sich in seinem Übereifer, und zwar auf eigene Faust, etwas allzuweit vorgewagt hatte, verlief die Sache glimpflich. Seiner aristokratischen Gesinnung aber blieb er nach wie vor treu und gehörte im Grossen Rat zur äussersten Rechten.» Und ein Zünfter zur Schiffleuten, Oberstdivisionär Paul Carl Eduard Ziegler-Bodmer, konservativer Aristrokrat auch er und Zürcher Stadt- und Regierungspräsident, wird nach 1848 Mitglied im ersten Nationalrat der Schweizerischen Eidgenossenschaft. In dieser feinen Gesellschaft zur Schiffleuten befinden sich nun also zwei Sprünglis. Die Newcomer sind nun jemand in Zürich und sitzen an den Zunftanlässen am selben Tisch wie die Sprösslinge altehrwürdiger Zürcher (Rats-) Familien wie Schulthess, Hirzel, Waser, Ott, Keller oder eben Römer und Ziegler. Dem Geschäft können nen derartige Beziehungen bloss förderlich sein. Dank der nach 1830 eingeführten vollständigen Gewerbefreiheit, der sich vorab die Zünfte so hartnäckig widersetzt haben, verläuft auch die wirtschaftliche Entwicklung der Stadt nach der Errichtung des Bundesstaates durchaus positiv. Der Franken als einzige Währung auf dem Gebiet der Schweizerischen Eidgenossenschaft und die Suspendierung sämtlicher Aus- und Einfuhrzölle lassen den jungen Bundesstaat zu einem einheitlichen Markt zusammenwachsen. Es bricht eine Zeit der wirtschaftlichen Prosperität an. Genauso wie für die Confiserie vom Zünfter zur Schiffleuten David Sprüngli, dem Ururgrossvater von Rudolph R. Sprüngli, dem heutigen Verwaltungsratspräsidenten der Lindt & Sprüngli AG.

II

Die Pioniertat

Ein Tüftler erklärt im Hinterzimmer einer Confiserie der
«Schnapswirthschaft» den Krieg, ersteht eine Schokoladefabrik,
verinnerlicht die Produktionsmethoden von François Cailler und
Philippe Suchard und steigt auf zum Schweizer Schokoladepionier

Zum 75. Geburtstag, 46 Jahre nachdem er zum ersten Mal
Schokolade hergestellt hat, setzt sich Schokoladefabrikant
Rudolf Sprüngli-Ammann 1891 ein Denkmal. Er beordert einen Photographen zu sich, lässt den Gartentisch mit einer
Tischdecke, dem schönsten Stück aus dem Salon, bedecken
und schickt die leitenden Mitarbeiter der «Fabrique de Chocolat David Sprüngli & fils» ins Freie. Das auf Zelluloid
gebannte Gruppenbild zeigt eine imposante Unternehmerfigur, einen Charakterkopf mit buschigen Backenbärten, der
Blick selbstbewusst, die Hand auf dem Tisch zur Faust geballt.
Ein Unternehmer auf dem Zenit des Erfolgs. Neben dieser
kaufmännischen Saftwurzel, diesem unternehmerischen Ur-
gestein wird alles andere an den Rand gedrängt. Rechts und
links vom Jubilar zwei schmächtige, bleichgesichtige Herren,
die trotz fortgeschrittenem Alter von über vierzig Lenzen neben dem dominanten Vater wie verklemmte Schuljungen wirken. Es sind Johann Rudolf Sprüngli-Schifferli, des Jubilars
erstgeborener Sohn, und David Robert Sprüngli-Baud, der
zweite Stammhalter. Der Rest des Personals ist Staffage für den
Photographen. Im Bildhintergrund, nur schemenhaft erkenn-
bar, wagt Gattin Elisabeth Sprüngli durch ein halbgeöffnetes
Fenster einen diskreten Blick auf die posierende Männergesellschaft.

Ein Schnappschuss aus der Gründerzeit, wie sie zuhauf in vergilbten Familienalben zu finden sind. Der Pionier in Denkmalpose, meist ein in Würde ergrauter Greis, dem die Herr-im-Haus-Gestik infolge jahrelanger Anwendung in Fleisch und Blut übergegangen ist, umgeben von seinen Kindern und Angestellten; die dazugehörenden Frauen ausgeblendet und damit für die Nachwelt gesichtslos, ja inexistent. Veteranen der Pionierzeit, Männer ohne Vergangenheit, deren Zukunft nur noch in ihren Fabriken weiterlebt. Über den eigentlichen Aufbruch, als mit unternehmerischem Spürsinn und jugendlichem Elan Bleibendes geschaffen worden ist, gibt es meist keine schriftlichen und schon gar keine photographischen Zeugnisse.

Wie aber kommt der Sohn eines Zürcher Confiseurs dazu, mit Schokolade zu experimentieren und sich mit dem delikaten Rohstoff Kakao einzulassen, der zudem über Tausende von Kilometern importiert werden muss? Wie kommt es, dass dieser Mann, der anno 1891 im Garten seines Wohnhauses im Herzen von Zürich für seine Nachkommen posiert, zum eigentlichen Begründer der einzigen unternehmerisch noch heute aktiven Schoko-Dynastie der einst an Gründerfiguren so reichen Schweizer Schokoladeindustrie wird? Und das, obwohl weder Rudolf Sprüngli-Ammann noch einem Sprüngli nach ihm je eine der bahnbrechenden Erfindungen gelungen sind, die den Nimbus der Schweizer Schokolade in der Welt begründet haben?

Blenden wir zurück in das Jahr 1845. Vor noch nicht einmal zehn Jahren hat der Vater David Sprüngli-Schwarz in einem finanziellen Kraftakt die Zuckerbäckerei Vogel an der Zürcher Marktgasse aufgekauft. Trotz positiver Geschäftsentwicklung haben Sprünglis die finanziellen Folgen ihrer Selbständigkeit noch längst nicht abgetragen. Und trotzdem stürzt sich der Sohn in ein neues Abenteuer und beginnt in einem Hinterzimmer der Confiserie mit der Produktion von Schokolade. Warum sich der Sohn zu diesem Schritt entschliesst, bringt Rudolf

Sprüngli-Ammann erst Jahrzehnte später in einer Art unternehmerischem, in leicht überhöhtem Tone gehaltenen Vermächtnis zu Papier: «Um der unseligen, entsittlichenden und entnervenden Schnapswirthschaft zu Leibe zu rücken» und mit einer «gewissenhaft fabrizierten Chocolade» gerade die arme Bevölkerung «nachhaltig zu nähren». Möglicherweise aber liegen folgende Sätze eines Sprüngli-Biographen näher an der Realität und der inneren Antriebsfeder des Jahres 1845: «Die Sohnesfamilie (bereits 1839 hat Rudolf Sprüngli Elisabeth Ammann geheiratet, R.L.) wohnte mit den Eltern zusammen, und in der patriarchalischen Welt von damals herrschte der Grossvater mit der Grossmutter über Söhne und Schwiegertöchter, Töchter und Schwiegersöhne und auch über die Grosskinder. Etwas anderes als Gehorsam gab es nicht. Das Leben war von Pflichterfüllung diktiert.» Vielleicht will sich der Sohn durch die Herstellung der braunen Paste von seinem patriarchalischen Vater lösen und eigene berufliche Wege gehen.

Wie dem auch sei. Sicher ist jedoch, dass das Tagewerk, dem Rudolf in dem Hinterzimmer der väterlichen Confiserie nachgeht, eine schweisstreibende Angelegenheit ist. Sprüngli junior besitzt wohl eine kleine Maschine zum Rösten von Kakaobohnen sowie auch ein Reibegerät, doch betätigen lassen sich diese Arbeitshilfen nur mittels der eigenen Muskelkraft. Immerhin: Die Kundschaft, das wohlhabende Bürgertum der Stadt vorwiegend weiblichen Geschlechts, pilgert immer öfter in die Confiserie an der Marktgasse, um in meist flüssiger Form eine Köstlichkeit zu sich zu nehmen, die man bislang in der Deutschschweiz höchstens vom Hörensagen her kennt: Schokolade. Photographien aus der Zeit zeigen Frauen, die in der Confiserie Sprüngli an zwei schmalen Marmortischen sitzen und an einer Tasse heisser Schokolade nippen. Es ist wohl das einzige Etablissement in der Stadt, in dem weibliche Kundschaft ohne männliche Begleitung anzutreffen ist, die dabei nicht riskieren muss, den guten Ruf zu verlieren.

Doch trotz dem Zuspruch der Kundinnen sind die Produktionsmethoden im Hinterzimmer der Confiserie Sprüngli museal. Während Rudolf Sprüngli-Ammann im Schweisse seines Angesichts und von Hand als Einmannbetrieb in seiner Manufaktur Schokolade produziert und der allgemeinen Entwicklung um Jahre hinterherhinkt, haben die Pioniere der Branche den Schritt zur industriellen Fertigung der braunen Paste längst vollzogen.

So François-Louis Cailler (1796–1852), neben dem sich Rudolf Sprüngli, hätte er ihn gekannt, wie ein unbedarfter Handwerksgeselle hätte vorkommen müssen. Der Waadtländer, der in Corsier bei Vevey bereits 1819 die erste schweizerische Schokoladefabrik eröffnet hat, bietet seit 1830 nicht weniger als 16 verschiedene Schokoladequalitäten feil, von der volkstümlich-preiswerten Sorte «commun sacré» bis zur luxuriösen «pur caraque». Überhaupt dieser Cailler! Der asketisch, eher schmächtig wirkende Romand ist der eigentliche Begründer der Schweizer Schokoladeindustrie, der Doyen aller Schoko-Fabrikanten. Bereits 1813, Jahre bevor Rudolf Sprüngli geboren wird, kommt der knapp Zwanzigjährige mit der zähflüssigen braunen Paste in Berührung. In Turin, dem damaligen Schokolade-Mekka, beobachtet Cailler aus dem tessinischen Bleniotal stammende Handwerker bei der Arbeit. Diese Männer, die sich Cioccolattieri, Schokolademacher, nennen, zerstossen in einem primitiven Mörser Kakaobohnen, vermischen die zähe Paste mit grobem, braunfarbenem Zucker und verkaufen die auf der Strasse hergestellte, in Wurstform gedrehte Schleckerei auf den Jahrmärkten. Der Romand erkundigt sich nach Herkunft, Lieferanten und Preisen der Kakaobohnen und verfeinert sein Wissen während einer mehrjährigen Lehrzeit beim führenden Confiseur Turins, Maestro Caffarel.

François-Louis Cailler ist sich bewusst, dass er mit der primitiven Arbeitsweise der Cioccolattieri nicht weit kommen würde. Einzelne Veredlungsschritte der Kakaobohne, das sieht der Schokoladepionier klar, müssten durch Maschinen mechanisiert werden können. Als Antrieb drängt sich die im Waadtland reichlich vorhandene Wasserkraft geradezu auf. Eine wegweisende Erkenntnis. Die Industrialisierung der Schokoladeproduktion in der Gründerzeit ist untrennbar mit der Wasserkraft verbunden. Aus bescheidenen Anfängen entsteht an Wasserläufen und Flussufern der Schweiz im ausgehenden 19. und beginnenden 20. Jahrhundert eine Industrie, die sich bis zur ersten Blütezeit vor dem Ersten Weltkrieg zur sechstgrössten Exportbranche des Landes entwickelt.

Und es ist Cailler, der Pionier der Schweizer Schokopioniere, der als erster den Schritt von der Manufaktur zur, wenn auch anfänglich noch sehr bescheidenen industriellen Produktion vollzieht. Er fertigt Pläne für ein mit Wasserkraft angetriebenes Walzwerk, das aus zwei mit identischer Geschwindigkeit rotierenden Steinwalzen besteht und lässt die primitive Maschine in einem alleinstehenden Haus in Corsier in der Nähe von Vevey installieren. Als Antrieb dient ihm das Wasser aus einem Umleitungskanal der Veveyse. 1819 beginnt Cailler mit der Produktion und 1830, also immer noch 15 Jahre bevor Rudolf Sprüngli im Hinterzimmer in der Zürcher Altstadt die erste Kakaobohne röstet, exportiert der vife Cailler bereits in die noblen Salons im fernen Paris und zählt Notable wie den Herzog von Talleyrand, Frankreichs langjährigen Finanzminister, zu seiner Kundschaft.

Am 17. November 1825, Cailler ist schon sieben Jahre im Schokoladebusiness tätig, erscheint im «Feuille d'Avis de Neuchâtel» eine Anzeige, die Konkurrenz verspricht: Ein gewisser Philippe Suchard, Abkömmling einer Hugenottenfamilie, gibt die Eröffnung seiner Confiserie an der Rue des Halles bekannt und weist die Leser darauf hin, dass es dort auch «du chocolat fin de sa fabrique», feine hausgemachte Schokolade zu kaufen gibt. Wie Rudolf Sprüngli Jahre später, beginnt Philippe Suchard (1797–1884), die zweite bedeutende Figur in der Ahnengalerie schweizerischer Schokopioniere, die Produktion in der eigenen Confiserie. Doch nicht für lange. Ein Jahr später bezieht der damals 28jährige Suchard eine leerstehende Mühle im benachbarten Serrières, einem kleinen Dörfchen, das in der engen Schlucht des gleichnamigen Baches gelegen ist. Und hier, in einem niedrigen Raum von vier Metern Länge und drei Metern Breite konstruiert Suchard ein Wasserrad, das zunächst eine einzige Knetmaschine mit zwei mächtigen Mahlsteinen antreibt, mit der die Kakaobohnen zerkleinert und zermahlt und in einem einzigen Arbeitsgang zu einem zähen Brei verarbeitet werden. Dank dieser noch recht primitiven Vorrichtung schnellt die Tagesproduktion bis auf 30 Kilogramm empor, die jeden Abend mit einer Hutte aus Nussbaum von der Fabrik in Serrières in die Konditorei in Neuchâtel gebracht wird.

Doch der Geschäftsradius zwischen Serrières und der Rue des Halles in Neuchâtel wird dem umtriebigen Suchard schnell einmal zu eng. Bereits 1830 stellt er einen Reisenden an, der angesichts des anfänglich harzigen Absatzes auf Kundenfang gehen soll, und 1842, die Tagesproduktion hat sich innert 15 Jahren auf 300 Kilogramm verzehnfacht, liefert Suchard Schokolade bis nach Berlin an den königlichen Hof. Und Suchard ist auch auf anderen Gebieten Pionier. Er ist der erste Schweizer Schokoladefabrikant, der im Ausland eine Produktionsstätte errichtet: 1879 im deutschen Lörrach. Er ist der erste, der seine Produkte in kunstvoll arrangierter Verpackung vertreibt und als Kaufanreiz bunte Bildchen für Sammlerherzen beilegt; der erste schliesslich, der den Schriftzug «Suchard» patentieren lässt und damit seine Marke weltweit schützt.

Wahrscheinlich hat Rudolf Sprüngli-Ammann bereits von François-Louis Cailler gehört, dem asketischen Tüftler, der als erster Schokoladefabrikant mittels Wasserkraft die Produktion ankurbelt und von Philippe Suchard, dem umtriebigen Pionier, der als erster so etwas wie Marketingmethoden zur Erhöhung der Verkäufe einsetzt. Jedenfalls haben diese Schokoladeunternehmer Massstäbe gesetzt, von denen der Newcomer Sprüngli noch weit entfernt ist, als er 1845 in seiner Manufaktur im Herzen Zürichs die erste Tafel Sprüngli-Schokolade in den Händen hält. Doch der Branchenneuling lernt schnell, tritt schon bald in die Fussstapfen von François-Louis Cailler und begibt sich auf die Suche nach zweckmässigeren Gebäulichkeiten für die Schokoladeproduktion. Sein wichtigstes Bedürfnis: Ein Bach, ein Wasserlauf, fallendes Gewässer jedenfalls, das seine Maschinen antreiben kann. In der Zürcher Seegemeinde Horgen, sechs Wegstunden entfernt von der väterlichen Confiserie, wird Sprüngli fündig: Ein zweistöckiges, schmuckloses Gebäude, am Hang einer Schlucht namens Schleifetobel gelegen, ein feuchtes Gemäuer, in dem sich heute längst der Schimmel breitgemacht hat. Doch anno 1846 muss der Anblick für den jungen Schokoladefabrikanten eine wahre Freude gewesen sein, denn in unmittelbarer Nachbarschaft plätschert unüberhörbar der Horgener Dorfbach. Und wenn Rudolf Sprüngli Jahrzehnte später als Schokoladepionier im Ruhestand seinen Kindern und Kindeskindern von seiner unternehmerischen Aktivzeit berichten wird, wird er immer wieder erzählen, wie er mehrmals wöchentlich die 28 Kilometer zwischen Zürich und Horgen unter die Sohlen genommen hat. Zu Fuss natürlich, denn Geld für Kutsche und Pferd hat er nicht übrig gehabt.

Bares wird für Existentielleres gebraucht. Als im November 1846 der Kaufvertrag für das Horgener Gebäude zwischen dem Vorbesitzer, einem ehemaligen Hammerschmied, und der Confiserie «David Sprüngli & Sohn» unterzeichnet wird, müssen erneut Schulden gemacht werden, wie seinerzeit beim Kauf der Confiserie. 4000 Gulden beträgt der Preis, nur 725 Gulden legen Sprüngli Vater und Sohn bar auf den Tisch. Für den Rest werden Schuldbriefe ausgestellt. Doch damit nicht genug: Um die Schokoladeproduktion in Horgen aufnehmen zu können, müssen Maschinen entwickelt werden, und das kostet wiederum

Geld. Die finanzielle Lage ist derart angespannt, dass die Sprünglis das soeben gekaufte Gebäude sofort wieder verpfänden müssen und teilweise sogar die Confiserie an der Marktgasse. Ein riskantes Unterfangen, doch für das dringend notwendige Darlehen in Höhe von 3000 Gulden müssen Sicherheiten geboten werden.

Dann kann Rudolf Sprüngli-Ammann endlich mit der Produktion beginnen.

Der Rohstoff, getrocknete und fermentierte Kakaobohnen, abgepackt in Fünfzigkilosäcken, bezieht Sprüngli hauptsächlich aus holländischen Häfen. Von dort gelangen sie per Flusstransport bis Basel, ab hier per Fuhrwerk, später per Bahn nach Zürich und weiter in die abgelegene Horgener Schlucht. Einmal dort angelangt, muss die Fracht gesichtet und von Verunreinigungen wie Steinen oder Nägeln befreit werden. In einem ersten Arbeitsgang, während dem sich das eigentliche Kakaoaroma entwickelt, werden die Kakaobohnen geröstet, dann mit Hilfe eines Walzstuhls die Schalen entfernt, durch Rüttelsiebe und Gebläse Schalen und Kern getrennt, schliesslich die Bohnen zerkleinert, eventuell mit verschiedenen Sorten gemischt, und erst dann durch mehrere hintereinandergeschaltete Walzenpaare gemahlen. Dadurch entsteht eine dickflüssige Masse, die bereits recht appetitlich aussieht, beim Kosten jedoch noch immer schrecklich bitter schmeckt. Geniessbar, ja köstlich wird die Paste erst durch das Beimischen von Zucker und Aromen, vorab Vanille.

Kurz nach Produktionsbeginn, Ende März 1848, leisten sich Sprüngli Vater und Sohn sogar eine Anzeige im Tagblatt der Stadt Zürich. Darin heisst es: «Da die Unterzeichneten seit einiger Zeit mit ihrem Geschäfte auch eine Chocolat-Fabrik in Verbindung gesetzt haben, welche auf die neueste und zweckmässigste Art eingerichtet, in jeder Hinsicht dasjenige leistet, was nach den Erfordernissen der Zeit billig erwartet werden kann, so erlauben sich dieselben, ihre Fabrikate dem erlauchten

Publikum höflichst zu empfehlen, und zu ersuchen, somit diesen für unsere Gegend neuen Industriezweig durch gefällige Abnahme ihrer Produkte unterstützen zu wollen. David Sprüngli und Sohn, Confiseurs, Marktgasse.»

Im Herbst des Jahres 1853 erhält Rudolf Sprüngli-Ammann, wie schon oft, einen Auftrag, der ihn vergewissert, dass inzwischen die nobelsten Familien der Stadt Gefallen finden an seiner Schokolade. Ein Spross der altehrwürdigen Zürcher Ratsfamilie Escher heiratet und ordert bei Sprüngli Schokoladetäfelchen, die als Präsent an die Gäste der Hochzeitsfeier vom 6. September 1853 abgegeben werden sollen. Kunstvoll wird die Schokolade verpackt, auf dem Umschlag prangen die Familienwappen von Braut und Bräutigam. Eines dieser Präsente legt die frisch Vermählte als Erinnerungsstück beiseite, es wird an Kinder und Enkel vererbt und 1964 an die Chocoladefabriken Lindt & Sprüngli AG zurückgegeben, wo es im betriebseigenen Labor eingehend untersucht wird. Und so wird nach 111 Jahren Rudolf Sprüngli-Ammanns letztes Geheimnis gelüftet: Die Qualität seiner in Horgen hergestellten Schokolade. Wegen des geringen Gehaltes an Kakaobutter und Zucker eher bitter, in der Konsistenz rauh und sandig, was auf niedrigen Feinheitsgrad schliessen lässt; trotzdem durchaus geniessbar, lautet der Befund des Labors.

Während in Horgen also auch im Urteil einer hundertjährigen Distanz durchaus geniessbare Schokolade hergestellt wird, tüftelt im waadtländischen Vevey ein Altersgenosse von Rudolf Sprüngli-Ammann an der Lösung eines Problems, das für die aufkommende Schokoladeindustrie weitreichende Folgen haben wird: Der Konservierung von Frischmilch. Einem Chemiker namens Henri Nestlé (1814–1890) gelingt es um 1867 aus Frischmilch ein Trockenextrakt herzustellen, der nur noch mit Wasser angerührt werden muss. Mit diesem Kindermehl oder «farine lactée» hat Nestlé auch das Problem der Milchkonservierung ein für allemal gelöst.

Etwa zur selben Zeit macht sich im selben Vevey ein Kerzenfabrikant Gedanken über seine berufliche Zukunft. Jahre später bringt er seine damaligen Überlegungen zu Papier: «Die Produkte der Nahrungsmittelindustrie gehören ohne Zweifel zu jenen Erzeugnissen, die die sichersten Aussichten bieten. Sie werden Tag für Tag verbraucht und immer wieder neu verlangt. Es schien mir, dass ich etwas Nützliches leisten würde, wenn es mir gelingen sollte, Milch mit Schokolade zu verbinden, in haltbarer und leicht versendbarer Form, etwas, das vielen zugute käme und mir das Eigentum einer Industrie sicherte, die vom ersten besten schwer zu betreiben und somit vor der grossen Konkurrenz geschützt wäre.» Diese Worte der Sorge um das eigene berufliche Schicksal werden von einem Mann aufgeschrieben, dessen bleiches, hageres, so etwas wie christliche Askese ausstrahlende Gesicht viel eher zu einem Priester passen würde, denn zu einem Pionier in der hartumkämpften Schokoladebranche. Doch Daniel Peter (1836–1919) hat sich in den Kopf gesetzt, «Milch mit Schokolade zu verbinden» und so sattelt er um in die Schokobranche, tüftelt, pröbelt, experimentiert und wird immer wieder Opfer des eigenen Versagens. Die Öle des Kakaokerns, die Kakaobutter will sich einfach nicht mit den Milchfetten vertragen. Die Mischungen, die Peter zustande bringt, werden ranzig und schmecken dementsprechend: einfach scheusslich.

Schliesslich versucht es der hartnäckige Tüftler mit einem komplizierten Trick. Er entzieht der Kakaomasse sämtliche Fette, gibt nun Milchpulver bei und Zucker und führt erst zum Schluss unter bestimmten Temperaturverhältnissen wieder Kakaobutter zu. Und siehe da: Peter hat die unverträglichen Fette von Kakaobutter und Milch überlistet und 1875 die Formel für «chocolat au lait» gefunden. Mit weitreichenden Folgen für die gesamte Branche. Die bisher gültige Kalkulation, wonach 50 Kilogramm Kakaobohnen bei einem Zuckeranteil von 50 Prozent und etwas Kakaobutter rund 100 Kilogramm Schokolademasse ergeben, verändert sich dank Peter sehr zugunsten der Produzenten. Bei einem Milchanteil von rund einem Viertel vermindert sich der Kakaoanteil und damit die Abhängigkeit von kostspieligen Importen. Zumindest teilweise werden diese durch ein Produkt ersetzt, das in der Schweiz in Hülle und Fülle und erst noch preiswert vorhanden ist: Milch. Werden der Milchschokolade zudem Nüsse oder Trockenfrüchte beigemischt, lassen sich aus einem Zentner Rohkakao sogar bis zu sagenhaften 400 Kilogramm Schokolademasse herstellen.

Beeindruckend, was in der Romandie innert weniger Jahre an Pionierleistungen vollbracht worden sind. François-Louis Cailler stellt in Corsier bei Vevey die Schokoladeproduktion auf eine industrielle Basis; Philippe Suchard erschliesst in seiner Fabrik in Serrière bei Neuchâtel neuartige Produktions- und Verkaufsmethoden; in Vevey erfinden Henri Nestlé die Milchkondensierung, Daniel Peter die Milchschokolade und im benachbarten Lausanne stellt der Schokoladefabrikant Charles Amédée Kohler (1790–1874) um 1830 als erster Haselnussschokolade her. Ganz abwegig ist es nicht, wenn sich der Zürcher Historiker Hans Peter Treichler allen Ernstes die Frage stellt, ob da in und um Vevey nicht eine veritable Schokomafia am Werk gewesen sei. Schliesslich ist Daniel Peter befreundet mit Henri Nestlé, verheiratet mit Fanny Cailler, der Tochter von François-Louis und unterhält ein freundschaftliches Verhältnis zu Jean-Jacques Kohler, dem Sohn von Charles Amédée.

Doch die Irritation ob der geballten Erfindungskraft schweizerischer Schokoladepioniere geht tiefer. Was treibt dieses Grüppchen von Männern dazu an, bitterschmeckende Kakaobohnen aus den Subtropen in die auf der Weltkarte höchstens stecknadelgrosse Schweiz zu importieren und diese solange zu bearbeiten, bis sie sich in eine zuckersüsse Köstlichkeit verwandeln? Gibt es ein verborgenes Erklärungsmuster für das Phänomen Schweizer Schokolade?

Augenfällig ist der Widerspruch zwischen dem unendlich mühseligen Herstellungsprozess, den teils schäbigen Produktionsstätten der Gründerzeit und den Emotionen von Luxus, Exotik und Exklusivität, die dem Produkt von Anbeginn anhaften; auffällig wie die Lustbetontheit des Schokoladegenusses kontrastiert mit der arbeitswütigen Lustfeindlichkeit vieler Pioniere. Von Henri Nestlé wird erzählt, er habe während seiner Experimente die Nacht zum Tag gemacht und auf jeden Schlaf verzichtet; Daniel Peter, der asketische Workaholic, wird gar als «Saint du travail», als Heiliger der Arbeit bezeichnet und Rudolf Sprüngli-Ammann, der liebend gerne evangelischer Theologe geworden wäre, hat das zwinglianische Arbeitsethos bereits von seinem Vater in aller Strenge vorgelebt bekommen. Schokolade als Götterspeise also, deren Rezeptur nur Schokoladealchimisten zu erschliessen vermögen, die bis zur physischen Erschöpfung dem Geheimnis auf der Spur bleiben und dabei vielleicht selber von einem Hauch von Göttlichkeit berührt werden?

In Rudolf Sprüngli-Ammanns Horgener Produktionsstätte geht es zwar durchaus gottesfürchtig zu und her, aber mit festem Blick auf diesseitige Geschäftigkeit. Jeden Morgen beginnen der Patron und seine mittlerweile auf ein knappes Dutzend angewachsene Belegschaft den Tag mit einem gemeinsamen Gebet. Und zu diesem christlichen Patriarchentum der Gründerzeit passt durchaus auch die mitunter reichlich polternde Ader des Gewerblers Rudolf Sprüngli-Ammann, die er an den Treffen der Schiffleutenzunft auszuleben pflegt. In geschäftlichen Angelegenheiten jedoch verliert Rudolf Sprüngli-Ammann niemals den kühlen Kopf des rechnenden Kleinunternehmers. Es entgeht ihm nicht, dass sich Zürich seit einiger Zeit von einem kleinstädtischen Idyll zu einem urbanen Zentrum zu wandeln beginnt. Am 16. März 1846 bricht mit der Gründung der Schweizerischen Nordbahngesellschaft das Eisenbahnzeitalter an, 16 Monate später steht in Zürich ein Bahnhof, und es verkehren Dampflokomotiven zwischen der Limmatstadt und dem aargauischen Baden. Bereits einige Jahre früher sind am ehemaligen Fröschengraben, in der Achse zwischen Bahnhof und Zürichsee, bedeutende Bauten entstanden: Ein Postgebäude, ein Nobelhotel namens Baur en Ville und eine Brücke über die Limmat, die auf Münsterbrücke getauft wird, haben Zürichs emsige Baumeister an der Bahnhofstrasse errichtet. Und nur ein Steinwurf davon entfernt legt regelmässig das Dampfschiff Minerva an, das seit 1835 auf dem Zürichsee verkehrt. Für Rudolf Sprüngli-Ammann ist klar, dass hier, zwischen Bahnhof und Zürichsee das neue urbane Zentrum der Stadt im Entstehen ist. Klar ist damit auch, dass die Confiserie Sprüngli an der Marktgasse ihren zentralen Standort in absehbarer Zeit wohl verlieren wird. 1859, knapp drei Jahre bevor Sprüngli senior stirbt, begeben sich Vater und Sohn auf die Suche nach einer geeigneten Lokalität für eine zweite Confiserie.

Sie sind nicht die einzigen, die in einem dereinst fertiggestellten urbanen Stadtzentrum zwischen Zürichsee und Bahnhof das grosse Geschäft wittern. Bauspekulanten brennen darauf, die dafür notwendigen Geschäftshäuser hochzuziehen. Als im Stadtrat Pläne diskutiert werden, in unmittelbarer Nachbarschaft zum Hotel Baur en Ville, an einem Platz namens Neumarkt (heute: Paradeplatz), einen neuen Bahnhof errichten zu lassen, tritt ein unbebautes Areal namens Tiefenhof, an der Südseite des späteren Paradeplatzes gelegen, in das Blickfeld der Baulöwen. Schon steht eine «Baugesellschaft zum Tiefenhof und Consorten» bereit, das Gelände mit Geschäftshäusern zu überbauen. Selbst als am 20. November 1854 aus dem Stadthaus die Kunde eintrifft, dass auf den Bahnhofsneubau verzichtet, dafür aber die Verkehrswege zum alten Bahnhof zügig erschlossen werden sollen, erscheint der Baugesellschaft das erhoffte Geschäft am Tiefenhof noch immer lukrativ genug.

1856 wird mit dem Bau der sogenannten Tiefenhofhäuser, Zürichs ersten Geschäftshäusern, begonnen. Wenige Monate später treten ungeahnte Hindernisse auf: Auf dem Baugrund steht eine prächtige, zweihundertjährige Linde, die der Stadt gehört. Für 100 Franken erstehen die Bauherren die dem Fortschritt im Weg stehende «Tiefenhof-Linde» und am 25. März bricht der stattliche Baum unter den Schlägen des Fällkommandos zusammen. Viele Zürcher stehen dieser Tat fassungslos gegenüber und die «Zürcher Freitagszeitung» schreibt tags darauf: «Ja, sie fiel endlich, die Königin unter den Bäumen, die wunderschöne Linde im ehemaligen Tiefenhof-Garten. Nicht ein Sturm hat sie geknickt, wohl aber musste sie der materiellen, nur auf Geld und wieder Geld bedachten Richtung der Zeit zum Opfer fallen. Die Niederwerfung dieser schönen Zierde der Stadt vergegenwärtigt so ganz den grellen Gegensatz zwischen der alten Romantik und der gegenwärtigen nüchternen Prosa. Schon lange wurde diese ehrwürdige und doch so heimelig wohltuende Erinnerung an eine verschwundene Zeit von den Ingenieuren und Architekten mit mörderischen Augen betrachtet. Möchten die noch so kräftigen Wurzeln, die da grausam zerhackt wurden, einst rächende Arme in die darüber gebauten Wohnungen hinaufstrecken.»

Rudolf Sprüngli-Ammann hat keine Zeit, verlorengegangener Kleinstadtromantik nachzutrauern oder gar den Fluch des «Freitagszeitungs»-Schreibers ernst zu nehmen. Und dass der Tiefenhöfe-Architekt mitten in den Bauarbeiten plötzlich tot umgefallen ist, hat den Schokounternehmer auch nicht beeindruckt. Noch bevor der im klassizistischem Stil geplante Bau überhaupt fertiggestellt ist, unterzeichnet Rudolf Sprüngli-Ammann einen Mietvertrag über nicht weniger als vier Stockwerke im Eckhaus schräg gegenüber des Hotels Baur en Ville. Genügend Platz jedenfalls für ein Verkaufslokal mit Erfrischungsraum, Backstuben, grosszügigen Lagerräumen sowie Wohnmöglichkeiten für das Personal. Kurze Zeit später gehen auch die pekuniären Erwartungen der Bauherren in Erfüllung: Am 9. Juli 1861 kauft ihnen die «David Sprüngli & fils» das

Spekulationsobjekt für über eine Viertelmillion Franken ab und im selben Jahr beschliesst der Zürcher Stadtrat, den Ausbau der Bahnhofstrasse zügig voranzutreiben.

Das behördliche Versprechen wird allerdings Jahr für Jahr hinausgeschoben und es ist durchaus denkbar, dass sich Sprüngli in dieser Zeit insgeheim öfters gefragt hat, ob es wohl richtig war, sich am Paradeplatz finanziell derart massiv zu engagieren. Die Zeit wird ihm jedoch recht geben. 1864 ist immerhin das Teilstück zwischen Paradeplatz und Rennweg begehbar und im Jahr darauf kann der Bahnhof durch die gleichnamige Strasse erreicht werden. Das Teilstück zwischen Paradeplatz und See wird erst sehr viel später fertiggestellt. Wer allerdings erwartet hat, dass sich die Bannmeile zwischen Bahnhof und Confiserie Sprüngli nun mit einem Schlag mit urbanem Treiben füllt, sieht sich getäuscht. Auf dem Paradeplatz sonnen noch immer die Hausfrauen ihre Betten und klopfen ihre Teppiche; des Nachts werfen Gaslichter ihren fahlen Schein auf das Pflaster und ab und zu hallt der Knall einer Peitsche, das Rollen einer Kutsche durch die Strasse.

Doch die Zeit drängt unwiderruflich in Richtung Moderne. Und es ist Rudolf Sprüngli-Ammann, der dem Paradeplatz zu einem Hauch von Grossstadtflair verhilft: Im Parterre seiner Confiserie richtet er einen Erfrischungsraum ein, wie es in Zürich keinen zweiten gibt. Dank dem Werk eines unbekannten Künstlers ist eine Federzeichnung desselben der Nachwelt erhalten geblieben. Diese zeigt ein elegantes Etablissement, in dem sich das begüterte Zürcher Bürgertum bei einer Tasse Schokolade oder Tee zum zwanglosen Plaudern trifft. Und weil Rudolf Sprüngli-Ammann sehr schnell begreift, dass die immer zahlreicher hereinströmenden Geschäftsleute (auf der anderen Seite des Paradeplatzes etabliert sich wenige Jahre nach Geschäftseröffnung die Schweizerische Kreditanstalt als damals führende Bank des Landes) mit seinem Angebot von Kleinkonfekt sich nicht zufriedengeben, wird der Sohn David

Robert Sprüngli-Baud immer öfter dazu angehalten, exquisite Torten aller Art herzustellen. Innert kurzer Zeit weist die Confiserie am Paradeplatz gegenüber dem Stammhaus an der Marktgasse den doppelten Umsatz auf.

So wie die Verkäufe von Sprünglis Zweitgeschäft im aufstrebenden urbanen Zentrum der Stadt nach oben schnellen, wächst auch die Bevölkerungszahl Zürichs rapide: Seit Sprünglis 1836 die Zuckerbäckerei Vogel aufgekauft haben, hat sich die Einwohnerzahl im Stadtkern auf 25 102 (1880) knapp verdoppelt und im heutigen Stadtgebiet im selben Zeitraum von 35 275 auf 86 890 Bewohner erhöht. Angesichts dieser rasanten Entwicklung genügt auch die Kleinfabrik in Horgen Sprünglis Ansprüchen bald einmal nicht mehr. Wieder wählt Rudolf Sprüngli-Ammann für die neue Fabrik einen Standort, der Weitblick beweist und den Herantransport der Kakaobohnen wesentlich vereinfacht. Im Werdmühlequartier, keine zweihundert Meter von den Geleisen des Bahnhofs entfernt, dort wo früher eine durch den Sihlkanal angetriebene Getreidemühle und mehrere Schmiede produziert haben, ersteht der Schokoladepatron am 29. Januar 1870 die Häuser Werdmühlegasse 14, 16 und 18 sowie die Grundstücke für die Hausnummern 20 bis 24. Die Finanzierung wickelt er nach bewährtem Muster ab. Von dem Kaufpreis in Höhe von 150 000 Franken zahlt er lediglich 18 800 in bar, weitere 58 000 stottert er in Raten ab; der Rest sind Hypotheken, die er von seinem Vorgänger übernimmt.

Für diese Summe ersteht er Gebäude und Liegenschaften, die den Betrieb einer stattlichen Schokoladefabrik erlauben: Ein Wohnhaus, drei Werkstattgebäude, ein Magazin, ein Radhaus nebst den dazugehörenden Wasserwerken und Getrieben über dem Sihlkanal sowie ein Waschhaus. Aber auch damit ist der Patron noch nicht zufrieden. Der Wasserantrieb durch den Sihlkanal verläuft unregelmässig. Noch nicht einmal ein Jahr nach dem Umzug von Horgen an die Werdmühle, raucht auf dem Gelände bereits ein Hochkamin. Rudolf Sprüngli-Ammann hat eine Dampfmaschine installieren lassen, die den schwankenden Wasserantrieb ausgleichen soll. Eine 25-PS-Maschine verteilt die Kraft über Riemenbänder in die Produktionshallen. Innert kurzen Zeitabständen kommen weitere Erleichterungen hinzu: mechanische Aufzüge, Kühl- und Wärmeanlagen.

Aus der kleinen Produktionsstätte in Horgen ist in der Werdmühle eine ansehnliche Schokoladefabrik geworden. Die Belegschaft, Chocolatiers, Fuhrleute, Mechaniker, Reisende, Heizer und seit Beginn der 80er Jahre auch weibliche Arbeitskräfte als Packerinnen, zählt inzwischen rund 80 Personen. Sie kommen aus ganz Zürich, aber auch aus Schwamendingen, Aussersihl, Riesbach, Ober- oder Unterstrass in die Werdmühle zur Arbeit, wo Patron Sprüngli ein strenges Regime führt und sich nicht scheut, modernste Technik einzusetzen, um den Überblick über sein wachsendes Schokoladereich zu behalten. Als im November 1880 das erste Telefonbuch der Stadt Zürich erscheint, ist Sprüngli gleich dreimal vertreten: Mit der Nummer 5 für das Stammhaus an der Marktgasse, Nummer 19 für die Confiserie am Paradeplatz und die Nummer 20 für die Schokoladefabrik in der Werdmühle. Und wenn es dort zwischen Patron und Arbeiter zu einer Auseinandersetzung kommt, kann es durchaus geschehen, dass diese für den Angestellten böse endet. Auf den Lohnlisten der Zeit jedenfalls findet sich hinter manch einem Namen unter der Rubrik «Bemerkungen» kommentarlos das dreisilbige Wort «entlassen», oder auch «fortgejagt wegen wiederholten Blaumachens». Der eine oder andere zieht es aber auch vor, von sich aus das Weite zu suchen. In solchen Fällen heisst es dann «durchgebrannt mit Vorschuss» oder schlimmer noch «mit Geld durchgebrannt».

Wer sich allerdings jenes Aquarell vor Augen führt, das von der Schokoladefabrik in der Werdmühle erhalten geblieben ist, kann kaum nachvollziehen, dass sich auch nur ein Angestellter derart schäbig aus dem Staub machen kann. Das in zarten Pastellfarben gehaltene Bild zeigt ein idyllisches Fabrikareal, auf dem ein Springbrunnen plätschert, und einen Lustpavillon, der zum Verweilen einlädt. Die Fabrik steht in unmittelbarer Nachbarschaft zu Wohnhäusern in Pseudorenaissance. Und in den Strassen rund um das Hauptgebäude flanieren elegante Herren und Damen mit aufgeklappten Sonnenschirmen. Nein, es muss eine wahre Freude gewesen sein, in dieser Fabrik arbeiten zu dürfen! Oder hat hier die malende Hand möglicherweise doch nur ein Wunschbild auf die Leinwand projiziert, vielleicht, weil dem Künstler die nüchterne Realität so viel weniger farbenfreudig vorgekommen ist? Das Bild einer Schokoladefabrik also, wie es nur als Illusion existieren kann, so wie die Schokoladefabrikanten seit jeher auch ihrem Produkt eine Aura von Illusion beizumengen versucht haben?

Schon Philippe Suchard, der Schokolade- und Werbepionier, hat als erster seinem Produkt Bildserien beigelegt, die sich beflügelnd auf Phantasie und Konsum ausgewirkt haben dürften. Bunte Bildchen, die beispielsweise eine elegante Dame zeigen beim Verpacken einer überdimensionalen Suchard-Schokolade, oder Kinder beim Einschmelzen von Suchard-Schokolade, ein Zauberer, der mit schwereloser Suchard-Schokolade hantiert. Geschichten zum Weiterspinnen; Illusionen des Vor-Kino-Zeitalters. Sprüngli, der diese Werbeidee umgehend aufgreift, lenkt den Blick der schokoladekauenden Betrachter in die Zukunft, zeigt in einer Bilderserie über das Jahr 2000 eine phantastische Welt: Schönwettermaschinen, bewegliche Häuser, «unterseeische» Schiffe. Beflügelnde Bildchen, entstanden im Treibhaus des beginnenden Technikzeitalters um die Jahrhundertwende.

Auch die frühen Werbeplakate und Schokoladeverpackungen sind aus dem Stoff gewoben, aus dem sich Illusionen nähren. Das vermutlich älteste Plakat aus dem Hause Sprüngli zeigt zwei elegante Pariserinnen im «Costume Empire», ein anderes ein Paar aus dem Rokoko beim Turteln, ein weiteres eine elegante, im Jahrhundertwendestil gekleidete Dame, die ihrer herausgeputzten Tochter zur Belohnung für artiges Benehmen ein Stück Sprüngli-Schokolade überreicht. Plakate, die Geschichten erzählen, Werbesujets für das Luxusprodukt Schokolade. Bereits François-Louis Cailler, der erste Schweizer Schokoladefabrikant überhaupt, hat durch die Wahl der Verpackung seinem Erzeugnis eine Aura der höheren Weihe verliehen, das Produkt mit einem schwergewichtigen Wachssiegel versehen und so dem Käufer suggeriert, er habe eine Art Wertpapier erstanden. Später ersetzten die Produzenten den aufwendigen Wachssiegel durch Goldmedaillons, Auszeichnungen von Landes- oder Weltausstellungen; schliesslich kommen Familienwappen von Schokoladedynastien hinzu.

Je stärker die Schokoladeproduzenten jedoch den Ausstoss durch gezielten Einsatz von Maschinen zu erhöhen vermögen, desto kontraproduktiver wirkt sich eine Werbung aus, die das Luxusprodukt Schokolade nahezu ausschliesslich mit begüterten Käuferschichten in Verbindung bringt. Irgendwann anfangs der 80er Jahre des vergangenen Jahrhunderts ändern die Produzenten denn auch schlagartig ihre Werbestrategie und geben die Losung aus: «Schokolade als Volksnahrung». Nun zieren plötzlich Sujets die Packungen, die auch die Herzen des gemeinen Volkes zu erfreuen vermögen: Ein Clown, der auf Sprüngli-Schokolade jongliert, singende Katzen, sakrale Motive mit Mönchs- oder Madonnenfiguren und auf einer Sprüngli-Tafel prangt gar das Konterfei von Papst Pius X.

Es ist Rudolf Sprüngli-Ammann, der sich, inzwischen knapp siebzigjährig, noch einmal kräftig ins Zeug legt für die Volksnahrung Schokolade. Eine Plattform bietet sich 1883 anlässlich der Schweizerischen Landesausstellung, der offiziellen Gewerbe- und Leistungsschau des Landes auf dem Zürcher Platzspitz. Und offiziell ist auch Sprünglis Beitrag als Berichterstatter der Gruppe «Nahrungs- und Genussmittel». In stark gedrechselter Sprache, mitunter mit dem Pathos, das den verhinderten Theologen erkennen lässt, schreibt Sprüngli: «Als wirklicher Industriezweig gestaltete sich die Schokoladefabrikation erst dann, als die Neuzeit nicht nur ganz abgeänderte, bedeutend productivere Reibsysteme hervorbrachte, sondern ganz besonders noch als eine Menge Hülfsmaschinen erfunden wurde, welche die Fabrikation im Grossen unterstützten und dadurch die verschiedenen Nebenarbeiten ganz genau in den Gang der Fabrikation eingriffen und einen regelmässigen Verlauf und Fortschritt der Arbeit bewirkten. Unter dem günstigen Einfluss dieser Verbesserungen entstanden dann auch grössere Etablissements, welche (...) in den Stand gesetzt waren, mit einem richtig durchdachten fabrikmässigem Betriebe grosse Quantitäten sowohl guter und zugleich billiger, als auch feinster Qualitäten zu Tage zu fördern. Die auf diese Art gewonnenen Vorzüge des Productes und Vortheile in der Erstellungsweise machten es möglich, dass nicht nur wie früher die begüterten Klassen sich die Chocolade verschaffen, sondern auch der Arbeiterstand die Wohltat dieses so anerkannt gesunden und kräftigen Nahrungsmittels geniessen kann.»

Und dann kommt der Patron auf sein eigentliches, politisches Anliegen zu sprechen: Höhere Einfuhrzölle für ausländische Schokoladeerzeugnisse zum Schutz der einheimischen Industrie: «So sehr nun auch die volkswirthschaftliche Wohltat einer allgemeinen Einführung dieses schätzbaren Nahrungsmittels auch höheren Orts eingesehen werden musste, so geschah doch zum Schutze dieses Fabrikates von Seite der zuständigen Behörden noch nichts. Der Eingangszoll für ausländische Chocolade und andere Cacaopräparate war von jeher und ist auch heute ganz minim, während sämtliche uns umgebenden Staaten einen sehr hohen Schutzzoll für ihr eigenes Fabrikat aufstellen (...). Wenn nun auf solcher Grundlage fremdes Fabrikat leichtes Spiel hat, sich bei uns einzuführen, wie wir dies an dem in jüngster Zeit so sehr in Mode gekommenen holländischen Cacaopulver (Cacao Van Houten) ersehen, der sich massenhaft bei uns ausbreitet und die schweizerischen Fabriken ganz bedeutend schädigt, – so möchte es doch sehr zu wünschen sein, dass höhern Orts der sich sonst so kräftig entwickelnden Chocolade-Industrie die bisher so sehr entbehrte Aufmerksamkeit gezollt und die so sehr nothwendige Unterstützung nicht länger vorenthalten werde und zwar nicht nur des Nutzens allein willen, den dieser Fabrikationszweig einer nicht unbeträchtlichen Anzahl von Personen auch ihren Verdienst gewährt, sondern in noch viel höherem Masse deshalb, weil derselbe, wie nicht leicht ein anderer, dazu berufen sein mag, der unseligen, entsittlichenden und entnervenden Schnapswirthschaft zu Leibe zu rücken.»

Zum zweiten Mal in ihrer noch so kurzen Geschichte wird der Götterspeise Schokolade eine Art höhere Weihe übergestülpt. Diesmal nicht als besonders wertvolles Produkt, das durch verschwenderisch-luxuriöse Verpackung in die Nähe eines Wertpapiers gerückt wird, sondern als soziales Elixier, als täglich Brot für die Armen, als Medizin gegen grassierenden Alkoholismus. Und es lohnt sich, Rudolf Sprüngli-Ammanns furioses Finale sich ungekürzt zu Gemüte zu führen, denn es ist sein Vermächtnis aus vierzig Jahren Schokoladeproduktion, Bekenntnis und Werbespot in einem.

«Es ist eine bekannte Thatsache, dass leider nicht nur eine grosse Zahl ärmerer Familien, die noch obendrein dem Arbeiterstande angehören, mithin vor allem einer gesunden und kräftigen, wenn auch einfachen Nahrung bedürften, ihr Leben grösstentheils mit kraftlosem Kaffee oder gar nur mit Cichorienbrühe fristen, sondern wir sehen auch, dass in gewissen Gegenden ganze Familien, die kleinsten Kinder sogar hinzu gerechnet, eine Art warmen Zuckerwassers, welches, mit aromatisiertem Alcohol mundgerecht gemacht wird, geniessen. Diese elende Mischung, welche in kaum glaublicher Menge als Nahrungsmittel dient, kann den Magen nur für kurze Zeit befriedigen; der Körper aber, besonders derjenige der zarten Geschöpfe, wird entnervt und der Reiz zur Trunksucht in traurigem Grade begünstigt und Geist und Körper unfähig gemacht, sich zu entwickeln und zu gedeihen.

Eine wenn auch billige, jedoch gewissenhaft fabrizierte Chocolade ist dagegen stets nachhaltig nährend und so Leuten, welche strenge körperliche Arbeiten zu verrichten haben, wie auch zarten Kindern gleich zuträglich. Statt zu entnerven und einschleichendes Siechthum und Cretinismus zu erzeugen, wirkt die Chocolade belebend, stärkend und erfrischend. Sie vereinigt somit alle Eigenschaften, ein wirkliches, volksthümliches Nahrungsmittel zu werden, und dürfte mit vollem Rechte darauf auch höheren Orts hingewirkt werden, dass die Cacaopräparate auch bei den weniger begüterten Klassen zum Genusse eingeführt werden.»

Dieser wortgewaltige Diskurs des Seniors ist längst nicht der einzige Beitrag der Sprünglis an der Landesausstellung 1883. Wenn auch Philippe Suchard, der grosse Kunkurrent aus der Romandie, zu diesem Zeitpunkt die landesweit führende Schokoladefabik besitzt, die Hälfte der Gesamtproduktion auf sein Konto gehen, rund 250 der insgesamt 500 Chocolatiers bei ihm ihr Auskommen finden und Suchard auf Landes- und Weltausstellungen Goldmedallien sammelt wie kaum ein zweiter, ist die Zürcher Landesausstellung für Rudolf Sprüngli-Ammann das Heimspiel, das es zu nutzen gilt. Er bietet alles auf, um sich und seine Unternehmungen an dieser Leistungsschau optimal in Szene zu setzen. Als Philippe Suchard eine Beteiligung an der Arbeitsgalerie der Landesausstellung, an der der Westschweizer sein Fabrikationsverfahren präsentieren wollte, kurzfristig absagt, aus Angst, die Konkurrenz könnte ein Auge auf seine Fabrikationsgeheimnisse werfen, ist es Rudolf Sprüngli-Ammann, der diesen Part übernimmt. In der offiziellen Ausstellungszeitung schreibt ein begeisterter Besucher: «Eine hervorragende Ausstellung in der Arbeitsgalerie ist die der Schokoladefabrik Sprüngli. Von morgens 10 Uhr bis abends fünf drehen sich die schnurrenden Räder, schieben sich die schweren Walzen in ununterbrochener Folge und zermalmen die harten Kakaobohnen vor den Augen der neugierigen Besucher. Es war eine originelle Idee der Aussteller, den ganzen Verlauf der Schokoladefabrikation in einem so gross angelegten Massstab zur Darstellung zu bringen und dem Publikum einen Einblick in die Manipulation zu gewähren, durch welche diese süssen Produkte entstehen.»

Nur ein Steinwurf von der Arbeitsgalerie entfernt, stösst der Besucher der Landesausstellung bereits wieder auf die «Fabrique de Chocolat David Sprüngli & Fils». Im sogenannten «Sprüngli-Pavillon» mitten in der Maschinenhalle, einer dem Charme der Zeit entsprechenden Stahlkonstruktion, hat Rudolf Sprüngli-Ammann gedrechselte Stellwände mit gerafften, schweren Gardinen aufstellen lassen und seinen zweitgeborenen Sohn und Konditor David Robert samt Frau, Elise Sprüngli geborene Baud, postiert. Für das noch junge Ehepaar, sie hatten im Frühjahr 1882 geheiratet, ist das die erste eigenständige Bewährungsprobe vor den Augen des Patrons: Die Führung des Erfrischungsraumes samt Gartenrestaurant. Das Etablissement entwickelt sich zum eigentlichen Publikumsrenner an der Landesausstellung mit entsprechendem Werbeeffekt für die Confiserie- und Schokoladeerzeugnisse aus dem Hause Sprüngli. Selbst Kinder kennen nun den Sprüngli und nicht wenige können sogar ein Ständchen singen:

Im heissesten Land der ganzen Welt,
An mancher blauen Bucht,
Da wächst ein Baum, der uns gefällt,
Von wegen seiner Frucht.

Sie gleicht der Gurke, Bohnen trägt
Im Leib sie zart und mild,

Und wie man sie vom Baume schlägt,
Das zeigt uns dieses Bild.

Vor bald dreihundert Jahren bracht'
Ein Schiff aus Mexiko
Zu uns die erste schwere Fracht
Des guten Cacao

Vom Dampf getrieben, heute schnellt
Durch's Meer gar mancher Kiel
Der bringt Europas Kinderwelt
Der Cacaofrüchte viel

Geröstet und gerieben fein,
Am blauen Zürichsee,
Geformt in blanke Täfelein,
Ist das ein Schmaus juhee!

Wer beste Schokolade macht
Weiss jedes Kind ja schon,
Es denkt bestimmt bei Tag und Nacht
An David Sprüngli & Sohn.

Nach der von der Familie Sprüngli so erfolgreich über die Bühne
gebrachten Beteiligung an der Landesausstellung und kurz
nachdem das von Rudolf Sprüngli-Ammann in offiziellem Auf-
trage verfasste Vermächtnis über die Nahrungs- und Genuss-
mittelindustrie Anfang 1884 druckfrisch vorliegt, denkt der Senior langsam ans Aufhören. Seinen Rückzug vollzieht er in
echt patriarchalischem Stil. Der Familienbesitz, eine Schokoladefabrik und zwei Confiserien, soll, so sein Wille, ausschliesslich unter den männlichen Stammhaltern aufgeteilt
werden. Die zwei noch lebenden Töchter, Lisette, die Älteste,
die nach dem frühen Tod der Mutter deren Funktion einge-

nommen hatte, und Emilie, deren Ehemann zeitweise in der Werdmühle als Reisender tätig war, sollen abgefunden werden. So hält es ein Erbauskaufsvertrag fest, den Rudolf Sprüngli-Ammann am 21. Januar 1884 mit seinen Kindern abschliesst. Doch bis Johann Rudolf Sprüngli-Schifferli, der Ältere, und David Robert Sprüngli-Baud, beide Hauptmänner der Infanterie, gestandene Ehemänner und Väter, das Erbe vom Familienoberhaupt wirklich überschrieben bekommen, gehen noch einmal acht Jahre ins Land. Erst 1892, beide Erben sind bereits jenseits der Vierzig, setzt Rudolf Sprüngli-Ammann, nun schon über 75, einen Teilungsvertrag auf. Johann Rudolf Sprüngli-Schifferli bekommt die Schokoladefabrik in der Werdmühle, sämtliche Wohn- und Fabrikgebäude, den Maschinenpark und Mobiliar sowie das Wasserrecht zur Nutzung des Sihlkanals. David Robert Sprüngli-Baud erbt die beiden Ladengeschäfte an der Marktgasse und am Paradeplatz samt dazugehörenden Backstuben sowie den Erfrischungsraum am Paradeplatz. Beide Söhne verpflichten sich im Gegenzug, dem Vater auf Lebenszeit eine jährliche Rente von insgesamt 5000 Franken zu überweisen.

Ist es Weitsicht, eine geschickte Nachfolgeregelung, wie sie Rudolf Sprüngli-Ammanns Nachfahren nicht immer gelingen wird, die den Schokoladepionier veranlasst hat, den Familienbesitz aufzutrennen und die nachfolgenden Generationen von Sprünglis in eine Fabrik- und eine Confiserielinie aufzusplitten? Oder liegt gerade in diesem letzten Willen der übermächtigen Ahnfigur Rudolf Sprüngli-Ammann der Keim für den Kampf, der keine fünfzig Jahre später die Nachfahren entzweien wird? Diskussionen um das Erbe lassen jedenfalls nicht lange auf sich warten. Die Schokoladefabrik, die seinerzeit für 150 000 Franken gekauft und seither ständig erweitert worden ist, sei, so argumentiert David Robert Sprüngli-Baud, mehr wert als seine zwei Confiserien, obwohl allein der Paradeplatz seinerzeit 260 000 Franken gekostet hatte. Und so kommt Fabrikherr Johann Rudolf Sprüngli-Schifferli nicht umhin, seinem Bruder noch eine nicht unbedeutende Barschaft in Höhe von 235 000 Franken in die Hand zu drücken. Geld, das er beim späteren Ausbau der Fabrik gut hätte gebrauchen können.

Doch noch überstrahlt der Glanz des übermächtigen Gründervaters Rudolf Sprüngli-Ammann erste Anzeichen späterer Konflikte. Sein Konterfei wird in zwei identischen Ölgemälden für die Nachwelt verewigt und mit venezianischen Rahmen versehen. Elisabeth Sprüngli, die Ehegattin, kommt erst posthum zu der Ehre, auf Leinwand festgehalten zu werden. Die Sprünglis, die diese Kunstwerke pflegen wie Königsschätze, zeigen bereits an der Schwelle zur dritten Generation ein ausgeprägtes Gespür für dynastisches Denken. Und wenn heute Rudolph R. Sprüngli, Exponent der fünften Generation, für Photographen posiert, dann hat er sich mit besonderer Vorliebe im Verwaltungsratszimmer der Chocoladefabriken Lindt & Sprüngli AG vor die Linse gestellt: Dort hat bis vor kurzem eins der beiden Gemälde von Rudolf Sprüngli-Ammann gehangen.

III

Eine Aktiengesellschaft wird gegründet

Ein Fabrikant versucht jahrelang ein geniales Schokoladerezept zu kopieren, bleibt erfolglos, bezahlt einen Millionenbetrag für das geheimnisumwitterte Fabrikationsverfahren und erlebt schliesslich sein blaues Wunder

Der 21. Juni 1898 ist nicht nur für den Schokoladefabrikanten Johann Rudolf Sprüngli-Schifferli ein besonderer Tag. Dramatisches ereignet sich. Anderntags werden die Zeitungen über Unruhen im österreichisch-ungarischen Westgalizien berichten, in Japan ist das Parlament aufgelöst, in Russland das Kabinett Meline gestürzt worden. Immerhin: Im spanisch-amerikanischen Krieg sieht Madrid «einer Landung amerikanischer Truppen auf Cuba ohne jede Besorgnis entgegen», schreibt die «Neue Zürcher Zeitung» und im Feuilleton findet sich doch noch eine erfreuliche Meldung über eine Festgabe zur Eröffnung des Schweizerischen Landesmuseums in Zürich. Im Lokalteil erneut Dramatik. Die Direktion des Zürcher Kolosseum-Theaters ist nach kürzester Amtszeit abrupt zurückgetreten. Der Grund: «Der Besuch war während der letzten warmen Tage ein sehr minimaler, wozu auch das Schützenfest nicht wenig beigetragen hat, welches eine wahre Völkerwanderung nach dem Albisgüetli lockte», so der NZZ-Chronist.

All das wird Johann Rudolf Sprüngli-Schifferli, seit nunmehr sechs Jahren alleiniger Besitzer der Schokoladefabrik in der Werdmühle, kaum interessieren. Nicht an diesem 21. Juni 1898, an dem sich für ihn und seine Firma so Entscheidendes abspielt. An der Werdmühlegasse 24, auf dem Fabrikareal, trifft er sich mit seinem Bruder David Robert

Sprüngli-Baud, mit Albert Hürlimann-Hirzel, dem befreundeten Unternehmer, der in Zürich-Enge in dritter Generation die gleichnamige Bierbrauerei führt, dem kommerziellen Direktor der Werdmühle, Adolf Friedrich Spoerri sowie dessen Verwandten Abraham Veith-Spoerri. Diese fünf Herren werden an diesem Tag an der konstituierenden Generalversammlung der soeben gegründeten Chocolat Sprüngli Aktiengesellschaft «in offener Abstimmung einstimmig» in den Verwaltungsrat gewählt. Nur ein Jahr nach dem Tode von Rudolf Sprüngli-Ammann muss der Sohn familienfremde Kapitalgeber an seinem Erbe beteiligen, um die anstehenden dringend notwendigen Ausbauschritte der Firma überhaupt finanzieren zu können.

Er selber kann an der mit 1,5 Millionen Franken Kapital ausgestatteten Chocolat Sprüngli AG lediglich (Inhaber-) Aktien über 450 000 Franken zeichnen, mit je 100 000 Franken beteiligt Sprüngli-Schifferli seine Nachkommen, David Rudolf Sprüngli-Haubensak, Elsa und Maria; weitere 250 000 Franken steuert der Bruder David Robert Sprüngli-Baud bei, also ungefähr jene Summe, die Sprüngli-Schifferli dem Confiseur seinerzeit bei der Erbteilung hatte gutschreiben müssen. Für den Rest aber muss Sprüngli-Schifferli fremdes Kapital in Anspruch nehmen. Albert Hürlimann zeichnet für 190 000 Franken Sprüngli-Aktien, für je 100 000 Direktor Adolf Spoerri und ein entfernter Verwandter der Familie Sprüngli namens Brunner-Biedermann; Verwaltungsrat Abraham Veith-Spoerri steuert 80 000 Franken bei und die restlichen 30 000 gehen auf das Konto eines Herrn namens Sommer.

Es ist ein labiles Aktionariat, das da zustande kommt: Sprüngli-Schifferli, der Verwaltungsratspräsident, vereinigt nicht einmal jede dritte Aktie auf seine Person und selbst zusammen mit den Titeln, die auf seine Kinder lauten, verfügt er über keine Mehrheit am Kapital der Chocolat Sprüngli AG. Zudem verteilen sich die Aktien seiner Kinder, insgesamt immerhin jede fünfte Sprüngli-Aktie, auf drei verschiedene Personen und werden durch die Vererbung über die Generationen weiter atomisiert werden. Rund 16,6 Prozent der Titel gehören seinem Bruder und werden innerhalb der Familie Sprüngli zukünftig in der Confiserielinie weitergegeben. Und bereits zum Zeitpunkt der Gründung der Aktiengesellschaft befindet sich ein Drittel des Kapitals in Händen von Personen, die mit der Schokoladefabrik im besten Falle freundschaftlich verbunden sind. Ein Aktionariat also, das für Sprüngli-Schifferli und seine direkten Nachkommen vielerlei Fallstricke birgt. Und zudem ein Handicap darstellt, dem sich keine nachfolgende Sprüngli-Generation mehr wird entziehen können: Auf Kapitalgeber ausserhalb der Familie angewiesen zu sein.

Die Absicht, die vom Vater gegründete Schokoladefabrik in eine Aktiengesellschaft umzuwandeln, hat Johann Rudolf Sprüngli-Schifferli schon längere Zeit gehegt. In die Tat umgesetzt hat er diese freilich erst nach dem Tode des Patrons. Vielleicht, weil Rudolf Sprüngli-Ammann, der seinen Söhnen ein Leben lang Familiensinn und Clandenken gepredigt und vorgelebt hat, sein Lebenswerk niemals in einer «anonymen» Aktiengesellschaft hätte aufgehen lassen. Auch der Sohn hat sich diesen Schritt nicht leicht gemacht. Immer wieder lässt er sich von Albert Hürlimann beraten, der so etwas wie das Patronat der «Publikumsöffnung» der Schokoladefabrik übernimmt und sich später zum Vizepräsidenten des Verwaltungsrates der Chocolat Sprüngli AG wählen lässt. Dem Bierbrauer und dem Schokoladefabrikanten muss klar geworden sein, dass der verstärkte Einsatz von Maschinen bei der Produktion immer grössere finanzielle Mittel erfordert, mitunter höhere als ein einzelner Unternehmer aufzubringen imstande ist. Bereits in der Werdmühle, als innert weniger Jahre Dampfanlagen, eine Kälteabteilung sowie eine elektrische Beleuchtungsanlage in Betrieb genommen worden sind, hat Sprüngli junior einen Vorgeschmack zukünftigen Kapitalbedarfs bekommen.

Doch den letzten Anstoss, die Einzelfirma Sprüngli in einer Aktiengesellschaft aufgehen zu lassen, dürften die Stadtväter Zürichs ausgelöst haben. Am 1. Januar 1893 war die Limmatstadt durch die Eingemeindung von elf vormals selbständigen Vorortsgemeinden zur Grossstadt geworden, die Einwohnerzahl mit einem Schlage von 28 000 auf 121 000 emporgeschnellt. Damit beginnt in Zürich die Zeit der sogenannten grossen Bauperiode, in der etliche repräsentative Bauten der Stadt entstehen: das nach dem Vorbild französischer Renaissanceschlösser erbaute und heute unter Denkmalschutz stehende Rote Schloss am General Guisan Quai, das Kaufhaus Jelmoli, 1898/99 erbaut, und damals eine technisch und architektonisch sensationelle Eisen-Glas-Konstruktion, das sogenannte «Chachelihuus» am Bleicherweg 47, der wohl prächtigste Jugendstilbau der Stadt oder etwa das erst 1914 fertiggestellte Universitätsgebäude.

In diesen Zeiten des Aufbruchs in die Moderne werden auch grossflächige Überbauungsprojekte in Auftrag gegeben, breite, repräsentative Boulevards, wie sie in Paris unter der napoleonischen Monarchie entstanden sind. Pläne allerdings, die infolge Geldmangels und nach dem Ausbruch des Ersten Weltkrieges auf Eis gelegt und nie realisiert werden. Prunkstück der Stadtplanung der grossen Bauperiode ist freilich ein riesiger Verwaltungstrakt am linken Limmatufer, der just auch jenes Gebiet umfassen soll, in dem Johann Rudolf Sprüngli-Schifferli seine Schokolade fertigt: das Werdmühlequartier. Wenige Jahre vor der Jahrhundertwende wird dieses Mammutprojekt von Gustav Gull (1858–1942), dem Erbauer des Schweizerischen Landesmuseums und seitdem einer der prominentesten Architekten des Landes, im Stadtrat erneut eingehend diskutiert. Schlagartig wird sich Sprüngli bewusst, dass seine Schokoladefabrik wie auch das gesamte halb ländliche, halb industrielle Werdmühlequartier früher oder später den stadträtlichen Grossstadtambitionen wird weichen müssen. Bei den absehbaren Verkaufsverhandlungen mit den Behörden aber, das wird dem Schokoladefabrikanten während den langen Gesprächen mit dem Brauer Albert Hürlimann klar, würde eine Aktiengesellschaft eine wesentlich komfortablere Verhandlungsposition einnehmen können als der Inhaber einer Einzelfirma.

Und so wird an jenem 21. Juni 1898 die Chocolat Sprüngli AG aus der Taufe gehoben. Pate stehen zwei führende Banken Zürichs, die Bank Leu & Co. und die Schweizerische Kreditanstalt, die spätere Hausbank der Chocoladefabriken Lindt & Sprüngli AG. Die neugegründete Aktiengesellschaft erwirbt vom Besitzer der Vorgängerfirma, Johann Rudolf Sprüngli-Schifferli sämtliche Gebäude, Inventar sowie zwei Schuldbriefe in Höhe von insgesamt 85 000 Franken, die auf Grundstückkäufe in der Gemeinde Kilchberg lauten. Dort, an der Seestrasse erwirbt Sprüngli-Schifferli am 21. Juli 1898, genau einen Monat nach Gründung der Aktiengesellschaft, Liegenschaften zum Bau einer neuen Schokoladefabrik. Das Werdmühleareal veräussert er für die stolze Summe von einer Million Franken der Stadt. Wenn Sprüngli Jahre später an die Stätte seines früheren Wirkens im Herzen Zürichs zurückgekehrt sein sollte, hätte er die Werdmühle kaum mehr erkannt. Die Fabrikgebäude sind abgetragen, der Sihlkanal aufgefüllt. Der vom Architekten Gull so grossstädtisch projektierte Verwaltungstrakt am linken Limmatufer wird freilich nur zum kleinsten Teil realisiert. Gebaut werden lediglich die Amtshäuser. Den Rest des Geländes der vormaligen Sprüngli-Fabrik bedeckt heute der Werdmühleplatz. Für Sprüngli-Schifferli wird die Planungswut der Stadtbehörden jedoch zu einem Glücksfall: Sie zwingt ihn, die moderne Rechtsform der Aktiengesellschaft einzuführen und – fast wichtiger noch – eine neue Firma auf der grünen Wiese zu projektieren. Statt mit Stück- und Flickwerk in den ohnehin eng gewordenen Verhältnissen in der Werdmühle über die Runden kommen zu müssen, entsteht in Kilchberg eine Produktionsstätte, die den Erfordernissen des damals modernen Materialflusses genügt. Ein radikaler Bruch mit der Vergangenheit, den nach Johann Rudolf Sprüngli-Schifferli kein Sprüngli mehr wagt. Auch heute gilt der Standort Kilchberg als unantastbar, ja heilig.

Wenn Sprüngli-Schifferli, Verwaltungsratspräsident der Chocolat Sprüngli AG, sich nun damit abfinden muss, dass familienfremde Kapitalgeber Dividendenzahlungen erwarten und Banken als Geschäftspartner auftreten, lässt er doch keinen Zweifel daran, wessen Erbe die Fabrik ist: Er selber fungiert in der ersten Geschäftsleitung der Aktiengesellschaft als «Chef-Director», sein einziger Sohn, David Rudolf Sprüngli-Haubensak, als Technischer Direktor. Lediglich der «Commercielle Director», der die Domäne der Zahlen zu verwalten hat, für die die Sprünglis nie ein besonderes Flair zu entwickeln vermochten, wird mit einem Aussenstehenden besetzt: mit dem an der Firma beteiligten Adolph Friedrich Spoerri.

Bevor jedoch diese Geschäftsleitung im April 1899 in der neuen Fabrik in Kilchberg die Produktion aufnehmen kann, müssen noch zahlreiche nervenaufreibende Hürden übersprungen werden. Negativ wirkt sich aus, dass der auserwählte Standort Kilchberg keinerlei industrielle Tradition aufweist. Von einer Porzellanmanufaktur, die vor Jahren im Dorfteil Schoren nahe der Sprüngli-Fabrik produziert hatte, zeugt lediglich noch ein leerstehendes Gebäude. In dem malerischen Dörfchen Kilchberg wohnen zur Jahrhundertwende ganze 1951 Einwohner, davon 243 Ausländer. Die meisten von ihnen finden ihr Auskommen als Landwirte oder Weinbauern und sind über die Pläne, dass gewissermassen in ihren Vorgärten eine Fabrik errichtet werden soll, nicht eben erfreut. Ein Aquarell aus der Zeit zeigt ein grossflächiges Fabrikareal, in dem ein Hochkamin Rauch absondert. Drumherum ein ländliches Idyll: Der Zimmerberg ist noch kaum mit Häusern bebaut; Rebstöcke, Bäume und sattgrüne Wiesen bedecken die sanft zum Zürichsee abfallenden Hänge, lediglich durchbrochen von Eisenbahnschienen, die sich weit oben quer durch die Landschaft ziehen. Die Seestrasse, auf der um 1900 fast ausschliesslich Sprüngli-Fuhrwerke verkehren, ist noch nicht einmal mit einem festen Belag versehen. In dieser pittoresken Landschaft wirkt die Fabrik wie ein Fremdkörper, wie ein verirrter Vorbote einer noch fernen Zeit. Es ist nicht erstaunlich, dass sich schon vor Grundsteinlegung halb Kilchberg mit einer Flut von Einsprachen gegen den Bau der Schokoladefabrik zur Wehr setzt.

Es rächt sich, dass Sprüngli-Schifferli beim Grundstückkauf nicht bedacht hatte, dass ein Stück eines Pilgerweges, auf dem vor Jahren die Wallfahrer mit Steinen oder Erbsen in den Schuhen nach Einsiedeln gepilgert waren, über das Fabrikgelände führt. Ein Problem, das am 12. Februar 1899 sogar die Gemeindeversammlung beschäftigt. Nach eingehender Diskussion beschliessen die Feierabendpolitiker, Sprüngli-Schifferli zwei Auflagen zu machen: Der Pilgerweg muss verbreitert und für Fuhrwerke gesperrt werden. Gegen das Fahrverbot legt Sprüngli-Schifferli umgehend Berufung beim Bezirksrat ein. Und während diesem Verfahren wird auch deutlich, was die Anwohner so sehr in Rage bringt. Zwar hatten auch Weinbauern den als Fussweg deklarierten Pilgerweg ab und an mit leichten Wagen befahren, doch seit die Fabrik gebaut wird, verkehren dort schwere Lastwagen. Sehr zum Leidwesen der Fussgänger. Die müssen nämlich ins Rebland ausweichen und bei nassem Wetter in tiefem Kot waten. Unhaltbare Zustände also! Trotzdem wird der Rekurs am 12. Mai 1899 gutgeheissen. Als kleines Zückerchen für die widerborstigen Anwohner setzt Sprüngli durch, dass der Pilgerweg mit neuem Kies bedeckt wird.

Als es darum geht, die für den Betrieb einer Schokoladefabrik notwendigen Wassermengen von den lokalen Behörden bewilligt zu bekommen, ist es der Vorstand der Wasserversorgung, der schwerwiegende Bedenken äussert, «die vielen Abtritte und Pissoirs zu bedienen, welche erfahrungsgemäss enorme Wasserquantitäten beanspruchen.» Der Gemeinderat beugt sich diesem Verdikt von fachlich kompetenter Seite, beschliesst, der Firma nur das benötigte Trinkwasser abzugeben und weist darauf hin, dass der Hydrant im Hof des Firmengeländes nur bei Ausbruch eines Feuers in Betrieb gesetzt werden dürfe. Und was die Pissoirs anbetrifft, teilt der Gemeinderat Johann Rudolf Sprüngli-Schifferli folgendes mit: «Das nötige Wasser für die Abtritte kann Petentin sich selbst beschaffen, da sie eine Saugleitung in den See erstellt hat und auf dem Dachboden des Fabrikgebäudes ein geräumiges Reservoir besitzt.»

Damit nicht genug des Unbills. Im November des Jahres 1907 fällen die Kilchberger Hobbypolitiker erneut einen Beschluss in Sachen Sprüngli: «Die Chocolatfabrik Lindt & Sprüngli ist zu ersuchen, den Chauffeur ihres Lastautomobils anzuweisen, darauf zu achten, dass er auf der Bahnhofstrasse nicht stets in demselben Geleise fährt, da die Strasse dadurch einseitig ausgefahren und vorzeitig abgenützt wird und vermehrten Unterhalt erfordert.» Es gibt aber durchaus auch erfreulichere Botschaften aus dem Gemeinderat. Etwa am 26. März 1906, als dieser einen Kredit über 100 Franken billigt, um auf dem Dach der Schokoladefabrik eine Sirene zu installieren. Damit, so argumentieren die Politiker, könne die Bevölkerung beim Ausbruch eines Brandes wirksam alarmiert werden.

Nicht nur der Fabrikbesitzer Sprüngli-Schifferli hat im Kilchberg der Jahrhundertwende anfänglich einen schweren Stand, auch die Arbeiterinnen und Arbeiter werden zeitweilig von alteingesessenen Dorfbewohnern befehdet. Doch die tragen's mit Fassung und mitunter einem Liedchen auf den Lippen. Eine Arbeiterin namens Anna Schlageter, die ein Leben lang ihr Auskommen bei Sprüngli verdient hat, schreibt in ihren Aufzeichnungen über die erste Zeit am neuen Standort: «Im Jahre 1900 bezogen wir unsere schöne neue Fabrik, die vielen Kilchbergern ein Dorn im Auge war. Wie oft warf man uns Steine und Fluchworte nach! Anfänglich fuhren wir von Zürich mit der Dampfschwalbe bis Schoren, später mit der Bahn. Morgens um halb fünf, Sommers wie Winters musste ich aufstehen und beim Fünf-Uhr-Läuten ging ich zum Hauptbahnhof. Fünf Uhr zwanzig ging unser Zug. Und wieviel Mal habe ich doch unter meinem Regenschirm gesungen, als die meisten Leute noch selig schliefen.»

Für den schmächtigen Fabrikbesitzer Sprüngli-Schifferli und den ähnlich schmalbrüstigen Sohn David Rudolf Sprüngli-Haubensak sind dies arbeitsame Monate und Jahre, als in rekordverdächtigem Tempo eine Aktiengesellschaft gegründet und eine Fabrik buchstäblich aus dem Boden gestampft wird. Eine Zeit aber auch, in der sich öfter einmal neben ungebrochenem Glauben an die eigene unternehmerische Potenz auch Skepsis breitgemacht haben dürfte. Verunsicherung darüber, ob Vater und Sohn die von ihnen ausgelöste Dynamik nicht über den Kopf wachsen könnte; nagende Zweifel, ob die Sprüngli-Schokolade genügend Abnehmer finden wird, um die wesentlich vergrösserte Produktionsstätte in Kilchberg auch auszulasten.

Denn die Schokoladebranche, in die Sprüngli Vater und Sohn mit so grosser Kelle investieren, ist um die Jahrhundertwende wie elektrisiert. Entfesselt nach jahrzehntelangem Dornröschenschlaf, während dem die Pioniere ihre Zeit in bescheidenen Manufakturen mit mühseligem Tüfteln verbracht hatten: landauf, landab entstehen nun Aktiengesellschaften und moderne Schokoladefabriken. Daniel Peter, der Erfinder der Milchschokolade, denkt bereits 1891 darüber nach, ob er nicht einen Partner an der Firma beteiligen und diese in eine kapitalkräftigere Aktiengesellschaft umwandeln soll. Es ist ein selbstbewusster Unternehmer, der da auf Käuferschau geht. Einem Interessenten schreibt er: «Ich glaube mit ziemlicher Sicherheit zu wissen, dass fast alle Schokoladefabrikanten der Schweiz, wenn nicht alle, versucht haben, meine Produkte nachzumachen. Das ist für mich ein Beweis für den Wert, den sie meiner Erfindung beimessen.» Der derart auf sein Glück aufmerksam gemachte Kaufwillige, ein Privatbankier namens Gabriel Montet aus Vevey, beisst an. Am 1. Oktober 1896 wird die Société des Chocolats au lait Peter mit einem Aktienkapital von 450 000 Franken gegründet, zwei Jahre später am alten Standort ein neues Fabrikgebäude in Betrieb genommen und schliesslich am 2. Februar 1901 die Produktion an den Fuss des Juras, in eine Ortschaft namens Orbe verlegt, wo anfänglich 200 Arbeiter beschäftigt werden.

Noch früher als Peter veräussert Henri Nestlé, der Erfinder des Kindermehls, sein Unternehmen: 1875 kaufen dem Pionier für den stattlichen Preis von einer Million Franken drei Gesellschafter das Lebenswerk ab. Nestlé überlässt diesen die aktive Geschäftsleitung, belässt aber die Hälfte des Kaufpreises in der neugegründeten Aktiengesellschaft. Nur wenige Jahre später, nach mehreren Fusionen, wird dieses Unternehmen zum weitaus grössten Schokoladehersteller der Schweiz.

1898, im selben Jahr als in Kilchberg der Grundstein zur neuen Fabrik gelegt wird, entsteht auch in Broc, im Kanton Freiburg, mittendrin im Milchgebiet des Greyerzerlandes, eine neue Produktionsstätte für Schokolade. Als Bauherr zeichnet ein junger, 32jähriger Mann namens Alexandre Cailler (1866–1936), Enkel von François-Louis Cailler, dem Pionier, der in der Schweiz seinerzeit als erster Schokolade hergestellt hatte. Exakt zur Jahrhundertwende wird auch Caillers Unternehmen zur Aktiengesellschaft; die S. A. des chocolats au lait F. L. Cailler wird mit einem Aktienkapital von drei Millionen Franken ausgestattet.

Sprüngli Vater und Sohn befinden sich also in guter Gesellschaft. Doch angesichts derart massiv ausgebauter Produktionskapazitäten, noch dazu innert so weniger Jahre, blüht der ganzen Branche eine eher ungemütliche Zukunft: ein messerscharfer Konkurrenzkampf, bei dem der eine oder andere stolze

Nachfahre eines Schokopioniers durchaus aus dem Markt gedrängt werden könnte. Genau diese Aussicht macht Sprüngli-Schifferli bisweilen Sorgen. Doch fast mehr noch beschäftigt ihn, dass ein Konkurrent eine Schokolade herstellt, so exquisit, so wohlschmeckend wie von einem anderen Stern. Seit Jahren schon versucht Sprüngli diesem Geheimnis auf die Schliche zu kommen. Keinen Einsatz hat er gescheut, keine Mühe ist ihm je zuviel geworden. Doch die Tür zu diesem genialen Rezept, der Formel vollendeter Schokoladekunst, bleibt für den bienenfleissigen Johann Rudolf Sprüngli-Schifferli verschlossen.

Sie öffnet sich am 14. Februar 1899. Völlig unverhofft. Und auf völlig profane Weise. An diesem Tag trifft sich der Verwaltungsrat der Chocolat Sprüngli AG zu einer schicksalshaften Sitzung, die minutiös protokolliert wird:

«So wie unser Verwaltungsrathsmitglied Herr Abraham Veith-Spoerri (...) schon lange vor der Gründung unserer Gesellschaft das Schokolade-Fabrikationsgeschäft Lindt in Bern mit besonderem Interesse verfolgte und auf die Gelegenheit einer möglichen Annäherung harrte, hat unser Präsident Johann Rudolf Sprüngli-Schifferli (...) sich seit Jahren mit geradezu aufreibendem Eifer der Aufgabe gewidmet, das Verfahren zu entdecken, um ein der bereits weltberühmten und thatsächlich einzig dastehenden Lindt-Chocolade ebenbürtiges Fabrikat herzustellen.

Heute haben wir die Lösung dieser Lebensfrage in der Hand und zwar soll nicht allein das Fabrikationsverfahren uns offenbar werden, sondern es kann mit demselben auch gleich der Name Lindt sowie seine feine Kundschaft nebst der Anwartschaft auf einen weiteren grossen Kundenkreis auf uns übergehen.

Diese Möglichkeit wird uns geboten durch die zu Folge Einverständnis mit den übrigen Verwaltungsrathsmitgliedern von Herrn Veith-Spoerri angebahnte Fusion unserer Fabrik mit derjenigen der Herren Lindt. Aus den (...) mit Herrn Lindt gehabten Besprechungen geht hervor, dass die Nachfrage nach seinen Fabrikaten (…) solche Dimensionen angenommen hat, dass er denselben bei Weitem nicht mehr zu entsprechen vermag. Da er aber dazu hinneigt, sich selbst etwas zu entlasten, kann er sich nicht entschliessen, die (…) unumgänglich nothwendige Erweiterung des Geschäftes ausschliesslich sich selber auf die Schultern zu laden, andererseits will er aber auch nicht der ruhmreich erworbenen Kundschaft durch Nichtbelieferung der immer grösser und zahlreicher werdenden Bestellungen verlustig gehen. Der Zeitpunkt zu einem entscheidenden Schritt ist also gekommen; es würde sich für ihn nur darum handeln, ob einer der verschiedenen zum Theil ganz glänzenden Kaufs-Offerten Gehör zu schenken und damit aus dem selbst aufgebauten Geschäft ganz herausgestossen zu werden, oder aber theilweise ein Interesse im Geschäft zu behalten so wie die proponierte Fusion die Möglichkeit dazu böte. Herr Lindt neigt zu letzterem und es scheinen besondere Sympathien sowol gegenüber Herrn Veith im Speciellen als auch vis-à-vis der Firma Sprüngli bei Herrn Lindt den Ausschlag gegeben zu haben, trotz Annäherungsversuchen der Concurrenz mit finanziell viel höheren Angeboten, uns sichtbar zu bevorzugen.»

Johann-Rudolf Sprüngli-Schifferli muss die Aussicht, in den Besitz des Rezeptes und der Marke Lindt gelangen zu können, wie ein Geschenk des Himmels vorkommen. Dürfte Sprüngli wirklich Lindt-Schokolade produzieren, wäre er der Konkurrenz punkto Qualität um Ellen enteilt und Fragen nach der Auslastung seiner Produktionsstätte bräuchte er sich auf absehbare Zeit keine mehr zu stellen. Der Sesam-öffne-dich zur geheimnisumwitterten Lindt-Rezeptur beläuft sich freilich auf stolze eineinhalb Millionen Franken. Das ist der Preis, für den Rodolphe Lindt sein Fabrikationsverfahren preiszugeben bereit ist. Kann sich das die Chocolat Sprüngli AG leisten, nachdem beim soeben realisierten Fabrikneubau das ursprüngliche Budget um einen Drittel überzogen und statt einer schliesslich anderthalb Millionen Franken investiert worden sind? Die Verwaltungsräte um Sprüngli-Schifferli überlegen nicht lange. Sie handeln mit ungeduldiger Eile. Schliesslich könnte ein Konkurrent den schönen Traum noch in letzter Minute zerstören.

Am 16. März 1899, ein Monat nur nach jener denkwürdigen Verwaltungsratssitzung, ist der Kaufvertrag ausgearbeitet. Dieser sieht vor, dass zum genannten Preis Lindts Schokoladefabrik mit allen Einrichtungen, die Kundschaft sowie das Geheimnis über das Fabrikationsverfahren und die Marke Lindt in den Besitz des Käufers übergehen. Von der Kaufsumme sollen 675 000 Franken bar bezahlt, weitere 675 000 in Form von Aktien (1350 Sprüngli-Titel à 500 Franken Nennwert) abgegolten und die verbleibenden 150 000 Franken als Gutschrift dem betriebseigenen Invalidenfonds verbucht werden. In ehrfürchtig-zuvorkommendem Tone vor dem Schöpfer der Lindt-Schokolade wird auch das Prozedere schriftlich fixiert, nach dem das Produktionsgeheimnis gelüftet werden soll: «Sobald die Barzahlung von 675 000 Franken an Rodolphe Lindt geleistet sein wird, teilt derselbe dem Herrn Rudolf Sprüngli-Schifferli, und zwar einstweilen diesem allein, das bisher zur Herstellung der Chocolat Lindt beobachtete Fabrikationsverfahren mit, worauf auch in Zürich mit der Herstellung nach diesem Verfahren begonnen werden kann. Das Verfahren wird Eigentum der käuferischen Gesellschaft.» Am 14. April 1899 segnen die Aktionäre der Chocolat Sprüngli AG diesen Vertrag an einer Generalversammlung ab.

Sprüngli kann es kaum erwarten zu erfahren, wo Lindts alchimistischer Trick liegt, nach dem er selber während so zahlreicher und mühseliger Versuche vergebens gesucht hatte. Bereits 24 Stunden nach dem Placet der Aktionäre hat er die erforderlichen Notenbündel bei der Hand und lässt sich von Lindt in dessen Fabrikationsgeheimnis einweihen. Die Geheimrezepte lässt Sprüngli-Schifferli postwendend in einem gusseisernen Kassenschrank verschwinden; heute lagern in diesem inzwischen museumsreifen, 1890 erbauten Stück die Originalverträge des Berner Fabrikkaufs. In Kilchberg wird das so teuer erworbene Produktions-Know-how vor unbefugten Blicken abgeschirmt, als handle es sich um kiloschwere Goldbarren: Jahrelang hat ein sogenannter Lindt-Saal existiert, zu dem nur sorgfältig ausgewähltes Fachpersonal und die Direktion Zutritt hatten. Und natürlich ranken sich Legenden um diesen Raum. Die handverlesenen Chocolatiers sollen dort gerne mal länger verweilt haben, um in Ruhe und unbeaufsichtigt eine Runde Karten spielen zu können.

Ohne den Kauf von Rodolphe Lindts Fabrikationsgeheimnis und dem damit verbundenen Kreativitätsschub bei der Schokoladeherstellung wäre aus der Chocolat Sprüngli AG sicherlich ein leidlicher, vielleicht mittelgrosser Anbieter schweizerischer Provenienz geworden. Vielleicht hätte die Firma aber auch das gleiche Schicksal ereilt wie etliche andere Pionierunternehmen und wäre längst im Rachen eines gesichtslosen Multis verschwunden. Doch dank dem Nimbus von Rodolphe Lindt sind die Sprünglis die einzige bedeutende Schokoladedynastie, die aus der Gründerzeit noch übrig geblieben ist. Und selbst heute, wo die Konkurrenz längst das so eifersüchtig gehütete Geheimnis gelüftet hat, können die Nachfahren von Sprüngli-Schifferli ohne Rodolphe Lindts Zauber nicht auskommen. Es sind die fünf Buchstaben seines Nachnamens, die sich zur wohl wertvollsten Marke im internationalen Schokoladebusiness zusammenfügen: LINDT. Dank dieser ist die Firma an den jüngsten, inzwischen Jahre andauernden Turbulenzen im Management (noch) nicht kaputt gegangen und sie ist es auch, die die weltweite Konkurrenz mit schöner Regelmässigkeit dazu veranlasst, nicht Millionen-, sondern Milliardenofferten für den Kauf der Chocoladefabriken Lindt & Sprüngli AG nach Kilchberg zu schicken.

Als hätte Sprüngli-Schifferli von allem Anfang an geahnt, wem er und seine Nachfahren ihren unternehmerischen Erfolg letztlich verdanken, lässt der Zürcher dem Berner bei der Namensgebung der neuen 1899 gegründeten Gesellschaft den Vortritt und tauft diese auf «AG Vereinigte Berner und Zürcher Chocolade-Fabriken Lindt & Sprüngli»; woraus 1930 die noch heute gültige Bezeichnung «Chocoladefabriken Lindt & Sprüngli AG» wird.

Wer ist aber dieser Lindt, der wegen seinem Schoko-Geheimnis Sprüngli-Schifferli manches Mal den Schlaf raubt und noch heute, über acht Jahrzehnte nach seinem Tod, einer Schokolademarke den Namen gibt, deren Nimbus bei der Konkurrenz Kaufbegierden weckt wie keine andere?

Anfänglich scheint es, als könnte sich die unternehmerische Lebenskurve des Rodolphe Lindt im besten Fall mit der einer Sternschnuppe messen. Ein kurzes Strohfeuer und dann keinerlei Erinnerung mehr, dass da etwas war. Wie der fulminante Start eines genialen Erfinders, der innert Monaten alle in der Schokoladebranche gültigen Qualitätsmassstäbe ausser Kraft setzt und in der Direttissima in die Galerie Schweizer Schokoladepioniere aufsteigt, sieht das wirklich nicht aus, was sich 1879 am Berner Aareufer abspielt. Ein erst 24jähriger Spross einer betuchten Bernburgerfamilie, dessen Vater im Gemeinderat und im Grossen Rat politisiert, eben dieser Lindt, erwirbt in der «Matte», im Schatten des Berner Münsters zwei Häuser. Niemand macht ihm diese Absicht streitig, die Gebäude stehen seit geraumer Zeit leer, an den Wänden hängt noch immer der Russ eines schon länger zurückliegenden Brandes.

Als wäre das nicht schon der Schäbigkeit genug, kommt Lindt mit einem etwas zwielichtigen Bieler namens Balif ins Geschäft, der im nahegelegenen Ostermundigen Kaffee und Gewürze geröstet hatte und nun seine ausrangierten und völlig veralteten Maschinen für ein paar Franken verhökern will. Auch bei diesem Kaufinteresse ist Rodolphe Lindt konkurrenzlos, er ist wohl der einzige, der meint, mit den musealen Stücken, einer Reibemaschine und einem Zylinderröster, liesse sich noch etwas Sinnvolles anstellen. Eine bestandene Figur immerhin verleiht diesem so wenig glanzvollen unternehmerischen Start voll jugendlicher Improvisationskunst wenigstens einen Anflug von Seriosität: Charles Kohler, knapp 60jährig, Abkömmling der gleichnamigen Lausanner Fabrikantenfamilie, bei dem Rodolphe Lindt einst eine Konditoren-Lehre absolviert hat, beteiligt sich anfänglich am Geschäft. Und als müsste Lindt die Tristesse seiner Produktionsstätte wenigstens mit einem Schuss gallischen Glanzes veredeln, nennt der auf das profane Rudolf Getaufte seine Firma «Rodolphe Lindt fils». Erweisen wir ihm die Ehre und nennen wir ihn so, wie er es gerne hört: Rodolphe Lindt.

Schokolade ist es, was das ungleiche Paar in seinem so wenig präsentablen Etablissement am Berner Aareufer fabrizieren will. Doch glücklich werden die beiden mit dieser Idee nicht. Die betagte Röstmaschine, welche die Kaffeebohnen des Herrn Balif gerade noch eben zu verarbeiten vermocht hatte, versagt ihren Dienst bei Lindts Kakaobohnen. Das ehrwürdige Modell ist schlicht zu schwächlich, um beim Röstvorgang die erforderliche Trockenheitsstufe zu erreichen. Nach dem anschliessenden Mahlen und Reiben bleibt eine schmierige Paste zurück; die schliesslich getrockneten Schokoladetafeln laufen nach kürzester Zeit grau an, ein schimmelartiger, wenig appetitfördernder Belag lagert sich ab. Tja, das war's dann wohl. Die Sternschnuppe ist verglüht, Rodolphe Lindt am Ende seines Lateins und Charles Kohler setzt sich ab nach Lausanne.

Oder erweist sich dieser Lindt doch als zäh genug, um nochmals von vorne zu beginnen? Seinen Bruder August, Apotheker wie auch sein Vater, lässt Rodolphe Lindt eines seiner graubraun schimmeligen Erzeugnisse aus der «Matte» untersuchen. Der diagnostiziert Fettreif. Nicht giftig, aber unschön. Die Kakaobohnen, so lässt sich Rodolphe aufklären, hatten beim Röstvorgang in der betagten Maschine zu wenig Feuchtigkeit abgegeben, das überschüssige Wasser kristallisiert prompt an der

Oberfläche mit dem Zucker. Die Preisfrage lautet nun: Wie kann Rodolphe Lindt diese hartnäckige Feuchtigkeit loswerden? Die Antwort, Balifs Uralt-Modell sei Dank, revolutioniert die Schokoladeherstellung. Sie beinhaltet das Lindt-Geheimnis.

Schenkt man der Überlieferung Glauben, ist es der Apotheker August Lindt, der Rodolphe auf einen epochalen Trick aufmerksam macht. Statt mit der asthmatischen Röstmaschine einen aussichtslosen Kampf gegen das Wasser auszufechten, solle er einfach den Walzenreiber stundenlang, ja tagelang reiben lassen und dabei ein bestimmtes Mischungsverhältnis bei den Kakaobohnen verwenden. Das koste ja nichts, da die Maschine durch die Wasserkraft der Aare angetrieben werde. Dann, so der Ratschlag des Bruders, bei etwas Unterhitze Kakaobutter beigeben, und er werde sehen, dass auf diesem Wege die überschüssige Feuchtigkeit wie von Geisterhand verschwinde.

Drei Tage und drei Nächte lang lässt Rodolphe Lindt den Walzenreiber in Bewegung. Die dunkelsamtene Masse, die er danach so mühelos aus dem Längsreiber schöpft, weist einen mattseidenen Glanz auf. Nichts hat sie mehr gemein mit dem zähflüssigen Schokoteig früherer Zeiten, der sich nur mit allergrösster Anstrengung hatte in Formen pressen lassen. Spielend leicht lässt sich dieses neuartige Erzeugnis in die gewünschten Tafelgrössen giessen. Und beim ersten Biss hat Rodolphe Lindt den Beweis, dass ihm da ein ganz genialer Wurf gelungen ist, buchstäblich auf der Zunge: Die Schokolade zergeht, ohne dass er darauf herumbeissen muss, und es entfaltet sich dabei eine Fülle würzigen Aromas wie Rodolphe Lindt es noch niemals zuvor genossen hatte. Was Suchard, Cailler, Peter, Sprüngli und all die anderen zustandebringen ist vielleicht Schokolade. Was Rodolphe Lindt hier aus dem Walzenreiber zaubert, ist jedoch etwas ganz anderes: «chocolat fondant» – Schmelzschokolade.

Ganz locker scheint den Lindts diese epochemachende Erfindung von der Hand gegangen zu sein. Ein findiger Apotheker, zufälligerweise auch ein Lindt, gibt seinem Bruder so fast nebenbei einen guten Tip; der meldet sich kurzzeitig ab, schliesst sich für nicht einmal 150 Stunden in seinem schäbigen Produktionsraum an der Aare ein, verbringt drei schlaflose Nächte – und erfunden ist die «chocolat fondant». Vielleicht ist es doch nicht ganz so flott gegangen wie die Überlieferung glauben machen will. Vielleicht hat alles viel mehr Mühe gekostet, und Lindt hat mehr als einmal ans Aufgeben gedacht. Doch wen interessiert das schon. Rodolphe Lindt hat als erster die Formel der «chocolat fondant» gefunden und macht damit in den folgenden Jahren die ganze Branche närrisch.

Doch die Legende vom genialen Erfinder, der einer plötzlichen Eingebung, einem Geistesblitz folgend auf ein einzigartiges Rezept zur Schokoladeherstellung stösst, passt zu diesem Rodolphe Lindt, der so gar keine Ähnlichkeit erkennen lässt mit der asketisch-lustfeindlichen Arbeitsbesessenheit anderer Schokoladepioniere. Photographien aus der Zeit zeigen einen gestandenen Herrn mittleren Alters. Auffälligstes Merkmal: ein stattlicher Oberlippenbart, die Enden mit Steifmacher nach oben gezwirnt, der dank allnächtlicher Unterstützung durch den Bartbinder jegliche Schwerkraft zu leugnen scheint. In der Körperhaltung das Selbstbewusstsein des Berner Patriziers, der Blick unverbindlich-cool, das Haupthaar schütter.

Vor allem in Deutschland, wo man sich der Leaderstellung in der Ernährungswissenschaft sicher glaubt, sind die Irritationen gross, die Lindts Qualitätsvorsprung bei der Schokoladeherstellung auslöst. Mischt dieser Schweizer der Schokolade etwa Pfefferminzöle bei? Setzt er eine neuartige Schleifmaschine ein? Oder zusätzliche Kakaobutter? Munter spriessen die Mutmassungen und Legenden, die sogar Eingang finden in das Fachblatt «Gordian». Und es entbehrt nicht einer gewissen Ironie, dass in Deutschland Rodolphes Kurzform Rod, die als

Namenszug «Rod Lindt fils» die Schokolade-Wickelpapiere ziert, mit penetranter Häufigkeit in Roderich aufgelöst wird, ein altdeutscher Name aus der Sagen- und Märchenwelt.

Doch der derart Sagenumwobene, der sogar Schokoladefabrikanten wie den deutschen Hersteller Stollwerck dazu bringt, nicht eigene, sondern mit Vorliebe Lindt-Schokolade zu verspeisen, macht keine Anstalten, aus seiner Erfindung höchstmöglichen Profit zu schlagen. Die Produktion in der «Matte» wird kaum erweitert, Reklame bleibt ein Fremdwort, Vertriebsnetz oder herumreisende Vertreter gibt es nicht, und wer sich trotzdem nicht vom Kauf abhalten lassen will, muss lange Lieferfristen in Kauf nehmen. Diese fast unternehmerfeindliche Haltung entspricht durchaus der Lebensphilosophe des Bernburgers: Wer sein exquisites Produkt haben wolle, so sein Argument, müsse eben Geduld aufbringen können. Und: Wer sich rar mache, könne sich umso stärkerer Nachfrage von Seiten der Kundschaft sicher sein.

Lediglich sein Produktionsverfahren verfeinert Rodolphe Lindt weiter. Die antiquierte Reibemaschine des Gewürz- und Kaffeefabrikanten Balif wird mit der Zeit ausgemustert. An ihre Stelle tritt ein muschelförmiger, waagrechter Trog. Mit grosser Geschwindigkeit läuft eine Längsreibewalze hin und her, die Kakaomasse bekommt eine gleichmässig-homogene Konsistenz. Durch Zugabe von Kakaobutter werden die winzig kleinen Zucker- und Kakaoteilchen während dem stundenlangen Arbeitsvorgang mit einem zarten Film von Kakaobutter umschlossen. Jedes Mal, wenn die Walze ihren Umkehrpunkt erreicht, das braune Gemisch überschlägt, schliesst sich Luft ein – eine ständige Belüftung, durch die die Aromastoffe zur vollen Entfaltung gebracht werden.

Es ist eine wunderbare Schokolade, die Rodolphe Lindt nach jedem Arbeitsgang aus seiner weiterentwickelten Maschine schöpft, die er auf Lindt-Conche tauft. Umso unverständlicher ist es, dass Lindt keine grösseren Verkaufsanstrengungen unternimmt. Als der Berner Konditor Jean Tobler Mitte der 1880er Jahre anfragt, ob seine zwei Reisenden die Lindt-Produkte nicht in ihr Sortiment aufnehmen könnten, soll Lindt eher halbherzig akzeptiert haben. Und als die Toblerschen Vertreter gleich bündelweise Bestellungsscheine in der «Matte» abliefern, löst Rodolphe Lindt das lästige Problem auf seine Weise: Er kürzt die Provision des Konditors von 18 Prozent auf zunächst zehn, schliesslich acht Prozent. Als sich die Bestellungsflut einfach nicht auf ein für Rodolphe Lindt erträgliches Niveau einpendeln lassen will, kappt dieser weitere drei Prozent Provision. Da wird es selbst dem gutmütigen Jean Tobler zu bunt. Kurzerhand kündigt er den Vertriebsvertrag und gründet 1899 seine eigene Schokoladefabrik. Auch das kümmert den eigensinnigselbstbewussten Lindt wenig; er will sich ohnehin «etwas entlasten» und er veräussert seine Firma im selben Jahr dem Zürcher Johann Rudolf Sprüngli-Schifferli. Es ist ein ungleiches Paar, das da miteinander ins Geschäft gekommen ist.

Hier der Zürcher, Enkel eines Waisen, Sohn eines patriarchalischen Schokoladefabrikanten, der auch auf dem Zenit seines unternehmerischen Wirkens eher wie ein Arbeiter, denn wie ein stolzer Fabrikant aussieht. Selbst in seinen besten Jahren wirkt Sprüngli-Schifferli auf den Familienphotos eher schmächtig, ein Mensch mit gutmütig-weichen Gesichtszügen und einer leicht vornübergebeugten Körperhaltung. Bei ihm gibt es keinen keck nach oben gezwirbelten Schnurrbart, keinen Stehkragen mit elegant umgebundener Krawatte wie bei Lindt; stattdessen ein schlichter Oberlippenbart ohne modischen Schnickschnack und Anzüge, die einfach nicht kleidsam wirken wollen. Zeitlebens nennt sich Sprüngli-Schifferli Johann Rudolf und käme wohl nie auf die Idee, sich ein Rodolphe anzumassen. In einer zu seinem Tode verfassten Gedächtnisschrift finden sich Vokabeln, die ihn beschreiben als «fast im Übermass bescheiden» und «anspruchslose Natur» mit «kindlichem Gemüt».

Dort der Bernburger, Enkel eines Arztes, Sohn eines Apothekers, der den Lebensstil eines Berner Patriziers pflegt. Der kinderlos und unverheiratet Gebliebene ist ein Bonvivant, ein Kunstfreund, der liebend gerne das Gewehr schultert und zur Jagd aufbricht. Wo sich Sprüngli-Schifferli jeden Tag in Arbeit zerreist, zeichnet die Überlieferung von Lindt das Bild eines Gentlemanfabrikanten, der nur gelegentlich am Kontor vorbeischaut, ein paar Geistesblitze abfeuert und wieder entschwindet. Im persönlichen Umgang herrschsüchtig und aufbrausend; es heisst, er habe einen «gallensteinsüchtigen Charakter» und sei ein «stockkonservativer Berner».

Ob das wohl gut geht, wenn zwei so unterschiedliche Charaktere miteinander geschäften?

Am 14. April 1899 wird die Gesellschaft «AG Vereinigte Berner und Zürcher Chocolade-Fabriken Lindt & Sprüngli» in das Zürcher Handelsregister eingetragen, das Aktienkapital auf drei Millionen Franken aufgestockt. Rodolphe Lindt fungiert in der Berner Produktionsstätte als Delegierter, sein Bruder August wird Direktor und ein Vetter namens Walter Lindt Prokurist. Zudem werden Rodolphe und August in den Verwaltungsrat aufgenommen.

Nach so einschneidenden Veränderungen innert derart weniger Jahre drängt der Bierbrauer und Vizepräsident des Verwaltungsrates Albert Hürlimann darauf, die geschäftliche Situation der Firma eingehend unter die Lupe zu nehmen. Was er in seinen «Betrachtungen zur Jahresrechnung 1899/1900» zu Papier bringt, ist besorgniserregend: Das erste Geschäftsjahr hat mit einem Betriebsdefizit in Höhe von 48 000 Franken abgeschlossen. Hat sich Sprüngli-Schifferli mit seinen ehrgeizigen Ausbauplänen also doch übernommen? Hürlimann rechnet nach: Aus dem Verkauf der Werdmühle für eine Million Franken ist ein Nettogewinn in Höhe von 300 000 Franken verbucht worden; die Kosten der neuen Fabrik, Landerwerb, Maschinenpark und Bau inbegriffen, haben sich auf 1,5 Millionen Franken summiert, obwohl der Verwaltungsrat lediglich eine Million budgetiert hatte. Die Zinsen der 500 000 Franken Mehrkosten müssen nun der laufenden Rechnung belastet werden. Hürlimann hält zwar fest, dass der Geschäftsleitung keine schwerwiegenden Versäumnisse angelastet werden könnten, jedoch der Fabrikneubau zu grosszügig ausgefallen sei. Jedenfalls sei kein Geld vorhanden, Dividenden auszuschütten.

Doch das ist längst nicht das schlimmste Übel, das sich bereits in diesem ersten Geschäftsjahr der Vereinigten Chocoladefabriken anbahnt. Die Lindt-Troika in Bern verhält sich gegenüber den neuen Besitzern gar nicht kooperativ. Immer wieder muss Sprüngli-Schifferli bei Rodolphe Lindt vorsprechen und ihn daran erinnern, dass auch in Zürich mehrere Lindt-Conchen aufgestellt und mit der intensiven Produktion von Lindt-Schokolade begonnen werden soll. Doch der störrische Berner rückt die Maschinen nur ungern und zögernd heraus.

Differenzen ergeben sich auch mit schöner Regelmässigkeit am Ende eines jeden Geschäftsjahres. Der Grund: Meistens schliesst die Berner Fabrik, in der die Lindts das Zepter führen, besser ab als das Kilchberger Stammhaus. Mag sein, dass dies das Selbstbewusstsein des mit dieser Eigenschaft ohnehin nicht schlecht dotierten Rodolphe Lindt weiter erhöht. Allein im Jahr 1904/05 jedenfalls erwirtschaftet die Berner Fabrik einen Gewinn von 231 000 Franken und lässt die Kilchberger Produktionsstätte mit ihren 31 000 Franken Ertrag ziemlich schmalbrüstig aussehen. Solange zumindest, bis die Zürcher dem Schlaumeier Lindt auf die Schliche kommen. Dieser hat nämlich sämtliche Werbe-, Personal- und allgemeinen Unkosten kurzerhand dem Zürcher Betrieb belastet, statt einen angemessenen Beitrag an diesen Betriebsausgaben selber zu tragen. Angesichts dieser Zustände hat der für das Kaufmännische zuständige Direktor und Verwaltungsrat Adolf Friedrich Spoerri wohl keinen leichten Job. Im Sommer 1902, nach dessen plötzlichem Tode, ist dieser Posten sogar verwaist. «Der nicht abreissende Hader», schreibt ein Sprüngli-Biograph, «war vermutlich an der Verschlechterung seines Gesundheitszustandes nicht unschuldig».

Allerspätestens mit dem Ableben des treuen Weggefährten Spoerri, als die Gebrüder Lindt sofort einen Nachfolger für diesen Posten zur Hand haben, muss Johann Rudolf Sprüngli-Schifferli deren Absicht klar geworden sein: Die Besetzung der entscheidenden Positionen in der Geschäftsleitung durch eigene Leute. Rodolphe und August Lindt wollen mehr Einfluss, ja vielleicht ist gar die Machtübernahme bei Lindt & Sprüngli ihr eigentliches Ziel? Es ist wirklich nichts mehr auszuschliessen, auch wenn die Berner lediglich zwei von insgesamt sieben Verwaltungsratssitzen besetzt halten und mit ihren 1350 Lindt & Sprüngli-Aktien nicht einmal einen Drittel des Kapitals auf sich vereinigen. Misstrauisch geworden und doch eher notgedrungen übernimmt Sprüngli-Schifferli zumindest vorübergehend auch die kaufmännische Leitung.

Es müssen schlimme Zeiten gewesen sein für diesen bescheidenen Mann, so gar keine urwüchsige Kraftnatur wie einst der Vater, der seit Antritt seines Erbes im Jahre 1892 in einem rasenden Jahrzehnt unternehmerisch so viel ins Rollen gebracht hat, das ihm jetzt freilich zu entgleiten droht. Überfordert im Geschäft, wo sich der Schokoladeabsatz rückläufig entwickelt, die Rohstoff- und allgemeinen Betriebskosten gleichzeitig explodieren; verlassen von treuen Freunden, nachdem Albert Hürlimann 1901 eine Wiederwahl in den Verwaltungsrat abgelehnt hatte; angefeindet von den Lindts, die ihm ans Leder wollen, weicht Johann Rudolf Sprüngli-Schifferli zurück. Im September 1902 lehnt er es ab, das Verwaltungsratspräsidium für eine weitere Wahlperiode zu besetzen, bleibt lediglich einfaches Mitglied des Gremiums. In der zu Sprüngli-Schifferlis Tod verfassten Gedächtnisschrift wird über diese Zeit kurz nach der Jahrhundertwende dereinst Bezeichnendes stehen: «Im Widerstreit der Meinungen einer grossen Aktiengesellschaft fühlte sich der im patriarchalischen Familiengeschäft grossgewordene und bewährte Fabrikant nicht mehr wohl und den ihm fremden neuen Abforderungen nicht recht gewachsen. Schweren Herzens trat er nach einigen Jahren vom Präsidium zurück, um sich mehr mit den ihm geläufigen internen Fabrikationsangelegenheiten zu befassen.»

Überblickbar-patriarchalisch geht es zu und her, wenn Sprüngli-Schifferli jeden Morgen punkt sieben Uhr ein halbes Dutzend Fabrikarbeiter mit Schaufeln ausstattet und mit diesen die Mischungen der Kakaobohnen zusammenstellt, die zur Herstellung von Lindt-Schokolade benötigt werden. Die 50-Kilo-Säcke der Bohnen aus den verschiedenen Herkunftsländern stehen im Kreis, der Patron postiert sich neben die Röstmaschine und mit knappen Anweisungen dirigiert er seine Arbeiter: Zwei Schaufeln Ghana, fünf Schaufeln Java, drei Schaufeln Südamerika... Nach ungefähr zwei Stunden schweisstreibender Arbeit gibt es für jeden ein Gläschen Wein. Vielleicht, damit die Angestellten dank der frühmorgens besonders einlullenden Wirkung des Alkohols das Gehörte sogleich wieder vergessen. Schliesslich ist ihnen während zweier Stunden ein wesentlicher Bestandteil des Lindt-Geheimnisses zu Ohren gekommen.

Und wenn auch das Kilchberger Stammhaus um diese Zeit bereits über dreihundert Mitarbeiterinnen und Mitarbeiter beschäftigt, muss das Betriebsklima doch noch recht familiär gewesen sein. Anna Schlageter jedenfalls, die jahrelange Angestellte, erinnert sich in ihren Aufzeichnungen an Erlebnisse, die für sie, der Wortwahl nach zu urteilen, einschneidend gewesen sind:

«Eines schönen Tages hiess es, Fräulein Marie Sprüngli, die jüngste Tochter, habe einen Schatz, er hiesse Carlo Jegher. Potztausend, den wollten wir aber auch ansehen! Ganz unerwartet kam das glückliche Paar in unseren Saal. Ja, ja ein so schöner Herr Bräutigam hätte uns allen auch gefallen! Dann hört man das Wort «Hochzeit». Wie sperrten wir die Augen auf, ob der schönen, weissgekleideten Braut und ihrem treu dreinschauenden und schwarzgebarteten Herrn Bräutigam. Alle durften den zwei Glücklichen die Hand zum Glückwunsch bieten.

Wieder ging so ein Gerücht von Tisch zu Tisch: Fräulein Elsa, die ältere Tochter von Herrn Sprüngli-Schifferli, werde bald Hochzeit halten. Das bedeutete für uns wieder ein Fest! Wieder ging die Saaltür auf. Dann schritt zur Seite unserer so lieben Fräulein Elsa ein grosser, schlanker, liebenswürdiger Herr, so etwas englischer Typ, der uns schwärmenden Mädchen auch sehr gut gefiel. Es war Herr Voltz.

Eines Tages kam Frau Sprüngli mit dem ersten Söhnchen von Jeghers, das wie ein Engelein war. Später kam Frau Sprüngli mit dem zweiten Sohn Jeghers, dem Peterli, welcher uns mit seinen braunen, munteren Äuglein aufmerksam musterte. Oftmals, wenn Frau Jegher nach Zürich ging, durfte ich diese beiden Büblein hüten, was mich freute und mir Abwechslung bot.»

Obwohl die beiden Töchter nun versorgt sind und sich auch schon Enkelkinder eingestellt haben, bricht für Johann Rudolf Sprüngli-Schifferli die wohl schwierigste Zeit seines Lebens an. Die Konflikte mit der Lindt-Troika in Bern eskalieren. Nachdem die Lindts in unmittelbarer Nachbarschaft zur Berner Fabrik auf eigene Rechnung eine zweite Produktionsstätte errichtet, diese an die Firma Lindt & Sprüngli vermietet hatten, kündigt Rodolphe Lindt diesen Vertrag am 29. Juli 1905 völlig unvermittelt mit der Begründung, er brauche Gebäude und Maschinen für andere Zwecke. Und zwei Wochen später, am 14. Oktober, nimmt der Verwaltungsrat irritiert die Demissionsschreiben von Rodolphe, August und Walter Lindt zur Kenntnis. Ist es die Gutgläubigkeit des Rechtschaffenen, oder bereits Naivität, dass Sprünglis noch immer nicht ahnen, was Lindts im Schilde führen? Selbst dann nicht, als innert Tagen auch die Kündigungen des leitenden Personals der Berner Fabrik in Kilchberg eintreffen und die Produktionsstätte an der

Aare mit einem Schlag ohne Führung dasteht? Nun, spätestens im Frühjahr 1906 wird es Johann Rudolf Sprüngli-Schifferli schlagartig klar: August und sein Vetter Walter Lindt produzieren in ihrer neuen Fabrik und mit dem alten Personal Lindt-Schokolade, sechs Jahre nur, nachdem die Rezepte, Maschinen und auch die Marke Lindt für teure eineinhalb Millionen Goldfranken nach Kilchberg verkauft worden waren. Ein ungeheuerlicher Vorgang! Umgehend reicht die Lindt & Sprüngli AG in Bern Klage ein gegen August und Walter Lindt wegen Vertragsbruch und aktiver Beteiligung an einer Konkurrenzfabrik sowie auf Schadenersatz in Millionenhöhe.

In Kilchberg steht Johann Rudolf Sprüngli-Schifferli mit dem Rücken zur Wand. Die Geschäftsleitung und die kaufmännische Direktion überfordern seine Kräfte zusehends. Und auch sein noch nicht einmal 35jähriger Sohn David Rudolf Sprüngli-Haubensak ist mit der technischen Leitung vollauf beschäftigt. Mit Vater und Sohn ist das Personal in Kilchberg auf Stufe Direktion denn auch bereits erschöpft. Es fehlt eine starke, ordnende Hand, die das bedrohte Unternehmen durch seine erste existentielle Krise steuern könnte. Doch wer soll diese Position ausfüllen? Carlo Jegher-Sprüngli vielleicht, der mit Sprüngli-Schifferlis Tochter Maria verheiratete Ingenieur, der seit 1899 im Unternehmen tätig ist und 1903 die Prokura erhalten hat? Nein, er ist nicht die Persönlichkeit für diese Aufgabe. Darin ist sich der Verwaltungsrat einig. Doch wer denn? Ein Aussenstehender kommt nach den Erfahrungen mit den Gebrüdern Lindt nicht in Betracht. Der Blick fällt schliesslich nach Basel, auf Robert Stünzi-Sprüngli, der am Rheinknie mit Sprüngli-Schifferlis Cousine Emilie Sprüngli verheiratet ist.

IV

Der Prozess

*Wie ein angeheirateter Basler Grossrat und ein Schwiegersohn aus
dem Elsass einen überforderten Schokoladeproduzenten vor dem
Absturz bewahren, ein Gerichtsverfahren gewinnen und ein
Familienunternehmen durch die Krisen zweier Weltkriege steuern*

Mit Robert Stünzi-Sprüngli kommt zur Jahreswende 1906
eine Persönlichkeit in die Firma, die diese während Jahrzehnten in solchem Masse prägen sollte, dass neben ihm kein anderer ein eigenständiges Profil zu entwickeln vermag. Ein Ko-
loss von einem Mann, autoritär und wortgewaltig. Nach nur
drei Generationen erweist sich innerhalb der Fabriklinie die
Auswahl an männlichen Nachkommen des Dynastiebegrün-
ders David Sprüngli-Schwarz als derart dünn, dass die Familie
auf den Angeheirateten Stünzi fast existentiell angewiesen ist
und ihr kaum eine andere Wahl bleibt, als diesem die Leitung
der Firma anzuvertrauen. Über vier Jahrzehnte lang sollte nun
fremdes Blut, nur durch Heirat mit der Schokoladedynastie
verbunden Männer, die Geschicke in dem so traditionsbewussten Hause Sprüngli in den Händen halten. Für die direkten männlichen Nachfahren von Johann-Rudolf Sprüngli-
Schifferli, dem ersten Exponenten der sogenannten Fabriklinie,
bedeutet die Anstellung von Generaldirektor Stünzi gar so etwas wie das Ende der Geschichte: Bis heute hat nach ihm
keiner seiner direkten Nachkommen mehr die oberste Leitung
der Lindt & Sprüngli AG innegehabt und es sieht gar nicht
danach aus, als ob dies je wieder geschehen werde. Seit Jahrzehnten ist dieser Zweig der Familie Sprüngli gänzlich aus der
Fabrik verbannt.

Der in Basel geborene Stünzi stammt ursprünglich aus Horgen, einer Gemeinde am linken Zürichseeufer in unmittelbarer Nachbarschaft zu Kilchberg. In seiner Geburtsstadt Basel hatte er schon früh zu politisieren begonnen. Als 31jähriger sitzt er als Vertreter des Freisinns im Grossen Rat und präsidiert diesen dreimal. Später wird er Verwaltungsrat der Centralbahn, der nachmaligen Schweizerischen Bundesbahnen. In Basel besitzt er die Robert Stünzi+Cie, eine Gesellschaft zum Handel mit roher Baumwolle; böse Zungen behaupten, Stünzi sei mit seiner Firma einmal in einen Konkurs geschlittert.

Wie dem auch sei. Als Stünzi den Hilferuf Sprüngli-Schifferlis erhört, in Kilchberg Wohnsitz nimmt und als bestandener 56jähriger in die Firma eintritt, macht ihm jedenfalls keiner mehr so leicht etwas vor. Vielleicht haben die Gebrüder Lindt geahnt, mit welchem Kaliber sie es hier zu tun bekommen würden. Als Stünzis Berufung im Herbst 1905 im Verwaltungsrat erstmals zur Sprache kommt, opponieren sie heftig und nur wenige Wochen später ziehen sie sich geschlossen aus dem Gremium zurück.

Der Mann mit einer Respekt einflössenden Leibesfülle, der mit Vorliebe dünne Zigarillos raucht und sich von allen Verwandten schlicht «Onkel Stünzi» rufen lässt, füllt die ihm zugedachte Funktion von allem Anbeginn wie selbstverständlich aus. Einstellen lässt er sich als erster Generaldirektor in der Geschichte der Firma. Und dass alle Fäden nun bei ihm zusammenlaufen, bekommt ein jeder zu spüren, der die Telefonnummer der Schokoladefabrik wählt. Stünzi pflegt die Gespräche höchstpersönlich anzunehmen, sich im breitesten Baslerdüütsch mit «Vereinigte Zürcher und Berner Chocoladefabriken Lindt & Sprüngli» zu melden, um sich dann zu erkundigen, ob das Gespräch wohl geschäftlich oder privat sei. Ist es geschäftlich, folgt ein in bestimmendem Tone vorgetragenes «dann kenne si es au miir saage»; ist der Anruf jedoch privat, kommt ein ebenso eindeutiges: «Dann rufen Sie abends daheim nochmals an.» Mit dieser Aufforderung beendet Stünzi zu Geschäftszeiten jedes persönliche und damit unerwünschte Gespräch, selbst dann, wenn der Angerufene über gar keinen privaten Anschluss verfügt.

Im Geschäftsverkehr zeigt sich Stünzi moderner Technik jedoch weit weniger aufgeschlossen. Wenn es um Rechnungen geht, wünscht der autoritäre Firmenchef ausschliesslich Handgeschriebenes. In der Vertriebsabteilung schreiben sich die Angestellten denn auch die Finger wund. Julie Urner-Billeter, Angestellte in der Fakturierungsabteilung, erinnert sich in ihren Aufzeichnungen an diese Zeit: «In der Buchhaltung wurde alles von Hand eingetragen, die Geschäftsbriefe sogar mit Kopiertinte geschrieben und die mussten von mir in einer Handpresse kopiert werden. Wehe, wenn die Kopierblätter nicht einwandfrei waren! Die Bestellkarten enthielten noch keine vorgedruckten Artikelnummern, und die Angaben der Kundschaft waren mangelhaft, indem sie oft schrieben «wie das letzte Mal» oder «wie gehabt». Fakturenkopien gab es noch keine. Die Originalzettel wurden zu Büchern gebunden und aus diesen mussten nun die Bezüge nachgesehen werden, nachdem man zuerst in der Buchhaltung die Daten von früheren Lieferungen aus den Kunden-Kontokarten festgestellt hatte.

Im Jahr 1924 wurden für uns Fakturistinnen Schreibmaschinen angeschafft. Es machte uns viel Spass. Maschinenschreiben hatten wir vorher erlernt und auf einem alten Museumsstück unsere Kunst ausprobiert, aber nur heimlich, denn Direktor Stünzi wollte nur handgeschriebene Fakturen.»

Stünzi ist nicht der einzige angeheiratete Sprüngli, der in dieser Zeit der Not, als die Familie zusammenrückt, in die Firma kommt, um Hand anzulegen. Am 14. Oktober 1905, am selben Tag als Lindts in corpore dem Unternehmen den Rücken kehren, wird ein 36jähriger Mann als neuer Mitarbeiter vorgestellt, der zwei Jahrzehnte später die Geschicke der

Firma ähnlich stark prägen sollte, wie Stünzi in der Gegenwart: Josef Friedrich Voltz-Sprüngli, mit der ältesten Tocher Elsa verheirateter Schwiegersohn von Sprüngli-Schifferli.

Eine elegante Erscheinung, dieser Voltz, grossgewachsen, stets in Massanzüge gekleidet, hat er etwas von jener leicht steif wirkenden, aber weltgewandten Distinguiertheit eines Commonwealth-Engländers. Eher würde man ihn in oberster Charge eines internationalen Handelshauses vermuten, als in der Leitung einer Schokoladefabrik in der kleinen Schweiz. Voltz ist Elsässer, stammt aus einem Dorf in der Nähe von Trier, wo der Vater ein Internat leitet. Als Zwanzigjähriger bricht er aus diesen ihm zu eng gewordenen Verhältnissen aus, reist während fünf Jahren kreuz und quer durch die Vereinigten Staaten, lässt sich auf einem englischen Viermaster als Leichtmatrose anheuern, gelangt so von San Francisco bis nach Cap Horn, nur um sogleich den nächsten, diesmal einen deutschen Dreimaster zu besteigen und bis nach Rangoon zu segeln. «Dort», so schreibt er Jahre später, «es war im Jahre 1893, trat ich sozusagen wieder zurück in die von der Konvention anerkannte bürgerliche Laufbahn eines Kaufmanns, aber mein Weg führte noch in längeren Etappen über Kalkutta, Kairo und Konstantinopel zurück ins Elsass und dann in die Schweiz. Schon im Juli 1901 habe ich das Bürgerrecht dieses schönsten Landes Europas erworben, um endlich irgendwo eine Heimat zu finden und sesshaft zu werden.»

Seine Wurzeln findet der vormalige Weltenbummler Josef Friedrich Voltz in Kilchberg und eine Photographie jener Zeit zeigt ihn inmitten von Arbeiterinnen und Arbeitern der Kilchberger Schokoladefabrik, in vollendeter Haltung und gestreiftem Anzug. Rechts von dem ehemaligen Matrosen sitzt breitbeinig und raumfüllend der ehemalige Politiker Robert Stünzi und ein sympathisch blickender, jüngerer Herr mit beginnender Halbglatze: David Sprüngli-Haubensak, der technische Direktor. Diese drei Männer wird in den nächsten Jahren vor allem eins beschäftigen: Die juristischen Querelen mit den drei Lindts zu einem für die Firma erfolgreichen Ende zu führen. Der vierte im Bunde hat dazu nicht mehr die Kraft. Gebückt schon wirkt Sprüngli-Schifferli auf dem Bild, wie ausgelaugt vom jahrelangen Kampf um die Firma. Immer mehr zieht er sich in sein Privathaus zurück, einer prächtigen Jugendstilvilla in Rüschlikon, die auf der Veranda den Blick freigibt auf den See bis hinunter nach Zürich. Hoch oben unter dem Dach prangt das in Stein gehauene Familienwappen. Diesen repräsentativen Bau hatte Sprüngli-Schifferli, den in der Familie auf seine alten Tage hin alle nur noch «Gröspeli» nennen, im Jahre 1899 zur gleichen Zeit wie die Fabrik erbauen lassen. Heute wirken im gemeindeeigenen Gebäude ein Friedensrichter und mehrere Betreibungsbeamten.

Wenn Stünzi, Voltz und Sprüngli junior je geglaubt haben sollten, dank juristischer Schützenhilfe der Berner Gerichte mit den Lindts leichtes Spiel zu haben, müssen sie umdenken. Lediglich Rodolphe Lindt zieht sich freiwillig zurück. Er erklärt während einer gerichtlichen Vernehmung, er habe weder mit dem Kapital noch der Produktion der unter A.& W. Lindt Schokolade herstellenden Fabrik etwas zu tun. Doch Bruder August und Vetter Walter produzieren munter weiter. Als im Jahre 1907, über ein Jahr nachdem die Klage eingereicht worden war, noch immer kein Richterspruch vorliegt, verschickt die Lindt & Sprüngli Hunderte von Briefen an ihre Kundschaft. Darin heisst es:

«Zur Aufklärung! Die Firma A.& W. Lindt in Bern preist unserer verehrten Kundschaft ihre Chocolade an unter einer Bezeichnung, welche geeignet ist, zu Missverständnissen und zu Verwechslungen zu führen, auch verbreitet diese Firma Zirkulare und veröffentlicht Inserate, welche nicht minder dazu angetan sind, Unklarheit zu schaffen und unsere Abnehmer zu täuschen. Zur Klarstellung der Sachlage sind wir so frei, folgendes bekannt zu geben:

Die Gründer der neuen Firma, gegen welche wir den Prozess eingeleitet haben, legen es darauf an, aus der grossen Beliebtheit, deren sich unsere renommierte Marke «Rod. Lindt, fils» erfreut, Nutzen zu ziehen, indem sie ihren Familiennamen «Lindt» zu diesem Zwecke ausbeuten.

Der Erfinder der Lindt-Chocolade, Herr Rod. Lindt, hat sein geheimes Fabrikationsverfahren, seine Fabrik und sein gesamtes Geschäft im Jahre 1899 an uns verkauft; er war bis Ende September 1905 Mitglied unserer Verwaltung und hat sich nunmehr von allen Geschäften zurückgezogen. Er hat gerichtlich erklärt, dass er in keinerlei Beziehung irgend welcher Art zu der genannten neuen Firma steht.

Nur unsere bekannten Originalpackungen, welche obenstehende eingetragene Schutzmarke und Etikette, sowie den Namen des Erfinders «Rod. Lindt, fils» tragen, enthalten echte Lindt-Chocolade. Jede Benutzung der Bezeichnung «Lindt-Chocolade» für irgend ein anderes Produkt, als das unsrige, ist ein Missbrauch, gegen den wir uns im Interesse unserer verehrten Kundschaft gerichtlich schützen müssen. Hochachtungsvoll Aktien-Gesellschaft Vereinigte Berner und Zürcher Chocolade-Fabriken Lindt & Sprüngli.»

Mag sein, dass dieser Massenversand bei den Kunden die erwünschte Wirkung erzielt. Die Mühlen der Berner Justiz jedoch drehen sich genauso weiter wie sie es gewohnt sind: gemächlich und nicht immer vorwärts. Erst im Februar 1909, nach über drei Jahren, fällt der Appellationshof des Kantons Bern in einem, freilich für die Lindt & Sprüngli AG unwichtigeren Anklagepunkt, ein Urteil: Das Gericht sieht die in den Arbeitsverträgen des ehemaligen Lindt & Sprüngli-Personals und nachmaligen Angestellten der A.&W. Lindt festgeschriebenen Konkurrenzklauseln als verletzt an und verfügt die Bezahlung der entsprechenden Konventionalstrafen. Zwei der Verurteilten gehen in die Berufung vor das Bundesgericht, fallen jedoch in allen Punkten durch. Wenige Tage nur nach diesem Urteilsspruch stirbt der Erfinder der «chocolat fondant» Rodolphe Lindt im Alter von 54 Jahren.

Der wichtigere Teil der Anklage, jener wegen unlauteren Wettbewerbs, entwickelt sich zur juristischen Posse. Als das Gericht ein dringendes Bedürfnis verspürt, die komplizierte Materie durch eine Expertenkommission transparent zu machen, beginnt eine zeitraubende Suche nach geeigneten Fachleuten. Als diese endlich zur Stelle sind, verweigern August und Walter Lindt jegliche Auskunft über ihren Betrieb und erst nach zähem Schlagabtausch vor den Schranken des Gerichts gewähren sie zumindest teilweise Einblick in ihre Bücher. Im Jahre 1918, es tobt der Erste Weltkrieg, ringen sich die Experten zu einem Teilgutachten durch, das für Lindt & Sprüngli positiv ausfällt. Im Jahre 1922, der Weltkrieg tobt längst nicht mehr, liefern die Experten ein zweites Teilgutachten ab. Es keimt Hoffnung auf in Kilchberg. Im Geschäftsbericht heisst es: «Der Gerichtspräsident ist ins Obergericht befördert worden. Hoffentlich zeigt der Nachfolger mehr Tatkraft.» Doch dann verirren sich selbst die Kläger in der Richtung, legen den Rückwärtsgang ein und verlangen vom Gerichtspräsidenten, dass die Untersuchung bis ins Jahr 1906, dem Zeitpunkt der Klageeinreichung zurückverfolgt werden müsse. Dieser Forderung wird pflichtbewusst stattgegeben. Nach 36 Monaten ist sie im Jahre 1925 erfüllt. Am 4. November 1926 finden schliesslich die Plädoyers statt und nochmals acht Monate später, am 8. Juli 1927 verkündet der Berner Appellationshof das Urteil.

Einstimmig werden die Angeklagten oder deren Erben dazu verurteilt, der Firma Lindt & Sprüngli einen Schadenersatz in Höhe von 800 000 Franken zu bezahlen. Dazu kommen Gerichtskosten von 86 553 Franken. Weiter wird die Firma A.&W. Lindt dazu verknurrt, auf allen ihren Produkten die Aufschrift «Diese Schokolade ist nicht die Original Lindt-Schokolade» anzubringen sowie den Richterspruch in vollem

Wortlaut in nicht weniger als vier schweizerischen und acht europäischen Zeitungen zu publizieren.

Obwohl August und Walter Lindt, die Trittbrettfahrer von Rodolphes bahnbrechendem Schokoladerezept, mit der Höhe der nun gerichtlich festgesetzten Schadenersatzsumme mit einem blauen Auge davongekommen sind, denn schliesslich hatten die Zürcher vier Millionen Franken eingeklagt, gehen die streitbaren Berner sofort in die Berufung vor das Bundesgericht. Und auch die Zürcher rufen die höchste Instanz an und richten sich auf eine neue Runde im juristischen Schlagabtausch ein. Der Aufdruck «Diese Schokolade ist nicht die Original-Lindt-Schokolade» scheint sich allerdings wenig verkaufsfördernd auszuwirken. Kleinlaut suchen die Lindts im Spätherbst des Jahres 1927 um einen Vergleich nach und die Kilchberger kaufen ein zweites Mal ein Schokoladerezept, für das sie schon einmal einen Millionenbetrag auf den Tisch gelegt hatten. Der Wert der Fabrikanlagen, Fabrikationsverfahren, Handelsmarken sowie die Kundenkartei der A.&W. Lindt wird auf eine knappe halbe Million Franken veranschlagt. Diese Summe wird mit den noch ausstehenden Schadenersatzforderungen verrechnet, so dass die Berner zum Abschluss dieser leidigen Angelegenheit noch 382 000 Franken nach Kilchberg überweisen müssen. Zudem verpflichtet sich die Familie Lindt für alle Zeiten auf die Fabrikation von Schokolade zu verzichten. Es ist das schäbige Ende einer Schokoladedynastie, deren Aufstieg einst in einem brandgeschädigten Gebäude am Berner Aareufer armselig begonnen hatte. Anfang der 30er Jahre wird die Fabrikliegenschaft, in der August und Walter Lindt produziert hatten, verkauft, die Lindt & Sprüngli-Fabrik in der Berner «Matte» geschlossen und das Personal entlassen. Damit ist die letzte Hinterlassenschaft von Rodolphe, August und Walter Lindt endlich entsorgt.

Während die Kilchberger Firma über einen Zeitraum von mehr als zwei Jahrzehnten durch die juristischen Querelen des

Lindt-Prozesses stark belastet, ja bisweilen nahezu blockiert ist, entwickelt sich die Schokoladebranche in der Schweiz in rasantem Tempo weiter. Ehemalige Familiengesellschaften aus der Pionierzeit schliessen sich zu Grossunternehmen zusammen. Die Aktiengesellschaft Vereinigte Berner und Zürcher Chocoladefabriken Lindt & Sprüngli, die die Kleinräumigkeit der eigenen Wurzeln im Namen trägt, sieht sich plötzlich mächtigen Konkurrenten gegenüber, die zum Teil längst in multinationale Dimensionen hineingewachsen sind.

Die Fusion zweier Pionierunternehmen aus der Gründerzeit der Schokoladeindustrie löst im Jahre 1904 einen bedeutenden Konzentrationsschub in der Branche aus. Es ist die S.A. des Chocolats au Lait Peter in Orbe und die Lausanner S.A. de la Fabrique des Chocolats Amedée Kohler, die zur Peter et Kohler Chocolats Suisses S.A. fusionieren. Nur sieben Jahre später kommt es erneut zu einer Elefantenhochzeit: 1911 verschmelzen die Peter et Kohler Chocolats Suisses S.A. und die S.A. L.F. Cailler in Broc zum weitaus grössten Schokoladehersteller der Schweiz, der in seinen fünf inländischen Produktionsstätten 2400 Arbeiter beschäftigt, knapp die Hälfte der in der Branche tätigen Arbeitnehmer. In dem Grossunternehmen Peter Cailler Kohler S.A., das im Jahre 1918 ein stattliches Aktienkapital in Höhe von 35 Millionen Franken aufweist, konzentriert sich der geballte Wissensschatz eines guten Teils der Schweizer Schokoladepioniere.

Bereits im Jahre 1905 hat ein weiteres Unternehmen aus der Gründerzeit den Grundstein für einen weiteren Expansionsschritt gelegt: Die Nestlé S.A. hatte sich mit einer Million Franken an der Peter et Kohler Chocolats Suisses S.A beteiligt und der Firma das gutausgebaute ausländische Nestlé-Vertriebsnetz für den weltweiten Absatz von Peter- und Kohler-Schokolade zur Verfügung gestellt. Es entsteht eine einseitige Abhängigkeit, die im Jahre 1929 damit endet, dass die Peter Cailler Kohler S.A. von der Bildfläche verschwindet und die

Schokolademarken Peter, Cailler und Kohler fortan von der Nestlé S.A. hergestellt und vertrieben werden, einem mächtigen multinationalen Konzern mit weit über 100 Millionen Franken Aktienkapital, 80 Produktionsstätten und über 20 Beteiligungsgesellschaften. Die Erben der welschen Schokoladepioniere haben sich unter dem weltumspannenden Dach der Nestlé wieder zusammengefunden. Alle, mit Ausnahme von einer Pionierfirma: Der einst von Philippe Suchard begründeten Suchard S.A.

Als am 28. Juni 1914 in Sarajewo ein serbischer Terrorist den österreichisch-ungarischen Thronfolger Erzherzog Ferdinand ermordet und den Ersten Weltkrieg auslöst, herrscht in Zürich friedliche Geschäftigkeit. Die Stimmvorlagen für eine Zentralbibliothek sowie neue Krankenhäuser werden mit komfortablen Mehrheiten angenommen. An der Krisensitzung im Zürcher Stadtrat, die drei Tage nach dem Attentat einberufen wird, fehlen drei Stadträte. Sie befinden sich noch immer in Urlaub. Auf Krieg ist das Land weder eingestellt noch vorbereitet.

Mit den Schüssen in der bosnischen Hauptstadt geht für die Schweizer Schokoladeproduzenten ein Vierteljahrhundert rasanten Wachstums zu Ende, während dem sich der noch junge Industriezweig zu einer der wichtigsten Exportbranchen des Landes entwickelt hat. Kurz vor Kriegsausbruch liefern die knapp zwei Dutzend inländischen Schokoladefabrikanten dreissig Mal mehr Schokoladeerzeugnisse ins Ausland als noch im Jahre 1890.

In den Kriegsjahren gerät der Schokoladeexport jedoch ins Stocken. Die für die inländischen Produzenten existentielle Einfuhr von Rohkakao und Zucker wird kontingentiert, die Ausfuhr von Schokoladeerzeugnissen durch Auflagen der Behörden erschwert, etliche Absatzländer verhängen Importverbote oder errichten hohe Zollschranken. Die bislang völlig auf den Export fixierten Schweizer Schokoladeproduzenten müssen sich plötzlich und notgedrungen mit dem Schweizer Heimmarkt begnügen, wo mit jedem Kriegsjahr die Lebensmittel knapper werden. In Zürich kauft die Stadt im Jahre 1915 zwanzig Wagenladungen neapolitanische Teigwaren, die unter den notleidenden Familien verteilt werden. Die Behörden rufen die Bevölkerung auf, in ihren Privatgärten Kartoffeln anzubauen. Während innert drei Kriegsjahren die Reallöhne bis zu einem Drittel zusammenschmelzen, verdoppeln sich die Lebenserhaltungskosten. Nun wird aus der Schokolade das, was der Pionier Rudolf Sprüngli-Ammann dreissig Jahre zuvor in so pathetischen Worten gefordert hatte: Eine Volksnahrung, Ersatz für fehlende oder unbezahlbar teure Lebensmittel.

Wenn die Schweizer Schokoladeproduzenten je darauf gehofft haben sollten, nach dem Kriege erneut ins grosse Exportgeschäft einsteigen zu können, erweist sich das innert kürzester Zeit als frommer Wunsch. Fehlende Kaufkraft in den ehemaligen Absatzländern, die Einführung teils massiver Verbrauchersteuern und Zollerhöhungen sowie eine galoppierende Inflation machen eine Ausfuhr von Schweizer Qualitätsschokolade nahezu unmöglich. England, einstiges Exportland par excellence, das in den besten Jahren bis zu 40 Prozent der gesamten europäischen Ausfuhren der Schweizer Schokoladeindustrie aufgesogen hatte, leidet unter Bergarbeiterstreiks und schwächlichem Pfund; Deutschland, traditioneller Abnehmer der braunen Tafeln aus dem Alpenland, wird während der Weimarer Republik von einer horrenden Inflation durchgeschüttelt: Kostet ein Dollar im Januar 1919 noch knapp 9 Reichsmark, sind es am 15. November 1923 unvorstellbare 4,2 Billionen. Andere während der Vorkriegszeit wichtige Abnehmerstaaten fallen gar als Exportländer vollständig aus. In Russland haben die Bolschewiken die Macht übernommen und die Ausfuhr nach Australien nimmt 1929 gegenüber 1913 um das 25fache ab.

Auf diese dramatischen Entwicklungen reagieren etliche Schokoladeunternehmer der Zwischenkriegszeit auf dieselbe Art und Weise wie die Manager von Schweizer Firmen nach dem negativen Ausgang der EWR-Abstimmung im Jahre 1992: Sie verlegen ihre Produktionsstätten in grossem Stil in die Märkte im Ausland. Die Suchard S.A. errichtet in rasantem Tempo Fabriken in Bukarest und Varese (1923), im belgischen Zaventem (1924), in Krakau (1925), in den USA in Lititz (1927), in Strassburg (1930), im englischen Bredford (1932) und verfügt Anfang der dreissiger Jahre über insgesamt zehn Produktionsstätten im Ausland. Die Suchard S.A. ist wohl auch das erste Schokoladeunternehmen aus der Gründerzeit, das nach dieser starken Internationalisierung ein mehrheitlich ausländisches Aktionariat besitzt, wie die NZZ 1930 in fast bedauerndem Tone festhält. Multinational ist auch der Suchard-Verwaltungsrat: Ein Deutscher, ein Russe, ein Belgier und ein Pole sitzen zu dieser Zeit im Aufsichtsgremium.

Auch Nestlé setzt auf Expansion im Ausland und stellt in den wichtigsten europäischen Ländern, in den Vereinigten Staaten, ja sogar in Südafrika Schokoladefabriken auf. Und selbst Lindt & Sprüngli, die noch nie auch nur eine Tafel Schokolade jenseits der Grenze gefertigt hatte, erhöht das Aktienkapital von drei auf vier Millionen und startet 1922 und 1925 zweimal einen Versuch, in Deutschland eine Produktionsstätte zu errichten. Doch jedes Mal ziehen sich die Kilchberger unverrichteter Dinge wieder zurück. Die Sache erscheint ihnen angesichts der in rasantem Tempo fortschreitenden Entwertung der Reichsmark zu riskant. Erst im Februar 1928 gründet die Lindt & Sprüngli AG zusammen mit dem englischen Süsswarenhersteller Rowntree eine gemeinsame Tochtergesellschaft in Berlin und vier Jahre später eine weitere in England.

Diese ersten drei Jahrzehnte des 20. Jahrhunderts sind nicht nur geschäftlich eine bewegte Zeit, sie sind es auch für die Familie Sprüngli. Beide Zweige der Familie, die Fabrik- wie die Confiserielinie, haben so ihre persönlichen Kümmernisse. Sorgen macht sich Marie Sprüngli geborene Schifferli, die Ehegattin von Fabrikgründer Johann Rudolf Sprüngli-Schifferli, um ihren Ältesten. Nicht, dass aus David Rudolf Sprüngli nichts Rechtes geworden wäre. Er ist Technischer Direktor in der Fabrik, neben den angeheirateten Stünzi und Voltz vielleicht der Stillere, aber er kennt als einziger der jüngeren Sprüngli-Generation Lindts Schokoladegeheimnis und gilt als ganz hervorragender Kakao- und Rohstoffkenner. Jeden Tag lässt Direktor Sprüngli sich aus der laufenden Produktion ein Stück Schokolade bringen, um persönlich Feinheitsgrad und Qualität zu überprüfen. Und er hat sich ja nun auch endlich ein kleines Haus gebaut, die Villa «Rosmaryn» an der alten Landstrasse in Rüschlikon, wo auch die Eltern eingezogen sind, nachdem die zu gross gewordene Jugendstilvilla verkauft worden war. Aber David Rudolf ist seit seinem 17. Lebensjahr das Sorgenkind der Mutter. Damals ist er derart schwer an Scharlach erkrankt, dass ein Bein im Wachstum zurückbleibt und er beim Gehen seither unablässig Schmerzen empfindet. Und nun ist David Rudolf schon fast fünfzig und noch immer Junggeselle, während die beiden Töchter Elsa und Maria doch längst verheiratet sind. Deshalb sieht es die Mutter gar nicht ungern, dass David Rudolf Sprüngli Gefallen findet an einer jungen Frau namens Martha Haubensak. Sie ist die Tochter vom Hotelbesitzer Kurhaus Brünig und mit den Sprünglis weitläufig verwandt. Es ist kein Zufall, dass Sprünglis mit ihrem einzigen Sohn immer öfter auf dem Brünig anzutreffen sind. So auch am 15. September des Jahres 1921, einem strahlenden Herbsttag, an dem das Hochzeitsfest steigt. Sechs Jahre später erst stellt sich Nachwuchs ein: 1927 Hans Rudolf; 1929 Esther.

Beim Paradeplatz-Konditorenehepaar David Robert und Elise Sprüngli geborene Baud, ist es ebenfalls der älteste Sohn, der nicht so will, wie es die Eltern gerne sehen würden. Robert

Sprüngli junior, just Mitte zwanzig, war nach Rom gefahren, um bei der Banca di Roma ein Praktikum zu absolvieren. Er mietet bei einer nicht übermässig wohlhabenden Römer Familie ein Zimmer, verliebt sich in die charmante Filia hospitalis und kündigt an, Gina Baldassarri im April 1914 vor den Traualtar führen zu wollen. Eine Italienerin, noch dazu katholisch, verheiratet mit einem evangelisch getauften Sprüngli! Es hat wohl seine Zeit gebraucht, bis David Robert senior und Mutter Elise sich an diesen Gedanken haben gewöhnen können. In der zum Tode von Robert Sprüngli junior verfassten Gedächtnisschrift heisst es: «Wie sehr Gina Baldassarri ihm Lebenskamerad war, geht daraus hervor, dass sie bereit gewesen ist, ihre geliebte römische Heimat aufzugeben, ihr römisch-katholisches Herz so weit aufzutun, dass darin – um des Ehekameraden willen – auch evangelische Kinder Platz fanden.»

Das ist nicht der einzige Kummer, den der Sohn um diese Zeit den Eltern bereitet. Was sollte beruflich bloss aus ihm werden, nachdem er eine Handelsschule bestanden, ein Volontariat in der Fabrik in Kilchberg absolviert hat, aber bislang keine rechte Lust hat erkennen lassen, in diese Branche auch einzusteigen? In der väterlichen Konditorei, die seit dem Verkauf des alten Stammgeschäftes an der Marktgasse ohnehin nur noch den Paradeplatz umfasst, ist für Robert junior kein Platz. Längst ist klar, dass der zweite Sohn, Hermann Sprüngli, dereinst das Geschäft erben wird; er hat die dafür unabdingbare Konditorenlehre erfolgreich hinter sich gebracht und arbeitet bereits seit 1909 Seite an Seite mit dem Vater. Was also tun, in diesen Zeiten, in denen gute Stellen rar sind? Es findet sich für Robert Sprüngli eine Möglichkeit in der Fabrik.

Und so beginnt der Verdrängungsprozess, der in der nachfolgenden Generation der Konditorenlinie den Sieg über die Fabriklinie bescheren wird.

Also kehrt Robert aus Rom zurück, steigt 1913, als 27jähriger, in Kilchberg ein und heiratet im Jahr darauf seine Gina. 1915 wird die älteste Tochter Marlise geboren, im Jahr darauf Richard R. Sprüngli, dem heute die Confiserie am Paradeplatz gehört und 1920 Rudolph R. Sprüngli, derzeitiger Verwaltungsratspräsident der Lindt & Sprüngli AG. Auch wenn Robert Sprüngli-Baldassarris Söhne damit die dominierende Stellung innerhalb der Familie Sprüngli einnehmen und heute in der Confiserie als auch in der Fabrik an der Spitze stehen, ist der Start des Vaters als Schokoladeunternehmer eher von der bescheidenen Art: Vizedirektor wird Robert Sprüngli-Baldassarri mit über Vierzig und die Stufe eines Direktors, die sein Vetter David Rudolf Sprüngli-Haubensak bereits als 25jähriger erklimmt, erreicht er erst 1944 mit 58 Jahren.

An der Schwelle von der dritten zur vierten Generation der Schokoladedynastie ist das Gefühl für den Familienverbund und die gemeinsamen Wurzeln noch durchaus existent. Als in dem väterlichen Gewerbebetrieb kein Platz ist für Robert Sprüngli-Baldassarri, findet der eigentlich der Confiserielinie Entstammende ganz selbstverständlich Arbeit in der Fabrik. Und eine Photographie Ende der 20er/Anfang der 30er Jahre zeigt den Familienzweig Sprüngli-Baud, die Confiserielinie, als intakten Familienclan im Sonntags-Look. Die Grosseltern, betagt schon, im Bildmittelpunkt; eingeklemmt zwischen Grosspapa und Grossmama im Seemannskleidchen der Benjamin unter den Enkeln: Rudolph, heute Fabrikchef. Dahinter in identischem Seemannskleidchen: Richard, heute Confiseriebesitzer. Drumherumdrapiert die aktive mittlere Generation: Sohn Hermann und Ehefrau Trudy geborene Blumer, Konditoren am Paradeplatz; Lindt & Sprüngli-Verwaltungsrat Walter Grimm, verheiratet mit Tochter Hedwig, Sohn Robert mit Ehefrau Gina, die unverheiratete Tochter Fanny sowie die Enkelinnen Hedy Grimm und Marlise Sprüngli. Eine stattliche Grossfamilie von 13 Personen, verteilt auf drei Generationen. Ein ähnliches Bild vom Zusammenhalt unter Grosseltern, Eltern und Kindern im zweiten Sprüngli-Zweig, der Fabriklinie, gibt es nicht; kann es nicht geben: Fabrikbegründer Sprüngli-Schifferli hat einen Teil seiner Enkel gar nicht mehr gekannt.

Das ist der Kitt, den die Firma brauchen wird, um in den Inflationsjahren und während dem Zweiten Weltkrieg über die Runden zu kommen: Zusammenhalt. In dieser Zeit werden denn auch bereits die ersten Vertreter der fünften Sprüngli-Generation in der Firma aktiv. Es sind Peter und Jürg Jegher, zwei Söhne von Carlo und Enkel des Fabrikbegründers Sprüngli-Schifferli. Die beiden jungen Männer steigen in eine Branche ein, die vor tiefgreifenden Umwälzungen steht. Denn die Anfang der zwanziger Jahre mit voller Wucht einsetzende Wirtschaftskrise fordert auch in der Schokoladeindustrie ihre Opfer, insbesondere bei jenen Unternehmen, die eine allzuforsche Auslandsexpansion betrieben hatten. Die Suchard S.A. muss 1924 das Aktienkapital um ein knappes Drittel auf 10,5 Millionen reduzieren und verzichtet während zwei Jahren auf Dividendenausschüttungen. Noch schlimmer trifft die Krise Nestlé: Als 1921 ein Verlust von über 100 Millionen Franken resultiert, wird das Stammaktienkapital praktisch halbiert und die Dividende ebenfalls während zwei Jahren ausgesetzt.

Für die Lindt & Sprüngli AG zahlt sich die Zurückhaltung im Auslandsengagement nun aus: Die Tantiemen an die Aktionäre müssen nicht gestrichen, sondern lediglich reduziert werden. Im Kampf gegen stark rückläufige Exporte kann das jedoch keine Lösung sein. Robert Stünzi und Josef Friedrich Voltz, die beiden starken Männer in der Geschäftsleitung, beratschlagen, was zu tun ist. Voltz, der jüngere, drängt darauf, die Verkaufsanstrengungen im Inland zu erhöhen und einen Verkaufschef Schweiz anzustellen. Ein kühner Vorschlag! Schokoladefabrikanten sind traditionell exportorientiert, nur während dem Ersten Weltkrieg hatten sie notgedrungen mit dem Heimmarkt vorlieb nehmen müssen, und nun kommt dieser Voltz und hat schon wieder den Schweizer Markt im Auge. Und will dafür auch noch das Personalbudget belasten. Stünzi ist skeptisch. Für den bodenständigeren Stünzi stürmt Voltz, einer der ersten Ski- und Flugpioniere der Schweiz, bisweilen ohnehin zu schnell vorwärts. Es kostet jedenfalls einiges, den störrischen Stünzi von dieser Idee zu überzeugen. Als im Jahre 1924 mit Arthur Weber wirklich ein aggressiver Verkäufer eingestellt wird, setzt das Tandem Voltz/Weber eine weitere wegweisende Marketingidee in die Tat um: Die Marke Lindt, für die seinerzeit so viel Geld ausgegeben worden ist und neben Sprüngli das zweite Label der Firma, unter dem bislang nur dunkle Schmelzschokolade vertrieben worden ist, wird nun endgültig aus dem Kassenschrank geholt und auch für Milchschokolade und andere Sorten verwendet. Heute werden praktisch alle Erzeugnisse der Lindt & Sprüngli AG unter dem Label Lindt vertrieben; der Schriftzug Sprüngli wird nur noch für die Produkte der Zürcher Confiserie verwendet.

Als im Jahre 1929 in New York die Börse zusammenbricht und auch Europa in den Strudel einer tiefgreifenden Wirtschaftskrise hineingerissen wird, sind die Zürcher Behörden gerade damit beschäftigt, die Pläne für den Bau einer neuen Börse auszuarbeiten. Sie werden sich nun drängenderen Problemen zuwenden müssen: Auch in der Schweiz werden die Menschentrauben vor den Arbeitsämtern lang und länger; in den Industriebetrieben bleiben die Bestellungsaufträge immer öfter aus. Bei der Lindt & Sprüngli AG, die in guten Zeiten mehr als die Hälfte ihrer Produktion im Export abgesetzt hatte, schrumpfen die Aufträge aus dem Ausland allein 1932 auf 14 Prozent des Vorjahres; und auch der Schokoladeabsatz im Inland schmilzt auf ein dünnes Rinnsal zusammen. Als wäre in der Schokoladeindustrie plötzlich der Lack ab und sich die früher gern gezeigten pastellfarben-euphemistischen Aquarelle der Kilchberger Produktion angesichts der tristen Gegenwart schlicht verbieten würden, zeichnet die Branche nun ein realistischeres Bild der eigenen Tätigkeit. Ungeschminkte Photographien aus der Zeit, die keine Farbtupfer und keine Beschönigungen zulassen, zeigen düstere Produktionsräume, in denen das Personal auf einfachen Handwagen die 50-Kilo-Schokoladeblöcke hin und her schiebt; ein Gewirr von Antriebsbändern, die die Misch- und Walzmaschinen in Bewegung halten oder den sogenannten Conchensaal, wo sich ein paar wenige Arbeiter zwischen den noch recht primitiven Maschinen fast verlieren.

Am 22. Februar 1933, in Deutschland ist kurz zuvor der Nationalsozialist Adolf Hitler zum Reichskanzler ernannt worden, treffen die rund drei Dutzend Aktionäre der Lindt & Sprüngli AG an der 35. Generalversammlung der Gesellschaft eine noch nie dagewesene Entscheidung. Angesichts der Wirtschaftsflaute soll das Aktienkapital von vier auf drei Millionen Franken herabgesetzt werden. Als dieser Antrag im Herbst 1932 im Verwaltungsrat erstmals diskutiert wird, hält der Protokollführer als Begründung für diesen einschneidenden Schritt fest: «Infolge des Umsatzrückganges sind unsere liquiden Mittel stark angestiegen. Das Bankenguthaben betrug Ende September 1932 rund 600 000 Franken, auf die wir nur einen geringen Zins erhalten. Von der vorübergehenden Anlage von 200 000 bis 300 000 Franken in Wertschriften haben wir wegen der Möglichkeit von Kursverlusten abgesehen. Da unter den heutigen Verhältnissen mit einer wesentlichen Steigerung der Verkäufe nicht gerechnet werden darf, andererseits unsere ausländischen Unternehmungen keine erheblichen weiteren Kapitalzuschüsse mehr erfordern werden, empfiehlt sich die Reduktion des Kapitals.» Die Kapitalverminderung geht freilich nicht ohne finanzielle Opfer über die Bühne. Jeder Aktionär, der eine Aktie zur Verfügung stellt, erhält von den 500 Franken Nominalwert lediglich 400 zurückbezahlt, zwanzig Prozent sind unwiderruflich verloren. Für die familienfremden Kapitalgeber ist diese Aktion freiwillig. Die Familie Sprüngli sowie der Verwaltungsrat verpflichten sich jedoch, soviele Aktien zur Verfügung zu stellen, dass die erforderlichen 2000 Lindt & Sprüngli-Titel in jedem Falle zusammenkommen. Die entstehenden Verluste in Höhe von insgesamt 200 000 Franken tragen demnach im wesentlichen die Mitglieder der Familie.

In gleichem Masse wie die Kapitalstruktur ist auch die Unternehmenskultur der Lindt & Sprüngli AG nach wie vor geprägt vom patriarchalisch-familiären Geist der Gründerzeit. Familienmitglieder bekleiden alle wichtigen Positionen in der Firma, Aussenstehende werden nur dann einbezogen, wenn keine andere Wahl bleibt. Eine Photographie zeigt die fünfköpfige Geschäftsleitung im Jahre 1937: Im Mittelpunkt Josef Friedrich Voltz-Sprüngli, Delegierter des Verwaltungsrates im Range eines Direktors, der Kopf der Firma, rechts von ihm David Rudolf Sprüngli-Haubensak, als technischer Direktor und Kenner des Lindt-Geheimnisses eine Schlüsselfigur; zur Linken Robert Sprüngli-Baldassarri, der sich als Vizedirektor mit Fragen der Reklame befasst. Zwei weitere Herren auf dem Bild sind durch besondere Umstände in die Direktion der Schokoladefabrik aufgenommen worden: Arthur Weber, Verkaufschef Schweiz und ebenfalls Vizedirektor, verdankt diese Position seinem Marketing-Know-how, auf das die Firma in Zeiten stockender Verkäufe dringend angewiesen ist; und Betriebsdirektor Alfred Lüscher ist einer jener abtrünnigen ehemaligen Lindt & Sprüngli-Angestellten gewesen, die hinter dem Rücken des vormaligen Arbeitgebers illegal Lindt-Schokolade gefertigt hatten. Ihn hatte man nach Beendigung des Lindt-Prozesses einfach wieder einstellen müssen. Der Grund: Lüscher kennt das Lindt-Geheimnis in allen Details und wer einmal von derartigem Wissen Gebrauch gemacht hat, könnte es ja auch ein zweites Mal tun... Als wäre er in dieser Fünferrunde lediglich geduldet, sitzt Lüscher auf der Photographie als einziger abseits, entrückt am rechten Bildrand. Die Skepsis entpuppt sich als durchaus berechtigt. Nach dem Tod des Betriebsleiters im Jahre 1938 drohen dessen Nachfahren auch prompt damit, das Lindt-Geheimnis preiszugeben, wenn sie nicht anständig abgefunden würden.

Als am 1. September 1939 deutsche Truppen in Polen einmarschieren, und Adolf Hitler den Zweiten Weltkrieg vom Zaune bricht, sind die Schweizer Schokoladeproduzenten gerade damit beschäftigt, die Vorkehrungen für die Produktion des Weihnachtsgeschäftes zu treffen. In Kilchberg sind bereits massenweise Bestellungen eingetroffen. Doch die Schüsse an der deutsch-polnischen Grenze lassen die Aussichten auf lukrative Weihnachtsverkäufe schlagartig schwinden. Bei Lindt & Sprüngli werden in den ersten Kriegswochen die Aufträge um ein rundes Drittel reduziert. Nachdem sich der für den Einkauf zuständige David Rudolf Sprüngli-Haubensak in wohlweislicher Voraussicht in den Monaten zuvor auf den Weltmärkten noch mit reichlich Kakaobohnen hatte eindecken können, muss nun mit einer massiven Verknappung der Rohstoffe innert kürzester Zeit gerechnet werden. Bereits am 2. November 1939 greifen die 36 Schweizer Schokoladeproduzenten zur Selbsthilfe, gründen ein kriegswirtschaftliches Syndikat mit halboffiziellem Charakter, das die, so der offizielle Wortlaut, «Beschaffung der notwendigen Rohstoffe, deren sorgfältige Verarbeitung und gerechte Verteilung der Fertigwaren Schokolade und Schokolade-Konfiserie, Kakaopulver und Nährmittel» gewährleisten soll. Je länger der Krieg dauert, desto mehr häufen sich die Schwierigkeiten.

Wegen Benzinknappheit spannt manch ein Unternehmer in der Not vor seinen Firmenwagen ein Pferd; auf der Zürcher Sechseläutenwiese entsteht angesichts fehlender Lebensmittel ein Kornfeld; und als die Behörden realisieren, dass Teile der Bevölkerung aus Mangel an Fett und Zuckerstoffen Schokolade hamstern, schreitet der Bundesrat zur Rationierung nach der Devise: Eine Tafel pro Person und Monat.

Damit diese Menge überhaupt über Lebensmittelkarten verteilt werden kann, müssen die Schokoladehersteller beim Rohstoffankauf manch eine Odyssee durchstehen. Zwei Jahre lang sind die im Syndikat zusammengeschlossenen Produzenten allein damit beschäftigt, die Ladung von 1761 Tonnen Kakaobohnen auf dem italienischen Dampfer «Cherca», die für 15 inländische Hersteller bestimmt ist, in die Schweiz zu lotsen. Das Schiff hatte die Goldküste gerade verlassen, als Italien in den Krieg eintritt. Der Kapitän der «Cherca» bekommt es mit der Angst zu tun und zieht es vor, den sicheren Hafen auf der Kanareninsel Las Palmas anzusteuern, wo die Fracht monatelang liegen bleibt. Der Grund: die für einen Passierschein auf den Kontinent zuständigen englischen Behörden weigern sich, auch nur einen Finger für das Schiff eines Feindes zu krümmen. Erst im November 1942 gelangen die Bohnen via Barcelona in das Bestimmungsland. Ein Teil der Fracht ist inzwischen verdorben.

Im Frühsommer 1940 kommt erschwerend hinzu, dass Frankreich vor dem deutschen Ansturm in die Knie geht und die Schweiz nun vollständig von kriegsführenden faschistischen Nationen umgeben ist. Wie sollten nun noch Kakaobohnen in die neutrale Schweiz geliefert werden können? Manch eine Firma findet noch immer ein Schlupfloch. Da werden zum Beispiel in New York von der Goldküste stammende Accra-Kakaobohnen aufgekauft. Diese gelangen über die Vereinigten Staaten, den Pazifik und Transsibirien in das noch nicht kriegsführende Russland und von dort schliesslich in die Schweiz. Zu bisweilen allerdings überrissenen Preisen. Allein im Jahr 1940 steigen die Kosten für verschiedene Rohstoffe um bis zu 500 Prozent, jene für den Transport explodieren um das Zehnfache.

Im Jahre 1942 müssen sich auch Schweizer Schokoladeproduzenten mit einem Gedanken anfreunden, der jedem Unternehmer ein Greuel ist: Wegen Arbeitsmangel die Produktion vorübergehend einzustellen. Am 15. April 1942 wird in Kilchberg ein Plan entworfen, der die Überschrift trägt: «Arbeitseinschränkungen und Beschäftigungsmöglichkeiten ausserhalb unseres Betriebes.» Vorgesehen ist, dass die Firma in den Monaten Mai sowie Juli/August 1942 für die Dauer von insgesamt drei Wochen dichtgemacht wird. Doch trotz dieser einschneidenden Massnahme erweist sich die Lindt & Sprüngli AG während den Kriegsjahren als durchaus wetterfest: Der Reingewinn des Unternehmens pendelt stets oberhalb einer Viertelmillion Franken und trotz der Kriegswirren schüttet die Firma Jahr für Jahr sechs Prozent Dividende aus.

V

Gipfelstürmer

Ein Konditor erbt durch eine Adoption eine Confiserie und ein
Ökonom kämpft in einer Schokoladefabrik um seinen Aufstieg,
drängt sämtliche Familienmitglieder aus Geschäftsleitung und
Verwaltungsrat und steht schliesslich konkurrenzlos an der Spitze

Am 28. September 1949 arbeitet in Kilchberg bei Zürich ein Student der Wirtschaftswissenschaften an den letzten Seiten der Doktorarbeit, feilt gerade an den Formulierungen zu seinem Vorwort. 166 engbeschriebene Schreibmaschinenblätter bringt er schliesslich über ein Thema zu Papier, das ihn brennend interessiert: «Die Finanzgeschichte der Chocoladefabrik Tobler Bern.» Ein faszinierendes betriebswirtschaftliches Studienobjekt für einen, der selber schon während einigen Monaten in einer Schokoladefabrik volontiert hat. Tobler, ein Unternehmen aus der Frühzeit der Schweizer Schokoladeindustrie, das 1902 zur Aktiengesellschaft wurde, zehn Jahre später eine Holding gründete, rasant vorab im Ausland expandierte und den öfter drohenden Konkurs nur durch dreimalige Totalsanierung gerade noch abwenden konnte; zum Preis allerdings, dass die Gründerfamilie Tobler im eigenen Unternehmen entmachtet wurde.

Für den Studenten Rudolph R. Sprüngli bedeutet die Promotion zweierlei: Wissenschaftlich untermauerter Anschauungsunterricht für die Fallstricke, die einem Familienunternehmen in der Schokoladebranche drohen können sowie Vehikel zum ersten Doktorhut eines Sprüngli innerhalb der Schokoladedynastie überhaupt. Und der 29jährige Studiosus geizt nicht mit Kritik und guten Ratschlägen an die Adresse des gestrauchelten

Tobler-Managements: «Es ist fraglich, ob es klug war, die Erweiterung in so stürmischer Weise vorzunehmen. Schon hier zeichnet sich die Einstellung der Tobler-Verwaltung ab, die ihr in späteren Jahren zum Verhängnis werden sollte: man baut nicht ruhig und vorsichtig in die Höhe, sondern sprunghaft. Man konsolidiert nicht eine erreichte Position, sondern man eilt ohne Rast bergauf. Es ist deshalb nicht verwunderlich, wenn in der Höhe die Kraft schwindet. Das Kapital innert fünf Jahren um 950 Prozent zu erhöhen, wenn man zudem ein ganz junges, reserveloses Unternehmen ist, ist etwas viel. Es ist im Grunde unverantwortlich.»

Oder: «Wir konstatieren auch hier, dass man die Produktionskapazität auf den Spitzenbedarf der Hochkonjunktur einstellte. Das ist rein logisch gesehen schon unzulässig, denn die Hochkonjunktur dauert – um eine triviale, aber oft nicht genug in Rechnung gestellte Konstatierung zu machen – niemals längere Zeit. Die Produktionskapazität ist schon aus Prinzip nur auf einen (guten) Durchschnitts-Umsatz einzustellen, es sei denn man könne eine Kapazitäts-Reserve erstellen, die schon während ihrer Errichtung über die Hälfte abgeschrieben werden kann. Bei solchen Verhältnissen kann die Finanzierungsart noch so normal sein: Wenn das Objekt der Finanzierung Mängel aufweist, spielt die Frage, wie man finanziert, nicht mehr dieselbe Rolle. Die Finanzierungsmethode ist nur Mittel zum Zweck. Wenn der Zweck ein schlechter ist, taugen auch die besten Mittel nichts!»

Originalton von Rudolph R. Sprüngli anno 1949. Sätze eines zum Doktor promovierten Wirtschaftswissenschaftlers, die Ambitionen zu Höherem erkennen lassen. Der erste Versuch jedoch, in einem einzigen grossen Schritt gewissermassen bis ins Vorzimmer der Geschäftsleitung der Lindt & Sprüngli AG vorzudringen und Zeuge aller geschäftlichen Angelegenheiten auf höchster Stufe zu werden, misslingt. Als Sprüngli, vielleicht in einem Anflug jugendlicher Selbstüberschätzung, kurz nach seinem Volontariat in der Firma bei seinem Onkel Josef Friedrich Voltz anfragt, ob er nicht das Amt eines Direktionssekretärs bekleiden könne, winkt der Delegierte des Verwaltungsrates ab. Einige Wochen später wählt Sprüngli einen bescheideneren Weg: Er habe es sich nochmals überlegt, meint er zu Voltz, er wolle Reklamechef werden.

Bei Rudolphs vier Jahre älteren Bruder Richard, der nie auf akademische Weihen aspiriert hat, gestaltet sich der Einstieg in das Familienunternehmen reibungslos. Beim kinderlos gebliebenen Onkel Hermann Sprüngli-Blumer, der die Confiserie am Paradeplatz seit 1924 führt, absolviert Richard eine Konditorenlehre und schon früh ist klar, dass er das Geschäft einst erben wird. Er erlebt noch, wie der hochbetagte Grossvater David Robert Sprüngli-Baud, den Zwicker stets auf die Nase gedrückt, jeden Morgen von der Bellariastrasse 29 im Zürcher Enge-Quartier mit der Siebner-Tram ins Geschäft fährt, um eigenhändig Teemischungen abzupacken. Und als dieser am 7. Januar 1944 im fast biblischen Alter von 93 Jahren stirbt, legt er ein letztes Zeugnis ab für den Arbeitseifer der Gründergeneration, der buchstäblich erst vor dem Tod kapituliert: «Iez isch es glaubi verby mit Schaffe», sollen seine letzten Worte gewesen sein.

Mit dem Sohn Hermann «Hermi» Sprüngli und seiner Ehefrau Gertrud Sprüngli geborene Blumer, die in der Familie nur «Tante Trudy» gerufen wird, hält in der vierten Generation ein Geist Einzug in der ehrwürdigen Confiserie am Paradeplatz, der mit dem arbeitsbesessenen Puritanismus der Vorgänger bricht. Hermann Sprüngli besitzt ein Faible für Massanzüge und Seidenhemden und sein Menjou-Schnäuzlein, benannt nach einem berühmten französischen Schauspieler der 30er Jahre, pflegt er als wär's ein Sprüngli-Wahrzeichen. Wenn er bei Familienanlässen das Tanzbein schwingt, was er mit grosser Begeisterung zu tun pflegt, trägt er stets eine Fliege, die von einer Perle zusammengehalten wird. Und Ehefrau Gertrud zeigt bei diesen Gelegenheiten nur die besten Stücke von Zürichs Nobelcouturiers.

Als das Konditorenehepaar Anfang der dreissiger Jahre einen Totalumbau der Confiserie vornimmt, wird mit Leopold Matthias Boedecker mit Absicht ein Architekt engagiert, der sich von führenden avantgardistischen Köpfen wie Walter Gropius oder Le Corbusier inspirieren lässt. Im ersten Stock entsteht ein Erfrischungsraum, der punkto Modernität in Zürich seinesgleichen sucht; ein Etablissement im Bauhausstil, bei dem auf jeglichen Schnörkel verzichtet wird und geometrisch-strenge Funktionalität vorherrscht.

Wenn Gertrud Sprüngli Punkt zwölf Uhr mittags an jenem länglichen Tisch im ersten Stock Platz nimmt, der «Löchli» genannt wird, weht durch diesen Raum stets ein Hauch von bürgerlicher Geselligkeit. Jeden Tag findet sich ein anderer Kreis von Freunden und Bekannten ein, die bei anregenden Gesprächen als Gast von Hermann und Trudy Sprüngli-Blumer ein Mittagsmahl zu sich nehmen. An einem Wochentag sind es die Freunde aus der Zunft, denn der Hausherr ist rabiater Zünfter zur Schiffleuten; am nächsten sind es die Armeekollegen, denn der Hausherr bekleidet den Hauptmannsgrad und ist dem Platzkommando Zürich zugeteilt. Aber hier verkehren auch Leute wie Paul «Burki» Burkhard, stadtbekanntes Original und Komponist der Niederdorfoper («Oh mein Papa»), der stets seinen Freund mitbringt, oder Fridolin Tschudi, der Schriftsteller und Verseschmied, der für das «Cornichon» und «Federal» Texte schreibt. Immer ist es eine Mischung zwischen Business-Lunch und Gesellschaftsanlass, bei dem sich die Teilnehmer mitunter auch näher kommen. Mag sein, dass Hermann Sprüngli seinen Übernamen «Seitensprüngli» diesen «Löchli»-Treffs verdankt. Sicher ist nur, dass seine Ehefrau dafür Verständnis zeigt. Und manch ein Teilnehmer würde sogar einen Eid darauf schwören, dass Gertrud Sprüngli-Blumer dasselbe Prädikat durchaus auch für sich selber beanspruchen könnte.

Dieser fröhliche Mittagstisch gehört längst der Vergangenheit an. Dort, wo seinerzeit Trudy Sprüngli am Tischende gesessen und es auch beim anregendsten Gespräch nie versäumt hat, jeden neueintretenden Gast mit einem kurzen Kopfnicken zu begrüssen, stehen heute drei Telefonzellen. Mit Richard Sprüngli, der gegenwärtig das Geschäft führt, hält wieder nüchterne Geschäftigkeit Einzug am Paradeplatz. Um die Mittagszeit ist jeder einzelne Tisch pedantisch gedeckt und bedient wird nur, wer auch zu speisen gewillt ist. Wenn ein Gast nachmittags um vier einen Cappuccino ordern will, wird er von einer resoluten Bedienung darauf hingewiesen, dass um diese Zeit nur kännchenweise Kaffee ausgeschenkt wird, und wem das nicht behage, der müsse eben mit der Bar vorlieb nehmen. Heutzutage geht ohnehin kein Mensch mehr zu Sprüngli am Paradeplatz, um mit dem Herrn des Hauses an einem Tisch zu sitzen, sondern ausschliesslich wegen dem Genuss der Confiserie-Produkte.

Damit Richard Sprüngli dieses Juwel von einer Confiserie überhaupt erben darf, muss seine Mutter, die Römerin Gina Sprüngli geborene Baldassarri, ein persönliches Opfer bringen, das ihr sehr nahe gegangen sein muss. Die Italienerin, die in die traditionsbewusste Schokoladedynastie Sprüngli eingeheiratet hat, beugt sich im Jahre 1948 der Familienräson und lässt ihren damals 36jährigen Sohn Richard von dem kinderlos gebliebenen Hermann Sprüngli-Blumer, dem Bruder ihres Mannes, adoptieren. Auf diese Weise wird die Nachfolge am Paradeplatz gesichert und wohl auch einiges an Erbschaftssteuer gespart. Und im Jahre 1956, als Hermann Sprüngli während eines Skiurlaubs in Arosa an einem Herzschlag stirbt, tritt Richard Sprüngli sein Erbe an.

Gina Sprüngli-Baldassarri, deren Ältester nun an der Spitze der stadtbekannten Confiserie am Paradeplatz steht, führt das betuliche Leben einer Fabrikantengattin. Wenn die Zünfter zur Schiffleuten, bei denen selbstverständlich auch Ehemann «Robi» dabei ist, zu einem Ausflug beispielsweise zu den Schlachtfeldern von Morgarten oder Sempach aufbrechen, und auch Frauen zugelassen sind, reist Gina natürlich mit. Und als zu Kriegszeiten die Frauen der Zunftbrüder angefragt werden, ob sie nicht für die an den Grenzen stehenden Soldaten Socken stricken könnten, hat Gina Sprüngli auch dafür ein Herz. In Kilchberg bewohnt sie mit ihrem Mann Robert an der Alten Landstrasse 37 ein stattliches Haus, das wohl in Erinnerung an ihre Römer Herkunft «Villa Colonna» getauft wird. Auf beiden Seiten des Entrées steht je eine Säule. Rechts von der Haustür befindet sich ein geräumiges Wohnzimmer, an das sich das Esszimmer anschliesst. Auf der Seeseite gibt eine vorgelagerte, gedeckte Veranda den Blick frei auf den Zürichsee. Auf dieser Veranda, auf der das Licht ungehindert hineinströmt und zahlreiche Topfpflanzen wachsen, pflegen Sprünglis, wenn Gäste im Hause sind, den Tee einzunehmen. Im Wohn- und Esszimmer herrscht hingegen eine eher düstere Atmosphäre. Schwere Vorhänge verstellen die ungehinderte Sicht ins Freie, an den Wänden dunkle Tapeten und schwere Möbel aus massivem Holz, die Böden bedecken Perserteppiche. Im Wohnzimmer fällt ein burgundischer «Weinkennerorden» ins Auge, der den Hausherrn als Mitglied der «Chevaliers du Tastevin» ausweist, «Robi» Sprünglis ganzer Stolz.

Während nun also der eine in diesem Haus aufgewachsene Sohn Confiseur am Paradeplatz ist, kämpft der andere, Rudolph Sprüngli, um seinen Aufstieg in der Fabrik. Im Jahre 1947, als dieser in Kilchberg zu wirken beginnt und im selben Jahr Elisabeth Halter, die Tochter eines wohlhabenden Zürcher Bauunternehmers heiratet, herrschen in und um die Chocoladefabriken Lindt & Sprüngli AG noch übersichtliche Verhältnisse: Die Firma verfügt über ein Aktienkapital von eher bescheidenen drei Millionen Franken, erwirtschaftet einen Reingewinn von haargenau 295 613 Franken und zahlt seit Jahren jedem Aktionär 30 Franken Dividende. Der Aktionärskreis ist noch so überblickbar, dass die 64 Aktionäre an der Generalversammlung bequem im Restaurant des Zürcher Hauptbahnhofs Platz finden. Und auch in der Geschäftsleitung ist die Familie Sprüngli weitgehend unter sich: Josef Friedrich Voltz, der Schwiegersohn von Fabrikgründer Sprüngli-Schifferli, amtet noch immer als Delegierter, David Sprüngli-Haubensak, der Sohn, ist Direktor, ebenso wie Robert Sprüngli-Baldassarri, der Vater des aufstrebenden Rudolph Sprüngli. Und als Vizedirektoren haben mit Peter und Jürg Jegher bereits Vertreter der fünften Generation in der Geschäftsleitung Einzug gehalten. Einziger Familienfremder ist Direktor und Verkaufschef Arthur Weber. Und Rudolph Sprüngli, der ehrgeizige Newcomer, beschäftigt sich in dieser Zeit mit Reklame für Lindt-Schokolade.

Im Jahre 1949, als die Geschäftsleitung der Lindt & Sprüngli AG innerhalb von nur 48 Tagen ihre zwei wichtigsten, beide dem Fabrikzweig angehörenden Köpfe verliert, bricht in der Unternehmensführung akute Personalnot aus: Am 7. Januar, kurz nachdem er im Geschäft einen Schwächeanfall erlitten hatte, stirbt der technische Direktor David Sprüngli-Haubensak im Alter von 75 Jahren; und am 24. Februar tritt Josef Friedrich Voltz, mit knapp Achtzig auch nicht mehr der Jüngste, von den Ämtern des Delegierten und Verwaltungsratspräsidenten zurück. Übrig bleibt eine nur noch vierköpfige Führung: Die beiden noch jungen, dem Fabrikstamm angehörenden Peter und Jürg Jegher, der familienfremde Arthur Weber sowie Rudolph Sprünglis Vater Robert, der seinerzeit eher aus beruflicher Unentschlossenheit denn aus Berufung in die Fabrik eingetreten war.

Nun, wo zum zweiten Mal in der fünfzigjährigen Geschichte der Kilchberger Fabrik kein direkter Nachkomme des Fabrikgründers Sprüngli-Schifferli bereitsteht, um die oberste Leitung zu übernehmen, springen nicht Schwiegersöhne ein, sondern der der Confiserielinie entstammende Robert Sprüngli-

Baldassarri. Und unter dessen Direktionsvorsitz macht auch der Sohn Rudolph schnell Karriere. Als am 19. Februar 1953 der Verwaltungsrat zur Kenntnis nimmt, dass Verkaufschef Arthur Weber seine Tätigkeit auf vier Tage die Woche beschränken will, wird im Protokoll schriflich festgehalten: «Es wird daher notwendig, dass Rudolph R. Sprüngli sich in die Tätigkeit des Verkaufschefs einarbeitet. Man ist der Meinung, dass der Verkehr mit der Kundschaft dadurch gefördert werden kann, wenn die massgebenden Herren, mit denen die Kunden zu verkehren haben, Direktoren oder Vizedirektoren sind.» Noch in der gleichen Verwaltungsratssitzung wird der 32jährige Rudolph Sprüngli zum Vizedirektor ernannt.

Im Jahre 1956 tritt ein Mann in die Chocoladefabriken Lindt & Sprüngli ein, der nach den in der Familie Sprüngli so tief verwurzelten dynastischen Gesetzmässigkeiten eigentlich dazu auserwählt sein sollte, eine hervorragende Rolle innerhalb der Fabrik zu spielen: Hans Rudolf Sprüngli, Doktor der Jurisprudenz. Und was fast wichtiger ist, einziger Enkel des Fabrikgründers, der noch den Namen Sprüngli trägt, Sohn des vor wenigen Jahren verstorbenen David Rudolf Sprüngli-Haubensak. In den ersten Monaten seiner Tätigkeit als Rechtskonsulent der Lindt & Sprüngli AG hat Hans Rudolf in Josef Friedrich Voltz, dem grossen alten Mann im Verwaltungsrat und so etwas wie dem Hüter der Familientradition, noch durchaus einen Mentor, der darauf hinarbeitet, dass auch innerhalb der fünften Generation sich eine Geschäftsleitung herausbilden kann, in der Platz ist für mehrere Mitglieder der Familie. Zwar tendiert auch Voltz dazu, im ehrgeizigen, mit gutdotierten Ellbogen ausgestatteten Rudolph Sprüngli den zukünftigen Firmenleiter zu sehen, jedoch lediglich als Primus inter pares.

Das sieht dieser freilich anders. Nachdem die Confiserie schon frühzeitig an den Bruder Richard gegangen war und Rudolph Sprüngli damit niemals eine Chance gehabt hätte, innerhalb des eigenen Familienzweiges Karriere zu machen, aspiriert dieser nun auf die alleinige Leitung in der Fabrik. Als Voltz im Jahre 1957 als 88jähriger aus dem Verwaltungsrat austritt und im sonnigen Tessin seine letzten Lebensjahre verbringen will, ist plötzlich niemand mehr da, der dem 30jährigen, eher zartbesaiteten Hans Rudolf unter die Arme greifen könnte. Dass er unerwünscht ist in der von seinem eigenen Grossvater gegründeten Fabrik, bekommt der Rechtskonsulent auch postwendend zu spüren: Als er sein Rechtsanwalts-Diplom in seinem Büro aufhängen will, erntet er den bissigen Kommentar seines Vetters Rudolph, dass dies hier keine Juristenpraxis sei, sondern eine Schokoladefabrik.

Nur kurze Zeit später potenziert sich die Hausmacht des wenig kooperativen Rudolph Sprüngli: Dessen Vater Robert Sprüngli-Baldassarri wird 1958 zusätzlich zum Amt des Delegierten zum Präsidenten des Verwaltungsrates ernannt; Vater und Sohn sind nun das nahezu allein bestimmende Gespann innerhalb der Fabrik. Zusammen besprechen sie die anstehenden Probleme, der Sohn formuliert für den spachlich wenig beschlagenen Vater die Ansprachen zu den Generalversammlungen. Der ohne Lobby dastehende Hans Rudolf wird innerhalb der Firma rasch isoliert: Als 1961 eine Statutenrevision durchgeführt wird, wird der hauseigene Rechtskonsulent Hans Rudolf Sprüngli nicht in diese Pläne eingeweiht; die juristischen Vorarbeiten besorgt ein auswärtiger Jurist. Wie schon der Grossvater Sprüngli-Schifferli gegenüber den Lindts, weicht nun auch der Enkel Hans Rudolf angesichts der bestehenden Kräfteverhältnisse zurück. Ein lapidarer Eintrag vom 12. Juni 1961 im Zürcher Handelsregister dokumentiert den Austritt des letzten direkt auf den Fabrikgründer zurückgehenden Sprüngli aus dem Kilchberger Unternehmen: «Die Prokura von Hans Rudolf Sprüngli ist erloschen.»

Als Robert Sprüngli-Baldassarri am 18. Mai 1962 76jährig stirbt und mit ihm der letzte Sprüngli aus der vierten Generation von der Bildfläche verschwindet, bricht unter den Erben der Machtkampf aus. Die Fronten in dem nun einsetzenden Power Play verlaufen entlang der Familienzweige. Auf der einen Seite die Vertreter des Fabrikstammes Peter und Jürg Jegher, beide seit über einem Dutzend Jahren Geschäftsleitungsmitglieder im Direktorenrang, auf der anderen der vor noch nicht einmal einem Jahrzehnt zum Vizedirektor ernannte Rudolph Sprüngli, der allerdings einen möglicherweise entscheidenden Trumpf in Händen hält: Er ist der einzige in der Geschäftsleitung Verbliebene, dessen Nachname auf Sprüngli lautet. Am 12. Juni 1962, nur einen knappen Monat nach dem Tod von Sprüngli-Baldassarri, tritt der Verwaltungsrat der Lindt & Sprüngli AG zu einer entscheidenden internen Sitzung zusammen. Es geht um die Frage, ob «wir grundsätzlich den Posten eines Vorsitzenden der Direktion schaffen wollen.» Stimmen die Aufsichtsräte dieser Frage zu, wäre das der Bruch einer über 60jährigen Tradition im obersten Führungsgremium der Chocoladefabriken Lindt & Sprüngli AG. Bislang hatte sich die Geschäftsleitung als ein im kollektiven Geiste einer Familiengesellschaft operierendes Führungsorgan verstanden, das die Direktoren und Vizedirektoren der Firma umfasst und den Titel eines Delegierten nur jenen Direktoren zubilligt, die in den Verwaltungsrat aufgenommen werden. Der Kopf der Geschäftsleitung hat sich also, zumindest auf dem Papier, immer nur als Primus inter pares verstanden.

Als an diesem 12. Juni 1962 darüber abgestimmt wird, ob es in Zukunft einen Vorsitzenden der Direktion geben soll, sind vier Verwaltungsräte dafür und nur zwei dagegen. Positiv entscheiden sich der Vizepräsident Fritz Jaeggli-Feer, ein seit Jahren mit der Familie Sprüngli befreundeter Mann, der früher eifrig am «Löchli»-Stamm in der Confiserie teilgenommen hatte, und auch Richard Sprüngli, Bruder von Rudolph und Besitzer der Confiserie am Paradeplatz sowie die Verwaltungsräte Meyer-Schulthess und Weilenmann. Dagegen spricht sich Arthur Weber aus, der seinerzeit von Josef Friedrich Voltz als

Verkaufschef eingestellt worden war und sich diesem wohl auch verpflichtet fühlt und auch der in Zürich tätige Treuhänder Simon Jegher, der jüngere Bruder der beiden gleichnamigen Direktoren. Als das Verwaltungsgremium anschliessend zu der alles entscheidenden Abstimmung schreitet, wer denn das neugeschaffene Amt bekleiden soll, ergibt die Wahl folgendes Bild: Für Rudolph Sprüngli sprechen sich Jaeggli-Feer, Richard Sprüngli, Meyer-Schulthess und Weilenmann aus; Simon Jegher gibt die Stimme seinem Bruder Peter und Arthur Weber enthält sich der Wahl. Letzterer lehnt im Jahre 1965 eine Wiederwahl in den Verwaltungsrat ab.

Damit ist der Machtkampf entschieden. Der Confiseriestamm hat über den Fabrikzweig obsiegt; der 42jährige Vizedirektor Rudolph Sprüngli hat sich an den beiden rund zwei Jahrzehnte älteren Direktoren Jegher vorbei zum Vorsitzenden der Direktion aufgeschwungen. Doch das genügt dem neuen starken Mann der Chocoladefabriken Lindt & Sprüngli AG noch nicht. Der Direktionsvorsitzende, der sich des Werts des eigenen Nachnamens durchaus bewusst ist und im privaten Kreis schon einmal durchblicken lässt, dass für ihn die Jeghers in der Sprüngli-Fabrik nur eine vorübergehende Erscheinung seien, will diesen Familienast endgültig aus der Firma verbannen. Er verfügt, dass Direktoren zukünftig mit dem 65. Altersjahr in Pension zu gehen hätten und hat damit vor allem zwei Personen im Auge: Peter Jegher, Jahrgang 1901 und Jürg Jegher, Jahrgang 1903. Auch dieser Schritt ist ein Bruch mit der Vergangenheit. Rudolf Sprünglis Vorgänger in der Direktion sind allesamt hochbetagt aus Amt und Würden geschieden, oft genug erst mit dem Tod: Stünzi hatte mit 79 demissioniert, Voltz mit 80; Sprüngli-Haubensak war 75jährig im Amte gestorben, dasselbe Schicksal hatte Sprüngli-Baldassarri mit 76 ereilt.

Am 6. April 1967 trifft diese Altersguillotine Peter Jegher und noch im selben Jahr bekommt Rudolph Sprüngli einen weiteren schmucken Titel verliehen. Am Tag vor Heiligabend versammelt sich der Verwaltungsrat um 9.15 Uhr im Verwaltungszimmer der Fabrik und der Präsident Fritz Jaeggli-Feer beantragt dem Gremium, dass Rudolph Sprüngli rückwirkend auf den 6. April 1967 der Titel «Direktionspräsident und Delegierter des Verwaltungsrates» verliehen werden soll. Einstimmig wird dies beschlossen. Als am 31. März 1969 mit Jürg Jegher auch der letzte noch aktive Spross des Fabrikstammes in Pension geht, ist Sprüngli an seinem Ziel angelangt. Kein Jegher hat seither mehr die Fabrik betreten. Eine Photographie aus dieser Zeit dokumentiert den innert zwei Jahrzehnten erfolgten Aufstieg des Rudolph R. Sprüngli bis ganz an die Spitze der Kilchberger Fabrik: Der Direktionspräsident, in Unternehmerpose stehend an seinem Schreibtisch, gekleidet in konservativ-dunklem Business-Look, im Gesicht eine schwere schwarze Hornbrille. Rechts und links von ihm, in Holz gefassten Vitrinen zur Schau gestellt, die besten Stücke seiner Sammelpassion: wertvolle Chocolatièren. Wenn sich frühere Geschäftsleitungen des Unternehmens von einem Photographen für die Nachwelt hatten verewigen lassen, ist stets ein Familienphoto zustande gekommen. Jetzt ist es nur noch ein Einzelner, der vor der Kamera steht: Rudolph Sprüngli.

Als wäre bei dem nun allein an der Spitze der Chocoladefabriken Lindt & Sprüngli AG stehenden Mann doch noch so etwas wie ein leiser Legitimationszwang vor der Geschichte der eigenen Familie zurückgeblieben, inszeniert Sprüngli im April 1970 einen gigantischen öffentlichen Festakt rund um die Firma, deren Direktionspräsident er nun ist. Als Anlass dient die Tatsache, dass Sprünglis Urgrossvater Rudolf Sprüngli-Ammann gemäss der Überlieferung vor genau 125 Jahren in einem Hinterzimmer der väterlichen Confiserie an der Zürcher Marktgasse erstmals Schokolade gefertigt hatte. Zum Auftakt der Festlichkeiten lässt Sprüngli am 15. April auf sämtlichen Gräbern der Vorfahren, die auf den Friedhöfen in Zürich, Bern, Kilchberg und Rüschlikon verstreut liegen, zeitgleich Kränze niederlegen. Am Grab seiner eigenen Eltern lauscht vormittags um elf Uhr die versammelte Geschäftsleitung sowie der Verwaltungsrat andächtig der Ansprache von Rudolph Sprüngli.

Die Schuljugend sowie die Pensionierten der Gemeinden Kilchberg und Rüschlikon dürfen am 29. April auf Kosten der Firma eine Vorstellung des Zirkus Knie besuchen und haben wohl nicht schlecht gestaunt als plötzlich ein Elephant in die Manege trabt, auf dessen breitem Rücken der Direktionspräsident Ruedi Sprüngli höchstpersönlich sitzt und die verdutzten Zuschauer begrüsst. Sprüngli ist freigiebig in diesem Jubiläumsjahr: 26 VW-Käfer verschenkt er an ebensoviele Krankenschwestern aus Schweizer Bergdörfern; die Gemeinde Kilchberg erhält eine neue Gemeindeglocke, damit, so die offizielle Begründung, sich der (männliche) Gemeindepräsident auch nach dem kurz zuvor eingeführten Frauenstimmrecht an den Versammlungen Gehör verschaffen kann. Jeder einzelne Kilchberger Haushalt wird mit einem Schokolade-Präsent überrascht.

Wenn sich Rudolph Sprüngli auch an dieser «wohl denkwürdigsten Veranstaltung, die Kilchberg je gesehen hat», so das Gemeindeblatt, feiern lässt als Kinderfreund, als sozialer Unternehmer, als freigiebiger, in Dorfgemeinschaft wie Familientradition tief verwurzelter Firmenchef, so sind die Verhältnisse in der Fabrik trotzdem noch nicht so, wie sie sich der Direktionspräsident wünscht. Anders als in der Geschäftsleitung haben im Verwaltungsrat, dessen Mitglied Rudolph Sprüngli seit 1965 ist, neben dem Direktionspräsidenten auch andere Familienmitglieder noch immer starken Einfluss. Das sollte sich in den kommenden Jahren grundlegend ändern.

Nur ein Jahr nachdem die hübschen Festlichkeiten zu Ende gegangen sind, kommt es im Verwaltungsrat zu einem unüberbrückbaren Zerwürfnis zwischen den Brüdern Richard, dem Confiseur, und Rudolph, dem Fabrikchef. Letzterer will, vor allem seit 1964 das Aktienkapital auf acht Millionen Franken verdoppelt worden war, forciert expandieren und beispielsweise auch in Deutschland Lindt-Schokolade fertigen. Für den auf Übersichtlichkeit und Schweizer Qualität pochenden Gewerbler Richard ist diese Vorstellung ein Greuel; aus seinem Munde fällt das Wort «Zweitklassschokolade». Der Streit endet damit, dass dieser 1971 als Verwaltungsrat abrupt zurücktritt. Erstmals in der über siebzigjährigen Geschichte der Chocoladefabriken Lindt & Sprüngli AG sitzt nun kein Vertreter der Confiserie Sprüngli mehr im Verwaltungsrat der Fabrik. Dieser Bruch mit der Tradition wird im Geschäftsbericht mit keinem Wort erwähnt.

Doch es dürfte mehr sein als lediglich eine Divergenz unter Schokoladefachleuten, was da unter den Brüdern Sprüngli mit Urgewalt aufbricht. Hier werden wohl ältere Rechnungen beglichen. Zwischen Richard und dem um vier Jahre jüngeren Rudolph hat schon von Jugend an die Konkurrenz gespielt. Und öfter war der Ältere ein Quentchen schneller am Ziel. Richard hatte mit der Adoption durch den Confiseur Sprüngli-Blumer im Jahre 1948 seine berufliche Zukunft bereits gesichert, als Rudolph sich in der Fabrik mit vergleichsweisen Nebensächlichkeiten wie Reklamefragen herumzuschlagen hatte. Als Rudolph in den noblen Zürcher Rotary-Club aufgenommen werden will, sitzt dort bereits Richard und gibt dem jüngeren Bruder zu verstehen, dass ein Sprüngli im zahnradgeschmückten Club der Limmatstadt ja wohl genügen würde. Rudolph weicht aus aufs Land und gründet am 16. Mai 1960 mit dem Rotary-Club Thalwil seinen eigenen Verein. Bei den Zunftbrüdern zur Schiffleuten werden Richard und Rudolph zwar im Jahre 1939 gemeinsam aufgenommen, doch Karriere macht in diesem Männerbund nur einer: Richard wird 1958 Zunftmeister; 1976 gar Ehrenzunftmeister.

In den Chocoladefabriken Lindt & Sprüngli AG ist Rudolph Sprüngli nun jedoch ohne jede Konkurrenz. Noch im selben Jahr als Richard im Streit den Verwaltungsrat verlässt, wird Rudolph zu dessen Präsidenten ernannt und bekleidet somit alle Spitzenämter der Fabrik in Personalunion: Direktionspräsident, Delegierter, Verwaltungsratspräsident. Den vakanten Stuhl im Aufsichtsrat besetzt Sprüngli mit einem Mann seines Vertrauens: Martin Hürlimann, Spross der gleichnamigen Zürcher Brauerfamilie.

Am 11. Januar 1980 stirbt der Vizepräsident des Verwaltungsrates der Lindt & Sprüngli AG. Mit Simon Jegher, der sich seinerzeit der Ernennung von Rudolph Sprüngli zum Direktionspräsidenten widersetzt hatte, verschwindet der letzte Exponent des Fabrikzweiges aus dem obersten Führungsgremium der Gesellschaft. Als mit Hans Rudolf Sprüngli, der vor Jahrzehnten kurz als Rechtskonsulent in der Firma tätig gewesen war, der letzte überhaupt noch in Frage kommende Vertreter dieses Familienzweiges auf die Nachfolge spekuliert, pariert Rudolph Sprüngli diesen nach den dynastischen Gesetzmässigkeiten durchaus legitimen Anspruch auf seine Weise: Er belässt den verwaisten Verwaltungsratssessel unbesetzt und erstickt allfällige Kritik aus der Familie dadurch, dass er den Cousin aus der Confiserielinie, Max Ammann-Grimm, nach über einem Jahrzehnt im Verwaltungsrat nun zum Vize aufsteigen lässt. Und als dieser zwei Jahre später zurücktritt und dessen Sohn Peter Ammann Aspirationen auf einen Verwaltungsratssitz entwickelt, ignoriert Sprüngli auch diesen Wunsch und schlägt der Generalversammlung stattdessen den Zuger Wirtschaftsanwalt Kurt Reichlin zur Wahl vor. Als dieser 1982 gewählt wird, ist Rudolph Sprüngli nicht nur in der Geschäftsleitung, sondern auch im Verwaltungsrat der einzige Vertreter der Schokoladedynastie Sprüngli. Ein Novum in der Geschichte der Chocoladefabriken Lindt & Sprüngli AG: In der dritten Generation hatten noch drei Sprünglis in Verwaltungsrat und Geschäftsleitung gewirkt, in der vierten deren sechs, in der fünften deren fünf.

Mit der Generalversammlung vom 22. April 1982, als die Amtsperiode von Max Ammann-Grimm endet und mit ihm der letzte Familienvertreter aus dem Unternehmen ausscheidet, steht Rudolph Sprüngli an der Spitze eines kleinen aber feinen Schokoladereiches, das neben der Kilchberger Fabrik Zweigniederlassungen in Chur (Chocolat Grison AG) und Olten unterhält, über Beteiligungsgesellschaften in England, Frankreich sowie Italien verfügt und in Deutschland durch einen Lizenznehmer Schokolade fertigen lässt. Weltweit setzt das Unternehmen mit der Marke Lindt 585 Millionen Franken um; in der Kilchberger Fabrik werden inzwischen über tausend Mitarbeiter beschäftigt, die für 191,2 Millionen Franken Schokolade und Confiserie-Produkte herstellen.

In Kilchberg ist Rudolph Sprüngli nun der ungekrönte Schokoladekönig. Unvermittelt kommt er zu einem grossen Auftritt, der ihm auch ausserhalb des Erbes seiner Väter zu Prestige verhilft und aufsteigen lässt im Verwaltungsrat jener Bank, die einst bei der Gründung der Chocolat Sprüngli Aktiengesellschaft Pate gestanden hatte.

VI

Der grosse Auftritt

*Wie ein Schokoladefabrikant seiner Hausbank in einem
Millionenskandal zu Hilfe eilt, über Rücktritte und Beförderungen
von Bankmanagern richtet und als Dank ins oberste Amt gewählt
wird, das das Geldhaus einem Aussenstehenden vergibt*

Der 2. Mai 1977 ist ein ganz gewöhnlicher Tag. Nichts Aufsehenerregendes geschieht. Der Bundesrat beschliesst, den Eidgenössischen Räten die Einführung der Sommerzeit per 1978 zu beantragen, in Bern wird zu Beginn der Sommersession die CVP-Nationalrätin Elisabeth Blunschy zur Nationalratspräsidentin gewählt, der Zürcher Kantonsrat stimmt einer Motion zum Verbot von Geldspielautomaten zu und in München wird der Bayern-Spieler Franz Beckenbauer zum Transfer zu New York Cosmos freigegeben. Das Thermometer klettert auf 18,9 Grad Celsius und in der Zürcher Bahnhofstrasse flanieren die Menschen nach einer verregneten Woche unter den ersten Sonnenstrahlen. Kaum einer nimmt Notiz von den zwanzig Herren in diskretem Business-Look, die fast zeitgleich zielsicheren Schrittes das Barockgebäude am Paradeplatz 8 ansteuern und im Hauptsitz der Schweizerischen Kreditanstalt verschwinden. Und doch sind darunter bekannte Gesichter des schweizerischen Wirtschaftsestablishments: Max Schmidheiny, Kopf der ehrwürdigen Ostschweizer Industriellenfamilie, Max E. Eisenring, VR-Präsident der Schweizerischen Rückversicherungs-Gesellschaft, Peter Dätwyler, VR-Vize der Dätwyler Holding, Ciba-Konzernchef Samuel Koechlin, Swissair-Chef Armin Baltensweiler, alt-Bundesrat Nello Celio, BBC-Chef Piero Hummel und Rudolph R. Sprüngli, Präsident der

Chocoladefabriken Lindt & Sprüngli AG. Sie alle sitzen im Verwaltungsrat der Schweizerischen Kreditanstalt.

Auf diesen 2. Mai 1977 hat SKA-Präsident Oswald Aeppli eine dringliche ausserordentliche Sitzung des Gesamtverwaltungsrates einberufen. Die Lage ist ernst, sehr ernst. Bereits am 14. April hat die Generaldirektion der SKA per Telex eine vierzehnzeilige Pressemitteilung in Umlauf gesetzt, in der es unter anderem heisst: «Untersuchungen der internen Revisionsorgane haben ergeben, dass bei einem ausländischen Grosskunden der Filiale Chiasso – einer Finanzholding (namens Texon, R.L.) mit verschiedenen Beteiligungen in Europa und Übersee – Rentabilitäts- und Liquiditätsprobleme bestehen, deren Vorhandensein durch die dortige Filialdirektion unter massiver Verletzung ihrer Sorgfaltspflichten und Kompetenzen seit längerer Zeit verheimlicht wurden. Der Bank dürfte daraus voraussichtlich ein erheblicher Verlust erwachsen.» Die Chiasso-Affäre, der grösste Bankenskandal, den die Schweiz je gesehen hat, ist geplatzt und die Presse läuft Sturm: «Millionenskandal bei der Kreditanstalt!», titelt die kurz zuvor gegründete, Migros-eigene Boulevardzeitung «TAT» am 15. April; etwas zurückhaltender überschreibt der Zürcher «Tages Anzeiger» eine 32-Zeilen Meldung auf der Frontseite: «Neue Bankenaffäre im Tessin».

Die SKA-Verwaltungsräte, die dem dringlichen Ruf von Präsident Aeppli nach Zürich gefolgt sind, stehen unter enormem Druck. Im Tessin droht die Situation für die SKA unkontrollierbar zu werden. Paolo Bernasconi, ein knapp 35jähriger Magistrat, der so harmlos aussieht wie ein Konfirmand im ersten Anzug, hat das bislang Undenkbare gewagt. Der Staatsanwalt des Sottoceneri hat am 24. April 1977 die drei SKA-Direktoren in Chiasso, Ernesto Kuhrmeier, Claudio Laffranchi und Meinrad Perler wegen Vedachts auf ungetreue Geschäftsführung und Urkundenfälschung in Untersuchungshaft gesetzt. Die öffentlich diskutierten Verlustsummen erhöhen sich mit jedem Tag: 250, 500, 750 Millionen Franken könne der Abschreiber aus den Texon-Geschäften für die SKA leicht betragen, heisst es in der Zürcher Bahnhofstrasse. Die aggressiv recherchierende «TAT» bringt die peinliche Angelegenheit auf eine griffige Kurzformel: «SKAndal». Tags darauf, am 25. April, verbreitet die Schweizerische Nationalbank telefonisch eine Mitteilung: «Auf Einladung der Schweizerischen Nationalbank sind die drei Grossbanken (SKA, SBG, SBV) heute zusammengekommen, um die Probleme zu besprechen, welche sich im Zusammenhang mit den unlauteren Machenschaften der Filiale Chiasso der Schweizerischen Kreditanstalt für die Börse und den Geldmarkt ergeben könnten. Die Schweizerische Nationalbank, der Bankverein und die Bankgesellschaft haben sich im Rahmen dieser Aussprache spontan bereit erklärt, der Schweizerischen Kreditanstalt für den Bedarfsfall Kredite von insgesamt drei Milliarden Franken anzubieten.» Der Bankenplatz Schweiz fürchtet um seine Reputation, genauso wie die Kreditanstalt. Aufgeschreckt über die Höhe der Summe, lehnt die SKA das Angebot, weil «nicht nötig», ab. Die noch junge «TAT», die den Fall Chiasso zum Testfall der eigenen journalistischen Wetterfestigkeit gemacht hat, titelt: «SKAndal: Jetzt zittern die Gnomen».

Was SKA-Präsident Aeppli seinen Verwaltungsratskollegen an besagtem 2. Mai zur Eröffnung der Krisensitzung mitzuteilen hat, ist also wenig erfreulich. Der Präsident fasst den Stand der Ermittlungen zusammen. Ernesto Kuhrmeier, Hauptdirektor der SKA-Filiale Chiasso und sein Vize Claudio Laffranchi haben während Jahren italienisches Fluchtgeld über die Schweizer Grenze geschafft und es statt im Euromarkt bei erstklassigen Banken in der eigens dafür gegründeten Finanzgesellschaft Texon in Vaduz angelegt. Die zusammen mit dem befreundeten Anwaltsbüro Maspoli & Noseda von Kuhrmeier 1961 gegründete Texon legt die treuhänderisch und mit einer Garantie der SKA versehenen Gelder, insgesamt rund 2,2 Milliarden Franken, als Investitionen wieder in Italien an. Die Texon, eine Bank in der Bank, beteiligt sich auf diesem Weg an weit über hundert Gesellschaften. Als der Kurs der Lira in den Keller saust und der Strom der Fluchtgelder aus Italien spärlicher fliesst, bricht bei der Texon schlagartig ein Liquiditätsengpass in Höhe von hunderten von Millionen Franken auf. Schliesslich platzen die Spekulationsgeschäfte wie eine fett gewordene Seifenblase. In den Augen der Zürcher Generaldirektion allerdings, so wird den Verwaltungsräten versichert, ist die Texon immer bloss eine Finanzgesellschaft des Anwaltsbüros Maspoli & Noseda gewesen.

Im Verwaltungsratszimmer der SKA wird hitzig diskutiert. Die Lage ist prekär. Am Tage der VR-Sitzung wird bekannt, dass Denner-Chef und SKA-Aktionär Karl Schweri die Eidgenössische Bankenkommission ultimativ aufgefordert hat, die Geschäftsführung der Bank durch eine unabhängige Revisionsgesellschaft überprüfen zu lassen, andernfalls will der streitbare Schweri seinem Ansinnen durch die Einberufung einer ausserordentlichen Generalversammlung Nachdruck verleihen. Der SKA droht durch Druck von aussen das Heft aus der Hand genommen zu werden. Bereits werden Befürchtungen laut, vor den Schaltern der Tessiner Filialen könnten sich Menschenschlangen wütender Kunden bilden, die ihre Einlagen einfordern – ein Alptraum für jeden Banker.

Gefordert sind nun die Verwaltungsräte. Der Schaden, darin sind sich alle einig, muss begrenzt werden. Über das Wie wird im Aufsichtsgremium heftig debattiert. Schliesslich setzt sich die Ansicht durch, eine Sonderkommission des Verwaltungsrates einzusetzen, die «den Fall Chiasso und insbesondere die Angelegenheit Texon in völliger Unabhängigkeit und auf sämtlichen hierarchischen Stufen der Schweizerischen Kreditanstalt zu untersuchen hat». VR-Präsident Aeppli ist auf diesen Fall vorbereitet und legt ein bereits am 28. April verfasstes Pflichtenheft vor, das der Arbeit der Sonderkommission zugrunde gelegt werden soll. Darin heisst es unter anderem: «Der Verwaltungsrat setzt (...) eine Sonderkommission ein, mit dem

Auftrag zuhanden des Gesamtverwaltungsrates abzuklären, wer in der Angelegenheit Texon für absichtliches oder fahrlässiges Handeln oder Unterlassen eine Verantwortung zu tragen hat. Dabei ist der Zeitraum seit der Gründung der Texon bis in die Gegenwart zu überprüfen.» Insbesondere soll die Untersuchungskommission folgende Fragen abklären:

«1. Wer von den einzelnen Personen, die in irgendeiner Funktion zur Kreditanstalt gehören, namentlich bei der Filiale Chiasso, hat aktiv bei der Gründung der Texon und der mit ihr verwandten Gesellschaften, bei der Finanzierung und Abwicklung ihrer Geschäfte und bei der Verwaltung ihrer Beteiligungen mitgewirkt? Worin bestand diese Mitwirkung? Wurde sie vom Hauptsitz genehmigt und wurden die entsprechenden Vorschriften eingehalten?

2. Hat sich die Gesamtgeneraldirektion je mit der Texon befasst? Wer von den einzelnen Mitgliedern der Generaldirektion trug innerhalb der Gesamtgeneraldirektion die Verantwortung für die Filiale Chiasso und das Inspektorat sowie für andere Abteilungen, die Geschäfte mit der Texon abwickelten? Wie erfolgte die Überwachung der Filiale Chiasso durch das zuständige Mitglied der Generaldirektion?

3. Wer hat beim Hauptsitz, bei der Filiale Chiasso und allenfalls bei anderen Tessiner Filialen von den Geschäften der Texon gewusst oder wer hätte davon wissen müssen? Welche Hinweise über die Angelegenheit Texon sind bei den Verantwortlichen am Hauptsitz bekanntgeworden und welche Reaktionen haben allenfalls diese Hinweise bei den Verantwortlichen, namentlich bei der Geschäftsleitung oder einzelnen ihrer Mitglieder oder der zuständigen Abteilungen des Hauptsitzes, ausgelöst respektive welche Reaktionen hätte sie auslösen müssen?»

Ohne Ausnahme sind sich die SKA-Verwaltungsräte an diesem 2. Mai des Ernstes der Stunde bewusst. Ad hoc genehmigen sie das vorgefasste Pflichtenheft. Erst als es um die Wahl der

Mitglieder der Sonderkommission geht, harzt es. In dieser schweren Stunde sind Persönlichkeiten mit tadellosem Ruf gefragt, Exponenten des Wirtschaftsestablishments, die bereit sind, mit dem Gewicht ihrer Person der von allen Seiten unter Beschuss geratenen Schweizerischen Kreditanstalt aus dem Schlamassel zu helfen. Mehrere angefragte SKA-Verwaltungsräte lehnen eine aktive Mitwirkung jedoch dankend ab. In einer ersten Runde nehmen lediglich vier Mitglieder die Berufung in die Sonderkommission an:

– E. Luk Keller, Exponent des alten Zürcher Geldadels, Präsident, Delegierter des milliardenschweren Handelshauses Eduard Keller AG, zu dem auch die Diethelm und Co. AG gehört. Ein verschwiegener Mann, der zudem der wichtigsten publizistischen Stimme des Landes vorsteht. Keller sitzt seit Jahren im Verwaltungsrat der AG für die Neue Zürcher Zeitung und wird 1977 deren Präsident.

– Peter Schmidheiny, VR-Präsident der altehrwürdigen Zürcher Maschinenbaufirma Escher Wyss AG, Spross der Ostschweizer Industriellendynastie und Mitglied des Rotary Club Zürich, wo er beim wöchentlichen Lunch im Zürcher Carlton Elite Hotel regelmässig Sonderkommissions-Kollege E. Luk Keller trifft.

– Eberhard Reinhardt, ehemaliger Präsident der Generaldirektion der Schweizerischen Kreditanstalt und seit seiner Pensionierung Mitglied des Verwaltungsrates der Bank und als solcher ein SKA-Insider.

– Rudolph R. Sprüngli, Präsident und Delegierter der Chocoladefabriken Lindt & Sprüngli AG. Innerhalb des SKA-Verwaltungsrates gehört Sprüngli mit einem 145-Millionen-Stammhausumsatz und einem Weltumsatz von leicht über 400 Millionen Franken (1977) zu den unternehmerischen Leichtgewichten. Doch der Spross der traditionsbewussten Schokoladedynastie verkörpert so etwas wie die fleischgewordene Seriosität.

Erst in einer zweiten Runde gelingt es SKA-Verwaltungsratspräsident Aeppli, noch eine weitere prominente Persönlichkeit zur Mitarbeit in der Sonderkommission zu bewegen:

– Max E. Eisenring, VR-Präsident der Schweizer Rück, der grössten Rückversicherungsgesellschaft des Landes.

Im den frischernannten Kommissionsmitgliedern abgegebenen Pflichtenheft heisst es abschliessend: «Der Verwaltungsrat ersucht die Kommission, möglichst innert Monatsfrist einen schriftlichen Bericht mit Schlussfolgerungen und Anträgen zu Handen des Verwaltungsrates an dessen Präsidenten abzugeben.» Die Zeit drängt. Noch am selben 2. Mai wird als erster VR-Präsident Oswald Aeppli von der Sonderkommission einvernommen. Insgesamt 28 Personen müssen sich den Fragen der Kommissionsmitglieder Reinhardt, Keller, Sprüngli und Eisenring stellen. Peter Schmidheiny glänzt meist durch entschuldigte Abwesenheit. Quer durch alle Stufen werden SKA-Kaderleute zur Befragung aufgeboten. Besonderes Augenmerk richtet die Kommission jedoch auf die noch amtierenden SKA-Generaldirektoren Heinz R. Wuffli, seit rund einem Monat Präsident der Generaldirektion, Walter Fessler, Rainer E. Gut, und die stellvertretenden Generaldirektoren Hans Hartung und Robert A. Jeker.

Am 5. Mai 1977, vormittags um 10.30 Uhr wird Robert A. Jeker, stellvertretender Generaldirektor, vor die Sonderkommission geladen. Die Befragung verspricht brisant zu werden, schliesslich arbeitete Jeker in den 60er Jahren direkt unter Kuhrmeier in der Filiale Chiasso und hat auf dessen Veranlassung ein Verwaltungsratsmandat einer Firma aus Kuhrmeiers Schattenimperium Texon übernommen. Die Basler Revisionsgesellschaft Koreag, die nach dem Platzen der Affäre von der Eidgenössischen Bankenkommission mit der neutralen Überprüfung des Falles beauftragt worden war, stellt in einem ihrer Berichte zudem fest, dass Jeker in einem Fall einen Vergütungsauftrag der Texon an die SKA unterschrieben und fünf weitere visiert habe. In den Abschlussbericht schreibt die Koreag: «Im weiteren gilt es zu bedenken, dass von der Unterzeichnung von Vergütungsaufträgen nicht notwendigerweise auf Kenntnis von den Hintergründen des gesamten Geschäftes geschlossen werden darf. Sicher stellt die Abgabe einer derartigen Unterschrift ein Indiz für diese Kenntnisse dar, jedoch dürften gerade im Falle der Texon die Beteiligten häufig ohne Prüfung der näheren Umstände des Geschäfts gehandelt haben.» Die Frage lautet nun: Weiss Jeker um die Transaktionen, die über die Texon abgewickelt worden sind? Ist ein allfälliger Mitwisser Jeker auch mitverantwortlich für die Millionenverluste, die der SKA dadurch entstanden sind? Eberhard Reinhardt, der ehemalige Präsident der SKA-Generaldirektion, eröffnet die Befragung des «Kollegen» Jeker.

Eberhard Reinhardt: «Sind Sie mit Herrn Kuhrmeier befreundet oder verfeindet?»

Robert A. Jeker: «Ich habe in den Jahren 1964 bis 1966 bei der Filiale Chiasso gearbeitet. Nachher kehrte ich an den Hauptsitz zurück und wurde nachher nach Basel versetzt (Spalenberg). Auf die Generalversammlung 1976 wurde ich in die Generaldirektion berufen. In Chiasso war Kuhrmeier mein oberster Chef. Er hat mir später das Du angetragen.»

Reinhardt: «Welches ist Ihre persönliche Einschätzung von Kuhrmeier?»

Jeker: «Kuhrmeier war für mich bisher einer der brillantesten Bankiers. Er besitzt umfassende Kenntnisse in allen Bereichen des Bankgeschäftes. Für mich galt er als ausserordentlich tüchtig. In Italien galt er als *der* schweizerische Bankier. Er beurteilte die Leute nach meinem Empfinden eher zu gut. Es fiel ihm immer schwer, zu etwas einmal nein zu sagen.» (...)

Rudolph R. Sprüngli: «Die ganze Sache Chiasso wurde erst im März 1977 in der Gesamt-Generaldirektion besprochen?»

Jeker: «Vor dem 13. März 1977 wusste ich von der Angelegenheit und dem Ausmass des Texon Komplexes praktisch nichts. Ich fiel aus allen Wolken. Die Initiative, energisch die Abklärungen an die Hand zu nehmen, kam von mir aus in der Sitzung der Generaldirektion vom 15. März 1977. Ich habe Alarm geschlagen.»

Reinhardt: «Haben Sie die Texon wirklich nicht schon vorher gekannt?»

Jeker: «Die Texon als Klient der Filiale Chiasso war mir so bekannt, wie sie dem Büro ‹Niederlassungen› des Hauptsitzes bekannt war. Von den grossen Beteiligungen konnte ich nichts wissen, da sie meines Wissens erst nach meinem Austritt in Chiasso erworben wurden. Von fehlgeleiteten Kundengeldern wusste ich nichts. Als ich in Chiasso unter Kuhrmeier arbeitete, übernahm ich auf Verlangen Kuhrmeiers ein VR-Mandat in einer Salamifabrik (der Salumificio SA, Mailand, die zum Texon-Imperium gehörte, R.L.). Ich habe das Mandat niedergelegt, als ich nach Basel übersiedelte.» (...)

Reinhardt: «Haben Sie nach dem 15. März 1977 sich weiter in der Sache engagiert?»

Jeker: «Ich orientierte meine Kollegen und schlug Alarm. Dann war für mich die Sache erledigt. Als dann die ganze Angelegenheit aufflog, musste ich mich zwangsläufig mit vielen Fragen in dieser Sache beschäftigen.» (...)

Nach fünf Viertelstunden, um 11.45 Uhr beendet SKA-Mann Eberhard Reinhardt, der sich inzwischen zum informellen Kopf der Sonderkommission gemausert hat, die Befragung. Jeker ist glimpflich davongekommen. Harte Fragen, hartnäckiges Nachhaken sind weitgehend ausgeblieben. Damit ist diese Angelegenheit für Jeker freilich noch nicht ausgestanden. Tage nach der ersten Befragung wird publik, dass Jeker Ende der 60er Jahre über die Filiale Chiasso von der Texon einen persönlichen Kredit in Höhe von 300 000 Franken für den Bau eines neuen Hauses bezogen hatte. Am 10. Mai 1977, punkt 12 Uhr, wird Jeker von der Sonderkommission in höflichem, ja fast entschuldigendem Ton ob der neuerlichen Belästigung, um die Beantwortung einiger weiterer Fragen gebeten.

Eberhard Reinhardt: «Im Anschluss an die erste Befragung vom 5. Mai möchte ich Sie fragen, ob Sie nicht einmal ein grösseres Darlehen von der Texon erhalten haben. Es sind im Laufe der Untersuchung darauf Anspielungen gefallen.»

Jeker: «Ich weiss nicht mehr wann, circa 1969, als ich im «Spalenberg» war, habe ich in der Tat ein kurzfristiges, verzinsliches Darlehen erhalten. Die Konditionen lagen über denen der Personalkredite der Bank. Dieses Darlehen wurde von Herrn Kuhrmeier (…) von der Texon vermittelt. Es war wirklich recht kurzfristig und ich glaube es ist 1970 zurückbezahlt worden. Wenn ich mich an Herrn Kuhrmeier gewandt habe, so deswegen, weil er mein früherer Chef war und ich mit meinem neuen Chef, Herrn Straessle, nicht so gute Beziehungen hatte. Ich habe dann ja auch bezüglich von Herrn Straessle, Leiter der Filiale «Spalenberg», Unregelmässigkeiten aufgedeckt, bevor ich sein Nachfolger als Leiter von «Spalenberg» wurde. In meiner ersten Einvernahme habe ich dieses Darlehen nicht erwähnt, weil es mir wirklich gar nicht mehr präsent war. Es ist mir erst wieder ins Bewusstsein gedrungen, als ich am 6. Mai 1977 die Anfrage erhielt, ob das Darlehen bei der Texon zurückbezahlt sei.» (…)

Am selben Tag, als Jeker siedend heiss wieder einfällt, von wem er das 300 000-Franken-Darlehen für sein Privatdomizil erhalten hatte, erscheint um 16.15 Uhr Hans Hartung, stellvertretender Generaldirektor, zur Befragung vor die Sonderkommission. Für Rudolph Sprüngli ist dies eine pikante Situation. Mit Hans Hartung ist der Schokoladepatron seit Jahren geschäftlich aufs engste verbunden. Seit 1968 amtiert Hartung als Mitglied der Kontrollstelle der Chocoladefabriken Lindt & Sprüngli AG; als jahrelanger Hauptdirektor zuständig für das Kreditgeschäft in der Region Zürich hat Hartung für Sprüngli als Ansprechpartner der Hausbank fungiert. Mehr

noch: In den siebziger Jahren hat Rudolph Sprüngli Lindt &
Sprüngli-Aktien bei der SKA als Sicherheit für Kredite hinter-
legt, mit diesem Geld weitere Aktien aufgekauft und nicht
zuletzt dadurch seine Position in der Firma gegenüber anderen
Familienmitgliedern gestärkt. Auch diese Geschäftstätigkeiten
liefen mit höchster Wahrscheinlichkeit über Hans Hartung.
Am 24. April 1977, nicht einmal zwei Wochen bevor sich
Rudolph Sprüngli in die SKA-Sonderkommission berufen lässt,
wird die enge Geschäftsverbindung Sprüngli/Hartung auch für
Aussenstehende sichtbar: Zu diesem Datum wird Hartung auf
Betreiben des Patrons in seinen Verwaltungsrat aufgenommen.
Und nun sitzen am 6. Mai 1977 Rudolph Sprüngli und seine
Kommissionskollegen Hans Hartung gegenüber und wissen,
dass der SKA-Generaldirektor als Verwaltungsrat einer Gesell-
schaft fungiert hat, die zum Schattenimperium Texon des ver-
hafteten Ernst Kuhrmeier gehört. Die Frage lautet nun: Was
weiss Hartung über die Geschäfte der Texon? Ist der SKA-
Mann gar mitverantwortlich für die Millionenverluste, die der
SKA durch die Texon entstanden sind?

Eberhard Reinhardt eröffnet die Befragung. «Sind Sie mit
Herrn Kuhrmeier, Laffranchi oder Perler (den verhafteten SKA-
Direktoren der Filiale Chiasso, R.L.) befreundet oder verfeindet, so dass Sie sich nicht unabhängig fühlen und lieber nicht
aussagen würden?»

Hans Hartung: «Die Herren Laffranchi und Perler kenne ich
von den Direktorenkonferenzen her oder wenn ich in Chiasso
gewesen bin, habe ich sie vielleicht begrüsst. Mit Herrn Kuhrmeier hatte ich ein sehr enges Verhältnis, umso mehr als meine
Frau mit ihm in Meilen zur Schule gegangen ist. Sie sind per
Du gewesen, und infolgedessen bin auch ich per Du mit Herrn
Kuhrmeier. Ich bin erschüttert über das, was passiert ist. Ich
habe immer gedacht, dass er mit seinem Bauernverstand, bei
aller Beweglichkeit, die deutschschweizerische Solidität reprä-
sentiere. Es ist nun genau das Gegenteil passiert.»

Reinhardt: «Welchen Eindruck hatten Sie, bevor das bekannt geworden ist? Hätten Sie ihm das je zugetraut?»

Hartung: «Nein, ich hätte ihm das nie zugetraut. Wie Sie wissen, habe ich in Carona ein Haus, und es ist mir einmal gelungen, ihn mit seiner Frau einzuladen, und wir hatten einen netten Tag verbracht. Wir haben dann öfters Herrn Kuhrmeier angerufen, aber er ist nie gekommen. Ich konnte es mir nie recht erklären, aber jetzt weiss ich es, weil wir weit auseinander liegen mit der Berufsphilosophie.»

Reinhardt: «Sind Sie in irgend einem Verwaltungsrat der Texon?»

Hartung: «Ja, ich bin seit 1967/68 im Verwaltungsrat der Duap AG, Herzogenbuchsee, gegründet 1943, die ich als Sachbearbeiter der SKA seit 1948 betreut habe. Aus einer Aktennotiz vom 18. April 1973, die ich nun in den Akten wieder gefunden habe, geht hervor, dass die Texon damals das Aktienkapital von der Pars-Holding, Chiasso, übernommen hatte. Herr Kuhrmeier hatte mir gesagt, dass Italiener dahinter stehen, die er für die Duap gewinnen konnte. Ich glaubte darum, dass es sich um Italienervermögen handle. (…) Die Firma produziert Düsen für Dieselmotoren und Pumpen sowie Maschinen. Die Firma steht heute gut da, obschon sich die Rezession sehr spürbar machte.» (…)

Reinhardt: «Wissen Sie, sind noch andere Herren unseres Direktionsstabes oder der Generaldirektion bei solchen Beteiligungen der Texon dabei?»

Hartung: «Ist mir nicht gegenwärtig von der Generaldirektion.» (…)

Reinhardt: «Welches ist Ihre Stellung bei der Duap?»

Hartung: «Ich bin inoffiziell seit einigen Jahren Vizepräsident; ich habe aber gesagt, ich wünsche nicht, dass es publiziert werde, denn ich wollte nicht in Erscheinung treten.» (…)

Rudolph R. Sprüngli: «Musste die Duap Dividenden an die Texon bezahlen?»

Hartung: «Herr Kuhrmeier hat gesagt, die Italiener wünschten keine Dividende. Eine Zeitlang hat man Dividenden an die Pars-Holding bezahlt, aber da es Inhaberaktien sind, habe ich mich nicht um die Einzelheiten gekümmert.» (...)

Reinhardt: «Können Sie sonst noch irgend etwas von sich aus berichten, Gedanken wie es zum Fall Texon kommen konnte? Was für ein Motiv hatte Kuhrmeier, ein solches Doppelleben zu führen?»

Hartung: «Ich habe lange darüber studiert. Es ist eine grenzenlose Dummheit und eine grenzenlose Missachtung aller Finanzierungsregeln. Er hat Investitionen mit kurzfristigem Geld gemacht. Etwas Verrücktes. Er war natürlich ein armer Teufel; seine Frau ist, glaube ich, psychisch sehr anfällig. Er hat zu Hause keine Entspannung und jedenfalls kein erfreuliches Familienleben gehabt. Vielleicht hat ihn das bewogen, den Grandseigneur und den tollen Kerl bei den Kunden zu spielen. Intelligenzmässig wusste er sicher, dass dies eine Kalberei ist.»

Reinhardt: «Ist Ihnen aus Ihrer Bekanntschaft mit Herrn Kuhrmeier eine Änderung aufgefallen, dass er nervöser oder aufgeregter geworden wäre?»

Hartung: «Nein. Er hat oft gesagt, es ist verrückt, dieses Bienenhaus. Ich muss Pillen nehmen.»

Reinhardt: «War sein Lebensstil normal?»

Hartung: «Er hatte ja nichts vom Leben, er war offenbar jeden Abend bis um neun Uhr im Büro.»

Reinhardt: «Haben Sie sonst noch irgendwie etwas zum Fall zu sagen?»

Hartung: «Eigentlich nicht; ich habe am Anfang Mitleid mit ihm gehabt. Aber jetzt, wo ich das Ausmass der Affäre sehe, muss ich schon sagen, es ist eine Schweinerei.» (...)

Um 17.10 Uhr ist die Befragung beendet. Sprüngli setzt als erster seine Unterschrift unter das Befragungsprotokoll. Es folgen Eisenring, Reinhardt und Keller. Schmidheiny ist entschuldigt abwesend.

Schon am Morgen desselben Tages, um 9.35 Uhr, ist Heinz R. Wuffli, Präsident der Generaldirektion, zur Befragung erschienen. Er steht unter gewaltigem Druck. Bereits am 21. April 1977 hatte Wuffli in einer Notiz zu Papier gebracht, dass er über Kuhrmeiers Wirken in Chiasso vor Jahresfrist von Philippe de Weck, Generaldirektionskollege bei der Schweizerischen Bankgesellschaft, gewarnt worden war. «Gemäss meiner Agenda besuchte mich am 14. Januar 1976 ein befreundeter Bankier, um mir Bericht über unlautere Konkurrenzpraktiken der Filiale Chiasso zu erstatten», heisst es in dem vertraulichen Schreiben. Es folgt ein Telefonat zwischen Wuffli und Kuhrmeier, in dem der oberste SKA-Chef den Tessiner Filialleiter zur Ordnung ruft. Doch weiter nichts. Die Frage lautet nun: Ist Wuffli als zuständiger Generaldirektor der Filiale Chiasso mitverantwortlich für die entstandenen Verluste, weil er diese Warnung nicht ernst genug genommen hat?

Als Wuffli an diesem 6. Mai vor die Sonderkommission tritt, ist der Ton härter als tags zuvor bei der Einvernahme von Jeker. Nun ist es nicht mehr SKA-Mann Reinhardt, der die Befragung eröffnet, sondern Max E. Eisenring. Er lässt bei seinem Einleitungskommentar keine Zweifel aufkommen, dass es für Wuffli nun ums Ganze geht.

Max E. Eisenring: «Unsere Kommission ist keine Strafbehörde. Sie hat Tatsachen festzustellen. Daneben müssen die Verantwortlichkeiten abgeklärt werden. Wir haben (...) gehört, was in Chiasso passiert. Wir selbst können in Chiasso nichts unternehmen, weil dort ein Durcheinander besteht. Die Strafuntersuchung ist im Prinzip Sache der Staatsanwaltschaft. Ein Eingreifen unserer Kommission in Chiasso wäre sinnlos und brächte keine Resultate. (...) Die sachlichen, personellen, atmosphärischen Umstände des Falles, so wie wir sie aus den bisherigen Befragungen herausgefunden haben, haben erkennen lassen, dass die Ursachen der ganzen Angelegenheit insgesamt als bedenklich zu qualifizieren sind. (...) Nach unserem

Dafürhalten hätten viele Leute der Bank erkennen sollen, dass mit diesem Texon-Gebilde etwas nicht stimmen kann. Unsere Untersuchungen haben ergeben, dass wir den Einwand nicht gelten lassen können, alle Leute hätten ihr Bestes getan, und die ganze Katastrophe hätte nicht vermieden werden können. Erschütternd ist insbesondere die Feststellung, dass man am Hauptsitz von nichts gewusst haben will. Die Erklärung der Katastrophe kann nicht mit Überlastung abgetan werden. So wie sich nun das Ausmass der Katastrophe darstellt, sind derartige Argumente nicht mehr haltbar und können nicht mehr gehört werden. Eine Erklärung des Nichtwissens wird uns in der Öffentlichkeit nicht abgenommen.»

Bereits diese einleitenden Worte müssen Wuffli schlagartig klar machen, dass die Chancen, seinen Kopf aus der sich bedrohlich zuziehenden Schlinge zu retten, rapide gegen Null sinken. Die Sonderkommission, selber von der Bank und von Seiten der Öffentlichkeit unter Druck, muss nun zu verwertbaren Ergebnissen gelangen. Unausweichlich steuern Reinhardt, Keller, Eisenring und Sprüngli die Befragung Wufflis in diese Richtung, vergessen ist der verbindliche Unterton des Vortages.

Eberhard Reinhardt: «Es handelt sich beim Fall Chiasso um den schlimmsten Skandal in der Schweizerischen Bankengeschichte, der nicht nur Auswirkungen auf unsere Bank, sondern auch solche auf das ganze Bankensystem haben könnte. Formelle Frage: Sind Sie mit den Herren Kuhrmeier, Laffranchi und Perler irgendwie befreundet oder verfeindet, oder sind Sie von einem von ihnen abhängig?»

Heinz R. Wuffli: «Ich bin gegenüber den genannten Herren vollkommen frei. Ich habe sie nicht mehr und nicht weniger getroffen als Herren anderer Filialen.» (...)

Eisenring: «Sie, Herr Dr. Wuffli, hätten meines Erachtens die Bedeutung der Intervention von Herrn De Weck bei Ihnen erkennen müssen, dass es nicht nur um Konkurrenzneid geht, sondern um etwas Grundsätzliches.» (...)

Wuffli: «Die Situation hat damals, das heisst im Januar 1976 für mich wie folgt ausgesehen. Ich betreute die Filiale Chiasso vom März 1973 bis März 1976. (...) Den Namen Texon nahm ich bewusst erst anlässlich des Gesprächs mit Herrn De Weck zur Kenntnis. De Weck sagte mir, er wolle uns warnen vor der Geschäftspraktik der Filiale Chiasso. Die Bankgesellschaft hatte im Tessin ihrerseits eine Sauerei und musste eine dortige Direktion auswechseln. De Weck sagte mir aber nichts von früheren Warnungen an unsere Adresse. Die Sache kam völlig neu an mich heran. (...) Dass die Texon eine Bank innerhalb der Bank sein könnte, habe ich mir zu keiner Zeit vorgestellt.»

Als Kommissionsmitglied Keller ans Telefon gerufen wird, wird die Befragung Wufflis unterbrochen. Sie soll am Abend des selben Tages fortgesetzt werden. Kurz bevor Wuffli um 19 Uhr sich ein zweites Mal den Fragen von Eisenring, Keller, Reinhardt und Sprüngli unterzieht, verbreitet Radio DRS eine Pressemitteilung, die kurz zuvor von der Sonderkommission veröffentlicht worden ist. Sie reagiert damit auf den Druck der Öffentlichkeit, die immer lautstarker mögliche Verantwortlichkeiten und Konsequenzen in der Generaldirektion diskutiert. Bereits sind Gerüchte im Umlauf, auch SKA-Verwaltungsratspräsident Oswald Aeppli sei in die Chiasso-Affäre verwickelt. Nur schwach verklausuliert stellt die Sonderkommission in der Mitteilung unmittelbar bevorstehende Konsequenzen in der Affäre Chiasso in Aussicht: «Die vom Verwaltungsrat eingesetzte Sonderkommission zur Abklärung der Verantwortlichkeiten in Sachen Verfehlungen in der Filiale Chiasso hat bis heute zahlreiche und eingehende Untersuchungen auf allen Stufen vorgenommen und wird in wenigen Tagen in der Lage sein, dem Verwaltungsrat einen ersten Bericht abzugeben.»

Vielleicht spürt Wuffli zu diesem Zeitpunkt schon, dass er es ist, der noch am gleichen Tag über die Klinge springen muss. Die zweite Befragung ist erst wenige Minuten alt, da muss sich

Wufflis dunkle Ahnung zur Gewissheit verdichtet haben. Keller lässt jetzt schweres Geschütz auffahren, und spricht einleitend über die «generelle Verantwortung» in der Chiasso-Affäre. «Damit kommen wir, Sie werden es verstehen, zum Hauptsitz, zur Generaldirektion. Hier stellen wir fest, (...) dass die drei Bereiche Devisen, Filiale Chiasso und Inspektorat Ihnen unterstellt sind.» (...)

Wuffli: «Ja, ich bin mir voll bewusst, dass die formale Verantwortung für diese Bereiche bei mir liegt; was die Filiale Chiasso anbelangt, in jenen drei Jahren im engen Bereich, und was das Inspektorat betrifft, über einen längeren Zeitraum hinweg. (...) Ich hatte die Warnung. Subjektiv fühle ich mich nicht schuldig; objektiv ist es mir vollkommen klar.»

Wuffli hat keine Chance mehr. Er ist das Opfer, das die Sonderkommission zu bringen bereit ist.

Keller: «Sie haben das Wort «schuldig» gebraucht. Nach meiner persönlichen Auffassung möchte ich lieber von Verantwortung sprechen. Es entbehrt die Kommission nicht von der Aufgabe, Feststellungen zu machen, die uns abgenommen werden. Es kauft es uns niemand ab, wenn wir sagen, man hätte in Zürich nichts gewusst; die Sache hätte sich zwangsläufig entwickelt undsoweiter...»

Wuffli: «Es ist uns heute, wenn wir das ganze Puzzle zusammenstellen, völlig unbegreiflich, dass niemand etwas merkte.»

Es ist Sprüngli, der gegen 20 Uhr an diesem schicksalshaften 6. Mai 1977 die Schlinge zuzieht: «Wir müssen nun doch ein Fazit ziehen. Wir vier haben das Gefühl, dass, weil Herr Dr. Wuffli Linienvorgesetzter der Filiale Chiasso ist, er eine besonders schwere Verantwortung trägt.»

Reinhardt: «Das Phänomen der Verantwortung hat nichts mit Ethik, Moral, schlechter Gesinnung oder böser Absicht zu tun. Das Problem der Verantwortung ist, dafür einzustehen, dass die Entscheidungsfunktionen ausgeführt werden im richtigen Moment und in der richtigen Art oder, wenn man sie unterlässt, dann weiss, warum man sie unterlässt. (...) Es waren verschiedene Alarmzeichen vorhanden, und in der Generaldirektion hat niemand reagiert. (...) Es herrscht Sturm im Lande. Wir werden grösste Mühe haben, den Eindruck zu erwecken, dass wir eine vornehme und erstklassige Bank sind.»

Wuffli versteht den Wink. Die Würfel sind gefallen.

Wuffli: «Ich bin in einem Dilemma. Leiste ich der Bank mit dem Rücktritt einen Dienst? Nachher wird es heissen, ich sei in die ganze kriminelle Geschichte verwickelt gewesen. Ich anerkenne den Grundsatz der Verantwortung. Ich habe mich nie um die Verantwortung gedrückt. Andererseits geht es mir um meine Integrität und Ehre, da ich in keiner Weise zu den Mittätern der kriminellen Machenschaften gehöre.»

Reinhardt: «Wir sind noch nicht zu einem Resultat gekommen.»

Eisenring: «Es kommt sehr darauf an, wie man das macht. Ein Rücktritt ist keine Entlassung. Bei einem Rücktritt müsste man eine Ehrenerklärung des Verwaltungsrates abgeben. Das wäre man Ihnen schuldig. Sie gehören nicht zur Täterschaft.»

Keller: (...) «Ich bin der gleichen Meinung wie Eisenring.»

Wuffli: «Ich habe mich selbst seit Wochen mit diesen Problemen befasst. Für mich ist dies ein Dilemma.»

Reinhardt: «Wir müssen noch beifügen, dass es ein grosses menschliches Problem darstellt.»

Rudolph R. Sprüngli: «Das meine ich, denn es ist oft in diesem Raum gesagt worden, welche Qualitäten Sie besitzen und dass Sie am Wagen gezogen haben wie kaum ein anderer. Alle ihre positiven Seiten sind klar zum Ausdruck gekommen. Sie haben gesagt, ich fand es sehr beachtlich, dass Sie den Rücktritt erklären würden, wenn es der Bank diente. Diese Frage kann gar nicht so einfach beantwortet werden. Wenn Sie gehen, dann geht der Bank etwas ganz Wesentliches verlustig. Ich möchte doch, dass Sie dies heute abend noch mitbekommen. Auch für uns ist dies ein grosses Problem, denn die Zukunft der Kreditanstalt liegt uns allen sehr am Herzen. Ich sage es noch einmal, es ist eine Tragik, die hinter der ganzen Sache steckt.»

Nach diesem fast pathetischen Votum von Sprüngli ist die Befragung beendet. Der Uhrzeiger ist inzwischen auf 20.20 Uhr vorgerückt.

Vier Tage später, am 10. Mai wird die Akte Heinz R. Wuffli bei der SKA geschlossen, die Demission vollzogen. Drei Stunden lang tagt der SKA-Verwaltungsrat ein letztes Mal in Sachen Wuffli. Um 17 Uhr ist die Sitzung beendet und VR-Präsident Oswald Aeppli drängt darauf, den Rücktritt umgehend publik zu machen. Noch am selben Abend verbreitet die SKA per Telex eine Pressemitteilung, in der es heisst:

«Im Laufe der Untersuchung der Angelegenheit der Filiale Chiasso durch die vom Verwaltungsrat eingesetzte Untersuchungskommission hat Herr Heinz R. Wuffli, Präsident der Generaldirektion, dem Verwaltungsrat seine Demission angeboten. Sein Demissionsschreiben, das auf seinen Wunsch veröffentlicht wird, lautet wie folgt:

Im Interesse der Schweizerischen Kreditanstalt, ihrer Mitarbeiter, ihrer Kunden und ihrer Aktionäre habe ich mich nach reiflicher Überlegung entschlossen, dem Verwaltungsrat meinen Rücktritt anzubieten. Da ich für die Geschäftsführung der Filiale Chiasso von 1973 bis 1976 die formale Verantwortung trug, halte ich diesen Schritt für unausweichlich, nachdem Art und Umfang der verbrecherischen Machenschaften der Filialleitung von Chiasso mit dem Fortschreiten der Untersuchungen klar geworden sind. (...) In der Presse geäusserte Verdächtigungen, wonach ich selber diese verbrecherischen Machenschaften vor Beginn der jetzigen Untersuchung gekannt oder gar noch gebilligt hätte, sind verleumderisch und stellen eine tiefgreifende Verletzung meiner persönlichen Ehre und Integrität dar. Die endgültige Abklärung der kriminellen Vorgänge, zu deren Opfern ich als verantwortlicher Vorgesetzter nun gehöre, wird dies bestätigen.»

Lapidar heisst es am Schluss der Pressemitteilung: «Der Verwaltungsrat hat den Rücktritt angenommen.»

Zwei Tage später, am 12. Mai, während Wuffli nach einem knappen Vierteljahrhundert im Dienst der SKA und nach 40tägiger Präsidentschaft in der Generaldirektion sein Büro räumen muss, schreibt der informelle Kopf der Sonderkommission und SKA-Mann, Eberhard Reinhardt, per Einschreiben und Express einen wichtigen Brief, den er sämtlichen Kommissionskollegen zur Unterschrift vorlegt. Adressat des Schreibens: Paolo Bernasconi, Staatsanwalt des Sottoceneri, der im Tessin in Sachen Kuhrmeier und Konsorten ermittelt. In dem Schreiben heisst es: «Wie versprochen, senden wir Ihnen in der Beilage die bereits zur Verfügung stehenden Einvernahmeprotokolle.» Als Beilage werden Bernasconi die Protokolle der Generaldirektoren Gut, Fessler sowie der stellvertretenden Generaldirektoren Hartung und Jeker zugeschickt. Wufflis Befragung wird mit keinem Wort mehr erwähnt. Jetzt, wo sein Rücktritt erfolgt ist, interessiert sich kein Mensch mehr für ihn. Die Sonderkommission hat nun nur noch ein Ziel vor Augen: Die verbleibenden Spitzenleute der SKA unbefleckt aus der Affäre Chiasso herauszuholen. Und genau das schreibt Eberhard Reinhardt in besagtem Brief an Bernasconi in eindeutiger Offenheit: «Es ist für uns sehr wichtig, dass wir möglichst bald eine Erklärung über die volle Integrität der verbleibenden Mitglieder der Generaldirektion abgeben können, dass diese sich in der Angelegenheit Chiasso kein relevantes Handeln oder Nichthandeln haben zuschulden kommen lassen, das unsere Kommission zu entsprechenden Anträgen führen müsste. Mit vorzüglicher Hochachtung, Reinhardt, Keller, Schmidheiny, Eisenring, Sprüngli.»

Kaum hält Bernasconi den Brief in den Händen (die Empfangsbestätigung lautet auf den 16. Mai), setzt die SKA das, was im Schreiben angekündigt wird, in die Tat um: Am 18. Mai 1977 wird eine neue Generaldirektion berufen, in der lauter alte Bekannte sitzen, allesamt nach oben befördert: Rainer E. Gut, vor Chiasso einfacher Generaldirektor, wird Sprecher der Generaldirektion. Der ausgewiesene Bankfachmann war, bevor er 1973 in die Generaldirektion berufen wurde, in den USA für die SKA in leitender Stellung tätig und infolgedessen am wenigsten von der Affäre Chiasso betroffen. Hans Hartung und Robert A. Jeker, die beide mit einem blauen Auge davongekommen sind, werden von stellvertretenden Generaldirektoren zu Generaldirektoren befördert. Die Sonderkommission hat also ganze Arbeit geleistet. Innert nur 18 Tagen ist es ihr gelungen, einen Rücktritt und drei Beförderungen zu initiieren und in der Generaldirektion ein drohendes grossflächiges Köpferollen zu verhindern. Es sind höchstens noch ein paar Journalisten, die die Arbeit der Sonderkommission in Zweifel ziehen. Zum Beispiel Werner Meyer, Wirtschaftschef der «Basler Zeitung». Er schreibt: «Dem «Sonderkommando» der Kreditanstalt ist wenig Vertrauen entgegenzubringen. Die Kontrolleure und Kontrollierten haben zu lange einträchtig miteinander gearbeitet, verdanken sich gegenseitig Karriere und Aufstieg.» Doch in der allgemeinen Erleichterung in der SKA-Generaldirektion werden die Nadelstiche der journalistischen Zunft kaum mehr wahrgenommen. Es geht nun darum, die Akte Chiasso so schnell wie möglich zu schliessen. Am 31. Mai 1977 liefern Eisenring, Reinhardt, Sprüngli, Schmidheiny und Keller dem SKA-Verwaltungsrat einen 60seitigen Schlussbericht ab, in dem es heisst: «Nachdem die Sonderkommission bereits in ihrem mündlichen Zwischenbericht vom 18. Mai festgestellt hat, dass weder die Herren Oswald Aeppli, Rainer E. Gut, Walter Fessler, Hans Hartung und Robert A. Jeker nach unserer Kenntnis eine persönliche Verantwortung in Sachen Chiasso/Texon tragen, bitten wir den Verwaltungsrat, Kenntnis zu nehmen, dass wir nach Abschluss unserer Untersuchung diese Feststellung bestätigen können.»

Doch auch das interessiert niemanden mehr. Die Nach-Chiasso-Aera hat längst begonnen. Im Geschäftsbericht 1977 werden die Verluste aus dem Chiasso-Skandal auf 977 Millionen Franken beziffert, welche aus den Reserven gedeckt werden können. Rainer E. Gut wird 1983 Nachfolger von Oswald Aeppli als Präsident des Verwaltungsrates und steigt zum mächtigsten Mann innerhalb der SKA auf; Robert A. Jeker wird Guts Nachfolger als Präsident der Generaldirektion und Hans Hartung wird 1981 hochgeehrt in die Pension entlassen.

Rudolph Sprüngli, der in diesem Monat Mai des Jahres 1977 als Sonderkommissionsmitglied so tief in die Eingeweide seiner Hausbank hineingesehen hat, wird 1984 zum Vizepräsidenten der Schweizerischen Kreditanstalt ernannt und bekleidet damit das höchste Amt, das die Grossbank Aussenstehenden vergibt. Als 1987 Hans Hartung altershalber aus dem Verwaltungsrat der Lindt & Sprüngli AG austritt, scheidet er als «echter Freund», so das Protokoll. Und es ist selbstverständlich, dass Sprüngli einen Nachfolger in der Generaldirektion der Schweizerischen Kreditanstalt sucht. Seine Wahl fällt auf Urs Widmer, der seit 1983 im obersten Führungsgremium der Bank sitzt. Sprüngli wird diese Nomination nicht bereuen. Gerade auch dann nicht, als es anfangs der 90er Jahre in seiner eigenen Firma drunter und drüber geht.

Mitte 1979 geht im Gemeindesaal in Chiasso der letzte Akt des Chiasso-Skandals über die Bühne. 189 Seiten schwer ist die Anklageschrift, die Staatsanwalt Paolo Bernasconi dem Strafverfahren gegen die ehemaligen SKA-Direktoren der Filiale Chiasso, Ernst Kuhrmeier und Claudio Laffranchi (Meinrad Perler, der dritte verhaftete SKA-Mann, ist bereits 1977 gegen Kaution wieder auf freien Fuss gesetzt worden) sowie deren Mithelfern aus dem Anwaltsbüro Maspoli & Noseda zugrundelegt. Immer wieder kommt während dem Prozess die zumindest moralische Mitverantwortung von «Zurigo» zur Sprache. Und (ehemalige) SKA-Spitzenleute wie Heinz R. Wuffli oder Robert A. Jeker werden in den Zeugenstand gerufen. Aber für die Generaldirektion ist das Schauspiel vor den Schranken der Tessiner Justiz letztlich nichts anderes mehr, als das Nachspiel eines intern längst auf die offizielle Sprachregelung «krimineller Akt einer kleinen Clique» reduzierten Skandals. Am 3. Juli 1979 findet die Urteilsbegründung statt. Kuhrmeier und Laffranchi werden zu je viereinhalb Jahren Zuchthaus verurteilt, die drei Anwälte aus dem Büro Maspoli & Noseda erhalten bedingte Haftstrafen. Nur Stunden nach der Urteilsbegründung ereilt den zentralen Kopf im Chiasso-Skandal, Ernst Kuhrmeier, eine Herzattacke. Eine Woche später erleidet er einen Herzinfarkt, der ihn das Leben kostet.

VII

Der versuchte Rücktritt

Der Kopf einer Schokoladedynastie befördert einen familienfremden Manager an die Spitze seiner Firma, setzt diesen wieder vor die Türe als er sein Lebenswerk in Gefahr wähnt und sucht Rat bei einer geheimnisvollen Person

Als Rudolph R. Sprüngli, Verwaltungsratspräsident der Chocoladefabriken Lindt & Sprüngli AG im Jahre 1987 an einem Management-Symposium der Hochschule St. Gallen einen Vortrag halten soll, wählt er ein Thema, das ihn seit Jahren intensiv beschäftigt: «Zukunftssicherung der Familienunternehmung». Schon in den 70er Jahren hat er mit «Die zehn Todsünden der Familiengesellschaften» so etwas wie das Vermächtnis einer Schokoladedynastie an der Schwelle zur sechsten Generation zu Papier gebracht. Sprüngli gibt programmatische Sätze von sich:

«Die Nachfolgeplanung gehört zu den wesentlichsten Aufgaben einer Unternehmensführung. Es gibt viele verschiedene Möglichkeiten, um ein Nachfolgeproblem zu lösen. Eine davon ist die «Nichtlösung», die Resignation! Man gibt auf, bevor man sich überhaupt die Frage richtig gestellt hat. Die Bandbreite der Möglichkeiten ist gross, nur ist es notwendig, die verschiedenen Möglichkeiten ausfindig zu machen, sie sorgsam zu erwägen und die grundsätzlich richtig und angemessen empfundene zu verwirklichen. Am einen Ende der Bandbreite ist die soeben erwähnte Resignation, die Mutlosigkeit, der Verkauf der Firma oder deren Liquidation. Am anderen sind ein oder mehrere Familienmitglieder vorhanden, die nicht nur die Fähigkeiten zur Nachfolge besitzen, sondern auch den festen Willen haben, die Führung der Unternehmung zu übernehmen.

Der kritische Punkt in Bezug auf die Nachfolgefrage besteht wohl darin, dass man den richtigen Zeitpunkt verpasst. Mit 60 Jahren hätte man vielleicht noch die nötige Selbstdisziplin und die nötige innere Kraft, einen entsprechenden Entscheid zu fällen. Wenn man die Schwelle von 65 Jahren überschritten hat, wird es von Jahr zu Jahr schwieriger, sich zu einem solchen Entscheid durchzuringen. Wenn man gewillt ist, mit 65 Jahren die aktive Geschäftsleitung abzutreten, dann muss man sich entweder einen Nachfolger innerhalb der Firma aufbauen oder aber rechtzeitig einen Aussenstehenden berufen. Im letzten Fall ist dafür Sorge zu tragen, dass man genügend Zeit hat, bei Nichteignung einen zweiten Versuch zu unternehmen.

Grundsätzlich sollte sich eine Familie zum Ziel setzen, die Selbständigkeit ihrer Unternehmung zu erhalten. Ein Sohn und alle nachfolgenden Generationen sollten deshalb dazu angehalten werden, vor ihrem Eintritt in die Familienunternehmung den Entscheid zu fällen, ob sie bereit sind, sich dafür einzusetzen, dass die Selbständigkeit weiter erhalten bleibt oder ob sie diesen klaren Willen nicht haben. Im zweiten Fall müsste ein Nachkomme die Konsequenzen aus seiner negativen Einstellung ziehen und die Firmenleitung jemand anderem übertragen, das heisst also einem Nichtfamilienmitglied.»

Am 15. März 1980, als Rudolph Sprüngli seinen 60. Geburtstag feiert, tut er dies im Bewusstsein, dass er einst an diesen, seinen eigenen Worten gemessen werden wird. Er hat in der Nachfolgeregelung bereits erste Schritte unternommen. Da die eigenen Söhne Rudolf Konrad, Jahrgang 1952 und Luzius, geboren 1963, für die direkte Stabsübergabe noch zu jung sind, für die Tochter Regula in der seit jeher ausschliesslich männerbesetzten Unternehmensführung ohnehin kein Platz sein kann und andere Mitglieder der Familie längst aus der

Firma verbannt sind, muss Sprüngli auf einen Aussenstehenden ausweichen. Für die Suche nach einem Manager, der lediglich als Übergangslösung an die Spitze der Lindt & Sprüngli AG zu treten hat, beauftragt der Firmenpatriarch einen Headhunter, den er vom Rotary her bestens kennt: Egon P. Zehnder.

Der Mann, den Zehnder vorschlägt, findet Sprünglis Wohlwollen. Hans-Rudolf Reeb, ehemaliger Knorr- und Oscar-Weber-Spitzenmanager, eine elegante Erscheinung, hochintelligent und rhetorisch beschlagen. Das macht Rudolph Sprüngli Eindruck. 1978 wird Reeb Generaldirektor; Sprüngli bleibt Direktionspräsident. Drei Jahre lang beobachtet der Firmenpatriarch den auserwählten Aspiranten. Dann erst, am 1. April 1981, wird Reeb zum Direktionspräsidenten der Chocoladefabriken Lindt & Sprüngli AG befördert und bekleidet damit als erster Familienfremder in der Geschichte der Fabrik das höchste Exekutivamt.

Rudolph Sprüngli ist gut auf den Moment vorbereitet, in dem er die entscheidende Funktion innerhalb der Geschäftsleitung aus der Hand gibt und sich auf das Verwaltungsratspräsidium zurückzieht. Über Jahre hat er die Stimmrechtsverhältnisse innerhalb der Chocoladefabriken Lindt & Sprüngli AG so beeinflusst, dass kein Familienmitglied seinen eigenen Aufstieg je hat ernsthaft gefährden können. Als er an diesem 1. April 1981 dem angestellten Manager Reeb den Direktionsvorsitz zubilligt, ist Sprüngli durch den von ihm teils indirekt kontrollierten Aktienbesitz jederzeit in der Lage, ein Machtwort zu sprechen, dem sich in der Firma keiner widersetzen könnte. Und seinen hartnäckigen Aktienaufkäufen ist es wohl auch zu verdanken, dass die nach mehreren Erbteilungen auf über ein Dutzend Sprünglis verteilten Aktien sich auch heute noch zu einem entscheidenden Teil in Familienhand befinden.

Dabei hatte es anfänglich gar nicht danach ausgesehen, als könne Rudolph Sprüngli je grössere Aktienbestände unter seine Kontrolle bringen. Der Grund: Er besitzt kaum genug Bares, um in grossem Stil teure Lindt & Sprüngli-Titel zu kaufen. Und dass er über den Vater Robert Sprüngli-Baldassarri einst eine erhebliche Anzahl würde erben können, davon kann Sprüngli junior zu Beginn seiner Karriere auch nicht ausgehen. Denn bereits dieser hatte von seinem eigenen Vater, David Robert Sprüngli-Baud, kaum ein übermässiges Paket an Lindt & Sprüngli-Titeln erhalten, schliesslich hatten noch drei weitere Geschwister Anrecht auf eine Erbschaft.

Kurze Zeit später sind die Aussichten von Rudolph schon viel besser. Nach der Heirat mit Elisabeth Halter, die aus einer reichen Bauunternehmerfamilie stammt, ein Millionenerbe in Aussicht hat und auch gewillt ist, dieses zumindest teilweise in Lindt & Sprüngli-Aktien anzulegen, kann nach Antritt des Erbes Geld kaum mehr eine entscheidende Rolle gespielt haben. Zudem wird im Jahr 1948 Rudolphs Bruder Richard vom Confiseur Hermann Sprüngli-Blumer adoptiert und avanciert damit zum zukünftigen Besitzer der Confiserie am Paradeplatz. Nach diesem juristischen Akt verzichtet der Bruder auf sein eigenes Erbe und so kommt Rudolph 1962, beim Tod des Vaters, zu einem ersten nennenswerten Paket an Lindt & Sprüngli-Titeln.

Sprüngli nutzt auch jede sich bietende Gelegenheit, um Aktien aus dem Fabrikstamm der Familie in die Hand zu bekommen. Es kümmert ihn wenig, dass Banker gelegentlich spotten, der Sprüngli sammle Lindt-&-Sprüngli-Titel wie andere Briefmarken. Jedes Mal, wenn ein Sprössling von den Jeghers sein Erbe an Familienaktien versilbern will, ist Sprüngli zur Stelle und kauft die Titel zum Tageskurs auf. Zur Finanzierung dieser Aktionen, immerhin kostet eine Lindt & Sprüngli-Aktie in Spitzenzeiten bis zu 30 000 Franken, greift der Patron auf das Geld seiner Frau zurück, oder hinterlegt eigene Aktien als Kreditsicherheiten bei der Schweizerischen Kreditanstalt, seiner Hausbank. Bis auf einen kleinen Rest von vielleicht 500 Stück kontrolliert Sprüngli heute alle ehemaligen Jegher-Aktien. Und auch seine Cousine Esther Honegger, geborene Sprüngli, hat ihm die überwiegende Mehrheit ihrer Anteilsscheine längst abgetreten. Einzig Hans Rudolf Sprüngli, Bruder von Esther Honegger, dessen berufliche Ambitionen innerhalb der Fabrik Rudolph einst erfolgreich abgeblockt hatte, gibt keine einzige Aktie aus der Hand. Grosse Bestände sind es jedoch nicht, die er kontrolliert.

Im Jahr 1971 ist Sprüngli soweit: Er kann im Verwaltungsrat verkünden, dass er nun die Mehrheit der Familienaktien kontrolliere und somit nicht nur in Geschäftsleitung und Verwaltungsrat, sondern auch innerhalb des Aktionariats die einzig massgebende Person der Familie Sprüngli sei. Auch das stellt ein Novum in der Geschichte der Fabrik dar. Über Jahre hat zwar die Confiserielinie dem Fabrikstamm bei Kapitalerhöhungen stets ausgeholfen und so ihren Besitzanteil an den Chocoladefabriken Lindt & Sprüngli AG mit der Zeit erhöht, doch noch während der vierten Generation hatten beide Familienstämme ungefähr gleich hohe Aktienanteile an der Fabrik kontrolliert.

Als zehn Jahre später, am 1. April 1981, der angeheuerte Manager Hans-Rudolf Reeb das Direktionspräsidium übernimmt, hat Rudolph die Chocoladefabriken Lindt & Sprüngli AG gegen fremde Einflüsse praktisch abgesichert. Mit einer Ausnahme allerdings: Bei seinem Vetter Max Ammann-Grimm liegt noch ein grösseres Paket von rund 1000 Namenaktien, das sich dem Zugriff des Patrons entzieht. Das ist wohl auch der Grund dafür, dass Ammann im Jahre 1963, nach dem Tod von Rudolph Sprünglis Vater, in den Verwaltungsrat gewählt und im Februar 1980 zum Vizepräsidenten aufgestiegen war.

Es wird Sprüngli noch einiges an Geschick abverlangen, auch dieses Aktienpaket unter seine Kontrolle zu bringen.

Auch im Geschäftlichen übergibt Rudolph Sprüngli dem Nachfolger Reeb ein Unternehmen, in dem das Wirken des

Patrons unübersehbar-positive Spuren hinterlassen hat. 1962, als Sprüngli zum Direktionsvorsitzenden aufsteigt, sind die Chocoladefabriken Lindt & Sprüngli AG ein bescheidener Mittelbetrieb, bestehend aus einer Schokoladefabrik mit einem übersichtlichen Aktienkapital von vier Millionen Franken (eingeteilt in 8000 Inhaberaktien à 500 Franken Nennwert) und noch nicht einmal vierzig Millionen Franken Umsatz. 1981, als Sprüngli sich aus der aktiven Geschäftsleitung zurückzieht, beträgt das Aktienkapital zehn Millionen Franken (8000 Inhaber und 14 000 vinkulierte Namenaktien); nach diversen Erweiterungsbauten werden in derselben Kilchberger Fabrik von 1080 Angestellten Schokoladeprodukte für 181,1 Millionen Franken gefertigt; weltweit setzt Lindt & Sprüngli unter den hauseigenen Marken gar über eine halbe Milliarde Franken um.

In diese Zeitspanne von knapp zwanzig Jahren fällt eine massvolle Expansion der Firma in der Schweiz: Die Übernahme der bündnerischen Chocolat Grison AG, die Akquisitionen der Nago Nährmittel AG, Olten, der Chocoladefabrik Gubor Langenthal; der Gang an die Börse. Und auch im Ausland bewegen sich die Chocoladefabriken Lindt & Sprüngli AG tastend vorwärts. In England wird die vor Jahrzehnten zusammen mit dem englischen Süsswarenhersteller Rowntree gegründete Gesellschaft in die eigene Vertriebsorganisation Lindt England Ltd. umgewandelt (1968); in Frankreich mit der Übernahme einer Zweidrittelmehrheit an dem ehemaligen Lizenznehmer «Consortium Français de Confiserie» der Schritt in die Produktion im Ausland gewagt (1977) und in Italien erwirbt die Lindt & Sprüngli AG eine 11prozentige Beteiligung am Lizenznehmer Bulgheroni SpA in Varese (1980).

Und im Jahre 1972, ein knappes Jahrhundert nachdem in der Berner «Matte» erstmals «Chocolat fondant» hergestellt worden war, tritt Rudolph Sprüngli sogar fast aus dem Schatten des grossen, bislang unerreichten Pioniers Rodolphe Lindt. Die hauseigene Entwicklungsabteilung wartet mit der «wichtigsten

Weiterentwicklung im Herstellungsprozess seit der Erfindung der Conche» (so der Selbstbeschrieb) auf. Durch den technologischen Wurf, der auf «Lindt & Sprüngli Chocolate Prozess», kurz: LSCP-Verfahren getauft wird, kann in Zukunft bei der Herstellung von Schokolademasse auf das Conchen verzichtet werden. Nicht ganz so revolutionär wie Lindts Erfindung, doch immerhin entsteht daraus eine beeindruckende Produktionsanlage. Zwei Produktionstürme, je einen für Kakao- und Milchkomponentenaufbereitung, ziehen sich in der Kilchberger Fabrik durch vier Stockwerke in die Höhe und erlauben eine Produktion ohne Unterbruch.

Der Patriarch an der Spitze kann also durchaus ein bisschen stolz sein auf seine innert zwei Jahrzehnten erbrachte unternehmerische Leistung, vor allem, wenn er gelegentlich im Geschäftsbericht 1961 nachlesen sollte, auf welch düsteres Zukunftszenario die Aktionäre im Jahr vor seinem Aufstieg zum Direktionsvorsitzenden eingestimmt werden: «Die Kartellgesetzgebung macht es den leitenden Organen unserer Fabrik zur Pflicht, mit Auseinandersetzungen zu rechnen. Dass diese vorwiegend auf der Basis von Preiskämpfen ausgetragen werden, darf man als gegeben betrachten. Unsere Firma scheut den Kampf auf dem Markt nicht. Preisunterbietungen bilden allerdings ein neues Element in den Auseinandersetzungen. Es ist möglich, dass die hohe Qualität nicht mehr genügt, um die Umsätze zu halten. Preiskämpfe bedeuten ein finanzielles Opfer für die Unternehmung. Sollte es soweit kommen, werden wir versuchen, den Zeitpunkt, an dem auch der Aktionär in Form einer reduzierten Dividende ein Opfer bringen muss, möglichst lange hinauszuschieben.»

Die Aktionäre dürfen beruhigt sein. Auch wenn die Preisbindung der zweiten Hand Mitte der 60er Jahre fällt, die Endverkaufspreise für Schokoladeprodukte damit nicht mehr künstlich hochgehalten werden können, und die Lindt & Sprüngli AG infolgedessen vorübergehend stagnierende Umsätze verzeichnet, müssen die Kapitalgeber auf ihre Tantiemen nie verzichten. Rudolph Sprüngli hat immer Bares ausgeschüttet: 1962 48 Franken fünfzig pro Aktie; 1981 hundert Franken; 1992 195 Franken. Der Patron weiss auch, wie er bei Aktionären wie Öffentlichkeit zu Goodwill kommt, der ihn nicht viel kostet. Er setzt die Dividende kontinuierlich, möglichst Jahr für Jahr, aber nur um ganz bescheidene zwei Prozent in die Höhe; letztmals so geschehen 1992. Diese Mehrausschüttung hat seine Rechnung mit der nicht sehr aufregenden Summe von 280 000 Franken zusätzlich belastet (der Reingewinn hat sich demgegenüber um über eine Million Franken erhöht) und die Zürcher Lokalpresse «Tages Anzeiger» wie «Neue Zürcher Zeitung» würdigen das Ereignis gebührend und titeln unisono: «Erneut Dividendenerhöhung bei Lindt & Sprüngli».

Von Sprüngli dürfen die «verehrten Aktionärinnen und verehrten Aktionäre» jedoch mehr erwarten als nur pekuniäre Befriedigung. Neben der mit schöner Regelmässigkeit ausgeschütteten Dividenden streut der Patron im wahrsten Sinne des Wortes auch geistige Nahrung unter sein Aktionärsvolk. Wenn der Spross der theologisch vorbelasteten Familie Sprüngli – ein Dutzend Geistliche zählt die Familienchronik – alljährlich vor die Kapitalgeber tritt, läuft er zu beachtenswerter rhetorischer Form auf und gibt seinen Kapitalgebern tiefsinnige philosophisch-weltanschauliche Gedanken mit auf den Heimweg. Es sind Worte eines Moralisten, der sich umgeben wähnt von bösen Kräften und seine dunklen Ahnungen in klangvoll betitelte Präsidialansprachen kleidet: «Verantwortlichkeit» (1983); «Die geistige Reife» (1986); «Unsicherheit» (1988); «Dienen» (1990); «Führung» (1991); «Kreativität» (1992) oder «Kontinuität» (1993).

Bei diesen Gelegenheiten pflegt der Patron kein Blatt vor den Mund zu nehmen. Zielsicher ortet er die Wurzel allen Übels über die Jahre bei den eidgenössischen Wettbewerbshütern, den Gewerkschaften, den Intellektuellen, den Kommunisten, den Sozialdemokraten oder – gerade wieder in jüngster Zeit – bei den Journalisten. Und manches Mal kommen ihm dabei bemerkenswerte Sätze über die Lippen: «Ein sozialdemokratisches Parteiprogramm wird Unternehmern und Hauseigentümern niemals etwas anderes zutrauen als skrupellose Durchsetzung egoistischer Interessen, währenddem die bürgerlichen Parteiprogramme selbstverständlicherweise auch die Interessen der Arbeitnehmer und der Mieter berücksichtigen.» Oder: «Wir leben zwar noch in einem bürgerlich-demokratischen Rechtsstaat, aber wir sind zuwenig bereit, ihn gegen den Linksextremismus zu verteidigen. Wir haben sogar Angst, unsere eigene, ehrliche Überzeugung zu äussern, denn wer weiss, man könnte durch systematische Telefonanrufe in der Nachtruhe gestört werden, man könnte unsere Familien bedrohen, man könnte unsere Fenster einwerfen oder unser Auto in die Luft sprengen.»

Wer aus diesen 1983 gesprochenen Worten Resignation herauszulesen glaubt, irrt. Es ist das konservative Kredo einer Kämpfernatur, die seinerzeit bei der Revision des Kartellgesetzes vor der Nationalratskommission den Weiterbestand des Schokoladekartells zur «Schicksalsfrage» einer urschweizerischen Branche hochstilisiert hat; den Gesetzentwurf im September 1979 in einem Beitrag für die «Neue Zürcher Zeitung» als «trojanisches Pferd» eines falschverstandenen Neoliberalismus' geisselt und sich auch nicht scheut, einer den Gesetzentwurf vehement bekämpfenden «Studiengruppe für Kartellfragen» als Gründungsmitglied vorzustehen. Es ist derselbe Sprüngli, der in dem 1952 als Vereinigung der privaten Aktiengesellschaften gegründeten Verein jahrelang als Präsidiumsmitglied gegen die fiskalische Schlechterstellung von Unternehmen mit beschränkter Aktionärszahl gefochten hatte und anno 1979 vor seinen Aktionären einen bekennerhaften Satz von sich gibt: «Wir sind durchaus und jederzeit bereit, kräftig zurückzuschlagen, wenn wir angegriffen werden.»

Mit «wir» ist einer gemeint: Rudolph R. Sprüngli. Und dieser Satz behält ungebrochen seine Gültigkeit als Hans-Rudolf Reeb 1978 als Generaldirektor in die Firma eintritt. Der neue Mann steht an der Spitze einer Geschäftsleitung, die von alten, aus Sprünglis Zeiten stammenden Seilschaften geprägt ist. Als Finanzchef amtet Martin Fehle, gebürtiger Appenzeller, Bücherexperte ohne eidgenössisches Diplom, der seit 1963 für einige Jahre als Kontrollstelle für die Lindt & Sprüngli AG tätig gewesen war und dann in die Geschäftsleitung aufgestiegen ist. Ein Mann, der ein halbes Berufsleben sein Geld bei Sprüngli verdient hat, noch heute im Verwaltungsrat sitzt und eine etwas undurchsichtige Rolle als graue Eminenz spielt. Marketingchef ist Emil E. Jaeggi, 1972 zum Vizedirektor, im Jahr darauf gar zum Direktor beförderter ehemaliger PR-Mann. Zwischenzeitlich wird er in die interne PR-Abteilung abgeschoben, erhält jedoch 1992 plötzlich wieder eine Unterschriftsberechtigung. Auch auf der zweiten Stufe, der Ebene der Vizedirektoren, sitzen die alten Kämpen im Dienste Sprünglis: Franz Peter Gianella, Vizedirektor Personal, seit geraumer Zeit in Kilchberg beschäftigt, steigt später, als wieder einmal ein operativer Chef seinen Hut genommen hat, sogar ad interim zum Vorsitzenden der Gruppenleitung auf. Oder Oskar Regner, im Nebenamt Lokalpolitiker und Sprünglis Lobbyist im Kilchberger Gemeinderat, im Hauptamt seit Jahr und Tag zweiter Mann im Rechnungswesen der Lindt & Sprüngli AG.

Hans-Rudolf Reeb sieht sich jedoch nicht nur konfrontiert mit einem «von Inzucht geprägten und völlig auf den Patriarchen Sprüngli ausgerichteten Kader», so ein damals Beteiligter, sondern auch mit einem Produktionsapparat, der schwere Defizite aufweist. Jahrelang ist weder in den Maschinenpark noch in die Markenpflege genügend investiert worden. 1979 gleichen die Chokoladefabriken Lindt & Sprüngli AG einem «Potemkinschen Dorf», wie es ein ehemaliges Kadermitglied ausdrückt, mit einer schön herausgeputzten Fassade, aber veralteten Strukturen im Innern.

Es ist eine delikate Aufgabe, die Reeb in Kilchberg anzupakken hat. Behutsam besetzt er die Schlüsselpositionen in der Geschäftsleitung mit neuen, unverbrauchten Kräften seiner Wahl. Hans-Jörg Meier, neuer Direktor Marketing, kommt vom Basler Chemiemulti Ciba-Geigy; Hans-Peter Meyer, der im Range eines Vizedirektors als Exportleiter für die Auslandsmärkte zuständig ist, wird vom Unilever-Konzern abgeworben. Damit sind neben Reeb in der operativen Führung auch im zentralen Ressort Marketing zwei Manager der Nach-Sprüngli-Aera tätig, Führungskräfte die in grossen internationalen Konzernen Erfahrungen gesammelt haben. Und auch im Verwaltungsrat gehört das Auswahlkriterium Familienzugehörigkeit der Vergangenheit an. Ein neuer Typus Aufsichtsrat hält Einzug: Kurt Reichlin, Wirtschaftsanwalt in Zug, der während der Revision der Kartellgesetzgebung in den 70er Jahren durchaus Schulter an Schulter mit Sprüngli gekämpft hatte, aber ein unabhängiger Kopf und pedantischer Jurist. Er kommt als Vizepräsident in den Verwaltungsrat und ist dazu auserkoren, 1990 bei Rudolph Sprünglis 70. Geburtstag, von diesem das Präsidium zu übernehmen. Oder Peter Schütz, seit 1985 Lindt & Sprüngli-Verwaltungsrat, der als Leiter der Division Pigmente beim Basler Multi Ciba-Geigy internationales Knowhow mit technischen Investitionen in das Aufsichtsgremium einbringen soll.

Und nun soll also Hans-Rudolf Reeb den Forderungen aus dem Verwaltungsrat nachkommen und aus dem etwas verstaubten, patriarchalisch geprägten Schweizer Schokoladehersteller Lindt & Sprüngli ein Unternehmen mit aggressivem Marktauftritt und vor allem internationaler Ausrichtung machen. Das ist auch bitter nötig: In Deutschland und Italien ist Lindt eine Premium-Marke im obersten Preissegment, in Frankreich wird angesichts der harten Konkurrenz schon mal ein Auge zugedrückt und ein Preisnachlass gewährt und in der Schweiz «existiert gar keine Strategie; produziert wird nach der Kunst des Möglichen», wie es ein Kadermann ausdrückt. Unter Sprünglis Geschäftsleitung hatten sich die Auslandsaktivitäten der Chocoladefabriken Lindt & Sprüngli AG im Wesentlichen darin erschöpft, dass der Firmenchef einmal im Jahr die Lizenznehmer besucht, einige Hände geschüttelt hat, und ansonsten mit zwölfmonatiger Regelmässigkeit einige Millionen an Lizenzgebühren nach Kilchberg überwiesen worden sind. Hans-Peter Meyer, dem für die Auslandsmärkte zuständigen Mann, überträgt Reeb die Aufgabe, eine koordinierte Marketingstrategie für das Schweizer Stammhaus wie für die Lizenzbetriebe im Ausland zu erarbeiten und umzusetzen.

Zwangsläufig legt sich Meyer mit diesem Auftrag mit den ausländischen Landesfürsten an, dringt ein in seit Jahrzehnten von den Platzhirschen eifersüchtig verteidigte Reviere. Beim deutschen Lizenznehmer, der Leonard Monheim GmbH in der Kaiserstadt Aachen, sitzt seit zwanzig Jahren Dieter Pekrun als Leiter des Lindt-Geschäftes fest im Sattel. Ein liebenswürdig-zuvorkommender Mann, der jedoch im Geschäftlichen überhaupt keinen Spass versteht. Eine imposante Erscheinung, ein durch das Gymnasium humanistisch vorgebildeter Zwei-Meter-Hühne, der im Zweiten Weltkrieg im Polen- und Frankreich-Feldzug gekämpft und die Einkesselung der 8. Armee in Stalingrad als Stuka-Flieger miterlebt hat; am Ende des Krieges als 27jähriger zwar die Uniform eines Majors im Generalstab der Wehrmacht trägt, aber berufs- und arbeitslos ist. In einer für das Nachkriegsdeutschland typischen Karriere arbeitet sich dieser Dieter Pekrun wieder hoch: Hofarbeiter in einer chemischen Fabrik, aus der Not wird er selbständiger Handelsvertreter für Werbegeschenke, verkauft so weltbewegende Gegenstände wie Taschenmesser und Taschenkalender, heuert schliesslich bei der Schokoladefabrik Sprengel an und wird 1964 Geschäftsführer von Lindt & Sprüngli Deutschland. Und diesem Dieter Pekrun, der von sich selber sagt, er habe die Marke Lindt jenseits des Rheins zum «Mercedes der Schokoladeindustrie» gemacht, will der Abgesandte der Schweizer Zentrale, Vizedirektor Hans-Peter Meyer, nun also etwas von Marketingstrategien erzählen.

In Frankreich regiert seit zwei Jahrzehnten ein Mann, der innerhalb der Chocoladefabriken Lindt & Sprüngli AG eine Stellung geniesst wie kein zweiter: Frédéric W. Zimmer, gebürtiger Holländer mit französischem Charme und überzeugender Rhetorik, ein brillanter Manager. Als sich der französische Mineralwasserkonzern Perrier 1977 dazu entschliesst, die 100-Prozent-Tochter Consortium Français de Confiserie (CFC), bei der auch die Lindt & Sprüngli-Lizenz angesiedelt ist, zu zwei Dritteln abzustossen, sorgt Zimmer dafür, dass Rudolph Sprüngli diese zu einem guten Preis erwerben kann. Zwischen Sprüngli und dem wesentlich jüngeren Zimmer entwickelt sich ein Duzverhältnis, das Geschäftsleitungskollegen als «Vater-Sohn-Beziehung» beschreiben. Zum Dank für sein geschicktes Taktieren während den Verkaufsverhandlungen mit Perrier wird Zimmer Président Directeur Général der Lindt & Sprüngli S.A., Paris, bleibt aber auch Perrier-Direktor. Dank dieser Doppelfunktion und dem exzellenten Draht zum Firmenpatriarchen Sprüngli herrscht Zimmer in Frankreich wie ein kleiner König, vor dem sich Vizedirektor Meyer wie ein bittstellender Eindringling vorkommen muss.

Und in Italien wirkt mit Edoardo Bulgheroni, Verwaltungsrat des Lizenznehmers Bulgheroni SpA in Varese, noch immer ein ähnlicher Patriarch alter Schule wie ein Sprüngli in Kilchberg. Angesichts dieser zementierten Verhältnisse muss es für das Manager-Gespann Reeb/Meyer ein frommer Wunsch bleiben, ein von der Schweizer Zentrale koordiniertes Marketingkonzept einführen zu wollen. Das jahrelang gepflegte Eigenleben der Lizenznehmer erweist sich als resistent gegenüber allem Neuen.

1984, nur drei Jahre, nachdem er zum Direktionspräsidenten ernannt worden war, ist Hans-Rudolf Reeb ein von Resignation gezeichneter Mann. Einem Bekannten vertraut er an, dass er auf allen Ebenen von Blockierern und Bremsern umgeben sei. Er müsse sich darauf beschränken, das Qualitätsimage der Marke Lindt zu bewahren und hoffen, die in Vergangenem verhafteten Kader mit der Zeit aus ihren Positionen herausdrängen zu können. Soweit kommt es nicht mehr. Kurze Zeit später ist Hans-Rudolf Reeb am Ende seiner Kraft, ausgezehrt von einem Krebsleiden. Schliesslich wird er entlassen. Offizielle Sprachregelung für die Trennung: Reeb habe keine Strategie zuwege gebracht.

Über diese personellen Vorgänge an der Unternehmensspitze verliert Sprüngli in seinem Geschäftsbericht 1985 kein Wort. Nur wer die Zusammensetzung der Geschäftsleitung genau liest, kann erahnen, dass sich da oben Dramatisches ereignet haben muss. An der Spitze der Führungsmannschaft steht wieder ein altbekannter Name: Rudolph R. Sprüngli, Vorsitzender ad interim. Zu seinem Stellvertreter wird Marketingchef Hans-Jörg Meier befördert.

«Es ist dafür Sorge zu tragen, dass man genügend Zeit hat, bei Nichteignung einen zweiten Versuch zu unternehmen», hatte Sprüngli keine zehn Jahre zuvor in seinem Quasi-Vermächtnis doziert.

Sprüngli nimmt sich die Zeit. Viel Zeit. Und hält dabei seine Führungscrew in Bewegung. Der neue, alte Firmenchef will über alles orientiert sein. Jeden Mittwochmorgen haben ihm die Geschäftsleitungsmitglieder bei den gleichnamigen Sitzungen Rede und Antwort zu stehen, was oft Stunden in Anspruch nimmt. Dann gibt es die Sitzung des Präsidenten, alle vier Wochen ein Vormittag, für die Sprüngli eine Traktandenliste aufsetzt. Hinzu kommen übersichtliche, von der Geschäftsleitung verfasste Monatsrapporte; etwas weniger übersichtliche Zweimonatsrapporte und zentimeterdicke Quartalsrapporte.

1986 unternimmt der Firmenpatriarch einen zweiten Versuch, seine eigene Nachfolge zu regeln. Hans-Jörg Meier, bislang Marketingchef und für ein Jahr Sprünglis Stellvertreter, wird Direktionspräsident; der Patron zieht sich wiederum auf das Verwaltungsratspräsidium zurück. Neuer Marketingchef wird Hans-Peter Meyer. Und für den in Pension gehenden Finanzchef Martin Fehle tritt ein von der Vergangenheit unbelasteter Mann in die Firma ein: Hans Borner, bislang Leiter der Zürcher Niederlassung der Visura Treuhand-Gesellschaft. Wieder sitzen in den entscheidenden Positionen «operative Führung», «Marketing» sowie diesmal auch «Finanz» Manager, die nicht im Treibhaus von Sprünglis Direktionsvorsitz gross geworden sind. Und mit Rudolf Konrad Sprüngli, dem Sohn des Patriarchen, der als Vizedirektor Marketing Export angestellt wird, taucht erstmals seit knapp zwei Jahrzehnten neben dem Senior wieder ein zweites Familienmitglied in der Fabrik auf.

Hans-Jörg Meier, der neue Chef, packt das drängende Problem Internationalisierung der Chocoladefabriken Lindt & Sprüngli AG anders an als sein gescheiterter Vorgänger Reeb. Er will die Marke Lindt zu einer Eurobrand entwickeln und den prestigeträchtigen Schriftzug in allen Ländern nach gleichen Gesichtspunkten vermarkten. Lindt & Sprüngli soll, so das Ziel des neuen Mannes an der Spitze, zum ausschliesslich im obersten Preissegment tätigen Premiumanbieter bei industriell gefertigten Confiserie- und Pralineartikel sowie Schokoladetafeln werden. Nur so rechnet sich Meier eine Chance aus, dass die mittelgrosse Lindt & Sprüngli AG sich auch langfristig gegen Giganten wie Nestlé und Philip Morris (seit 1990 im Besitz der Marken Suchard und Tobler) behaupten kann. Um den bislang so starrsinnig dem Alten verhafteten Landesfürsten keine andere Wahl zu lassen als sich dem Diktat aus Kichberg zu beugen, müssen aber, darüber ist sich Meier im klaren, die bisherigen Lizenznehmer wenn immer möglich in echte Tochtergesellschaften umgewandelt werden.

So würde es in Zukunft möglich sein, in den ausländischen Produktionsstätten, insbesondere in Deutschland und Frankreich, auf Stellenbesetzungen im Kader oder Investitionen in die Marke Lindt Einfluss zu nehmen und zentrale Produktions- und Umsatzvorgaben durchzusetzen. Der neue Direktionsvorsitzende zählt bei seinem Ansinnen auf die neuen Manager an seiner Seite: Finanzchef Hans Borner muss einen Weg finden, damit die beabsichtigten Rückkäufe der Lizenzen für Lindt & Sprüngli überhaupt finanzierbar sind; Marketingchef Hans-Peter Meyer obliegt die Aufgabe, ein kohärentes Marketingkonzept zu erarbeiten.

Was Hans-Jörg Meier vorschwebt, ist ein zwar notwendiger, aber radikaler Bruch mit der Vergangenheit. Sollten diese Pläne Wirklichkeit werden, würde sich die noch immer in jeder einzelnen Pore vom Firmenpatriarchen Sprüngli durchdrungene Lindt & Sprüngli AG mit der Zeit in einen multinationalen Klein-Konzern verwandeln, in dem auch ausländische Manager Einfluss bekämen. Die Besitzerfamilie jedoch müsste sich wohl immer stärker mit einer Repräsentativrolle bescheiden. Meiers Absichten bergen explosiven Konfliktstoff.

1986 scheint in Kilchberg jedoch wirklich ein neuer Geist Einzug zu halten. An zwei ausführlichen Klausursitzungen, an denen Verwaltungsrat und Geschäftsleitung in corpore teilnehmen, werden diese Zukunftsszenarien diskutiert und gegen vereinzelte Widerstände für gut befunden. In einem fünfzigseitigen Dokument sind diese Visionen schriftlich festgehalten. Kaum haben die Lindt & Sprüngli-Verantwortlichen ihre revolutionären Gedanken zu Papier gebracht, haben sie auch bereits Gelegenheit, den Beweis zu erbringen, dass es ihnen ernst ist.

Der deutsche Lindt-Lizenznehmer, die Leonard Monheim AG in Aachen, schlingert seit Jahren. Der Firmenchef des mit 1,9 Milliarden Mark Umsatz grössten deutschen Schokoladeherstellers, Peter Ludwig, Professor, fünffacher Ehrendoktor und der wohl bedeutendste Kunstmäzen Europas, hat bereits 1983 einen Liquiditätsengpass seiner Schokoladefirma auf eine nicht alltägliche Art und Weise überbrücken müssen: Ludwig hatte 144 illustrierte, teils über tausend Jahre alte Handschriften in die Vereinigten Staaten verkauft und dadurch rund 85 Millionen Mark Liquidität für seine serbelnde Firma aufgetrieben.

Doch das persönliche Opfer des eingefleischten Kunstsammlers ist umsonst. Drei Jahre später, Mitte 1986, ist die Leonard Monheim AG total überschuldet, das Eigenkapital aufgezehrt, das Unternehmen am Ende. «Wäre von der Familiengesellschaft 1986 eine Bilanz veröffentlicht worden», sagt ein ehemaliger Monheim-Spitzenmanager Jahre später, «hätte Ludwig auf der Stelle Konkurs anmelden müssen.» Die deutsche Lindt-Lizenz, nach 36 Jahren Laufzeit im Strudel eines Konkurses, bei dem das geheime Fabrikationsverfahren womöglich in die Hände der Konkurrenz gelangen könnte? In Kilchberg, im Verwaltungszimmer der Lindt & Sprüngli AG, finden Krisensitzungen statt und bei Rudolph R. Sprüngli dürften Erinnerungen an den jahrzehntelangen Lindt-Prozess aufgebrochen sein. Es gilt sofort zu handeln.

Um den noch Jahre laufenden Lizenzvertrag mit der Leonard Monheim AG unverzüglich auflösen und die für die sofortige Eigenproduktion notwendigen Fabrikationsanlagen übernehmen zu können, muss Lindt & Sprüngli innert kürzester Zeit den Kaufpreis in Höhe von rund 120 Millionen Mark auftreiben. Da Firmenpatriarch Rudolph R. Sprüngli die stattlichen Bankguthaben und Wertschriftenbestände der Firma für den Rückkauf des deutschen Lindt-Geschäftes nicht angreifen will, verfällt Finanzchef Hans Borner auf eine für das Kilchberger Stammhaus sicherlich praktische Finanzierungsmethode, die jedoch Zündstoff für spätere deutsch-schweizerische Konflikte birgt.

Er gründet für diese grösste Investition in der Geschichte von Lindt & Sprüngli auf den British Virgin Islands die Finanzgesellschaft Lindt & Sprüngli Ltd. Diese legt auf dem deutschen Kapitalmarkt zwei Optionsanleihen mit je sieben-jähriger Laufzeit über insgesamt 160 Millionen Mark (141,8 Millionen Schweizer Franken) zu zwei und 3,25 Prozent Zins auf. Diese Gelder werden vom Stammhaus zum marktüblichen Zinssatz in der Grössenordnung von acht Prozent an die nun-mehr zur eigenen Tochter mutierten Lindt-Deutschland aus-geliehen. Zweck dieser Finanzübung: Ohne einen Franken ei-genes Geld in die Hand zu nehmen, kauft Rudolph Sprüngli das deutsche Lindt-Geschäft samt Lizenz auf, oder pointierter ausgedrückt, die deutsche Lindt-Tochter finanziert ihren eige-nen Kauf mit. Und die Schweizer können erst noch die Zins-differenz zwischen Option und Gesellschafterdarlehen in die eigene Ertragsrechnung einfliessen lassen. Dadurch verbessert sich die Ertragsrechnung des Kilchberger Stammhauses jedes Jahr um einen Millionenbetrag.

Nicht nur wegen diesem geschäftlichen Erfolg ist 1987 ein besonderes Jahr für Rudolph Sprüngli. Am 2. November feiert er im Restaurant Krone in Regensberg sein 40jähriges Jubiläum im Dienste der Firma. Er tut es im Bewusstsein, dass sich ge-rade in jüngster Zeit, nach der Übernahme der Aktienmehr-heiten des französischen und deutschen Lizenznehmers, die Chocoladefabriken Lindt & Sprüngli AG eine rasante Wand-lung durchgemacht haben. Vor versammelter Geschäftsleitung und Verwaltungsrat sagt der Patron: «In einer Zeit, wo alles komplexer und labiler wird, haben wir einen grösseren Nach-holbedarf gehabt. Die Erarbeitung einer strategischen Planung ist in diesem Zusammenhang für unser Unternehmen von we-sentlicher Bedeutung gewesen und wird es noch während der nächsten zehn Jahre sein.»

Auch seiner Frau Elisabeth, die nach aussen höchstens in Erscheinung tritt, wenn es an einem festlichen Anlass eine Pi-per-Maschine mit Champagner zu begiessen oder bei der Er-öffnung der Zweigniederlassung Altendorf eine Bronzetafel zu enthüllen gilt, erweist der Patron in dieser Feierstunde seine Reverenz und sagt: «Es ist mir jetzt noch ein besonderes Anliegen, auf meine Frau zu sprechen kommen. Sie ist diejenige, die im Verlaufe der vergangenen vierzig Jahre alle Stürme und alle Sorgen in einer Auffangstellung mitgemacht hat. Sie war eine echte Mitkämpferin. Sie ist im Verlaufe dieser Zeit auch zur grössten Einzelaktionärin unserer Firma geworden. Ich habe gewünscht, dass sie heute abend ebenfalls eingeladen wird, weil das für sie das 40jährige Jubiläum einer ununterbrochen spannungsgeladenen Zeit ist. Es war eine Zeit, die von ihr zahlreiche persönliche Opfer abgefordert hat. Sie hat im Hintergrund für die Firma weitaus mehr getan als das von aussen anerkannt werden könnte.»

Und noch im selben Schicksalsjahr, anlässlich der Weihnachtsfeier, zeigt sich Sprüngli auch gegenüber seinem Spitzenmanager Hans-Jörg Meier voller Dankbarkeit: «Gerne ergreife ich die Gelegenheit, um Dir für Deinen grossen und umsichtigen Einsatz für unsere Unternehmung zu danken. Ich bin immer wieder beeindruckt von der Fülle der Aufgaben, die Du imstande bist zu bewältigen. Du hast die Fähigkeit, sehr viele Probleme gleichzeitig zu erkennen und ihre Lösung spontan in die Wege zu leiten. Das macht Dir so schnell keiner nach. Ich hoffe nur, dass Du das von Dir selbst auferlegte Tempo auch durchhältst. Ich habe Dir das zwar schon oft gesagt. Du wirst dieser Bemerkung einen kleinen Abwehrschleier entgegenhalten, aber es ist dies eben doch eine echte Besorgnis meinerseits.»

Eigentlich könnte der inzwischen im Pensionsalter stehende, die AHV-Höchstrente beziehende Rudolph Sprüngli sich nun beruhigt zurücklehnen: Die Lindt & Sprüngli AG hat die ersten Schritte der Internationalisierung erfolgreich hinter sich gebracht und für seinen neuen Spitzenmann findet der Firmenpatriarch nur lobende Worte. Doch Sprüngli ist auf der Lauer. Es zeichnet sich ein Kampf ab um das letzte grosse, noch nicht unter Sprünglis Kontrolle befindliche Paket von Lindt & Sprüngli-Aktien. Peter Ammann, Sohn seines inzwischen über 80jährigen Cousins Max Ammann, in dessen Besitz sich rund 1000 Namenaktien mit einem Kurswert von über 20 Millionen Franken befinden, bereitet ernstzunehmende Schwierigkeiten. Ammann junior begehrt seit Jahren Einlass in den Verwaltungsrat, andernfalls droht er damit, diese gewichtige Anzahl von Titeln andersweitig zu verkaufen. Ausgerechnet in seinem Jubiläumsjahr spitzt sich die innerfamiliäre Auseinandersetzung zu.

Einmal mehr gilt es rasch aktiv zu werden. Peter Ammann erklärt sich zwar bereit, seine Aktien Sprüngli zu verkaufen, allerdings nur unter der Bedingung, dass dieser die Titel sofort und zum Tageskurs übernimmt. Wieder muss der Firmenpatriarch bei der Finanzierung dieses zweistelligen Millionengeschäfts Phantasie walten lassen.

Vor einiger Zeit hat Sprüngli einen betriebseigenen «Patronalen Fonds für Pensionskassenergänzungen» eingerichtet und bei jeder Kapitalerhöhung der Firma einen Teil des Stiftungsvermögens in Lindt-&- Sprüngli-Aktien angelegt. Über die Jahre kommen auf diese Art und Weise rund 2500 Titel zusammen. Für Rudolph Sprüngli ist dieser Fonds ein praktisches Instrument: Als Fonds-Präsident verfügt er über die Stimmkraft der dort gebunkerten Aktien. Naheliegend also, die millionenschweren Namenaktien von Max und Peter Ammann über das Stiftungsvermögen zu finanzieren und in dem Fonds für Pensionskassenergänzungen zu deponieren. Wieder beschreitet der Firmenpatriarch einen einfallsreichen Weg, um ein drängendes finanzielles Problem ohne eigenes Geld zu lösen.

Doch diesmal erwächst ihm unerwarteter Widerstand. Hans Borner, sein Finanzchef, ein pedantischer und bestens qualifizierter Treuhänder, der den Kauf abzuwickeln hat, sperrt sich dem Ansinnen von Rudolph Sprüngli. Borner stellt die Bedingung, dass angesichts des Gewichtes dieses Aktienpaketes nicht der Patron allein die Verfügungsgewalt darüber ausüben sollte, sondern die gesamte Familie. Deshalb fordert der Finanzmann, dass ein Aktionärsbindungsvertrag mit der Familie abgeschlossen und eine neutrale Person zum Fondspräsidenten ernannt werden sollte.

Borner hat keine Chance, diesen Kampf zu gewinnen. Da es sich um einen patronalen Fonds handelt, sitzen keine Arbeitnehmervertreter im Stiftungsrat; deren Mitglieder sind allesamt Sprüngli-Vertraute, die Verwaltungsräte Kurt Reichlin und Martin Fehle oder Rudolf Konrad Sprüngli, der in Geschäftsleitung und Aufsichtsrat aktive Sohn. So setzt sich der Wille des Patriarchen durch. Der Kauf des Ammann-Paketes wird über das Stiftungsvermögen finanziert und Präsident Sprüngli wacht weiterhin über die geballte Stimmkraft der im Fonds gelagerten Aktien. Deren Zahl ist inzwischen auf 3500 Stück oder rund zwölf Prozent des Aktienkapitals der Lindt & Sprüngli AG angewachsen. Nur eins wird Sprüngli auch nach dem erfolgreichen Kauf dieses letzten bedeutenden Familien-Paketes nicht vergessen: Dass es der bei ihm angestellte Finanzchef Borner gewesen war, der gegen seinen Willen opponiert hatte.

Derweil bewegt sich die Firma in Riesenschritten weiter in Richtung Internationalisierung: in Hongkong und Stratham (USA) werden eigene Vertriebsgesellschaften gegründet; vom Mineralwasserkonzern Perrier erwerben die Kilchberger auch die letzten 35 Anteilsprozente an der Lindt & Sprüngli S.A., Paris. Dass die Chocoladefabriken Lindt & Sprüngli AG innert einiger weniger Jahre zu einem eigentlichen «Klein-Multi» mutiert sind, zeigt sich auch daran, dass Lindt-Deutschland in seinem ersten Geschäftsjahr punkto Umsatz das Schweizer Stammhaus überrundet und auch die französische Tochtergesellschaft gegenüber der Mutter nur wenig zurückbleibt.

Auch in Kilchberg treibt der Direktionsvorsitzende Hans-Jörg Meier die Entwicklung unbeirrbar voran. Er ruft mit dem sogenannten «Group Council» einen inneren Beratungszirkel ins Leben, der die grossen wegweisenden Unternehmensentscheide vorzubereiten hat. Es ist eine recht heterogene Männerrunde, die da zweimal im Jahr zusammenkommt: Der Direktionsvorsitzende Hans-Jörg Meier, der eigentliche Motor, der einen zackigen Führungsstil pflegt; Finanzchef Hans Borner, eher einer von der stilleren Sorte, aber ein ausgewiesener Profi in seinem Fach und der inzwischen zum Direktor Marketing avancierte Rudolf Konrad Sprüngli, des Patrons Ältester, der sich anschickt, sich vom Vater freizuschwimmen. Hinzu kommen die Leiter der zwei bedeutendsten Auslandtöchter: Jürgen Haag, seit 1986 Deutschland-Chef, Doktor der Ökonomie, ein Schnelldenker und -redner, den ein Kollege mit «penetrant brillant» charakterisiert; sowie Frédéric W. Zimmer, der den schmucken Titel Président Directeur Général von Lindt Frankreich nicht nur zur Zierde trägt, sondern sich auch so fühlt. Ein charmanter und nicht weniger brillanter Manager, mit dem jedoch schlecht Kirschen essen ist, wenn ihm etwas gegen den Strich geht.

In diesem «Group Council» prallen die Meinungen ungeschminkt aufeinander, wird deutlich, auf welch dünnem Eis sich die nun international ausgerichtete Lindt & Sprüngli AG bewegt. Als vorab die Chefs der ausländischen Tochtergesellschaften darauf drängen, für das Schweizer Stammhaus transparente Ertragszahlen auszuweisen, in Kilchberg Holdingfunktionen und operatives Geschäft zu trennen und auch eine echte Gruppenstruktur zu installieren, treten diese damit eine Lawine los, deren zerstörerischen Kräfte ausser Kontrolle geraten sollten.

Jahrzehntelang hatte die Addition des Reingewinns des Stammhauses einer Milchmädchenrechnung geglichen: Erträge aus dem Schokoladeverkauf in der Schweiz sowie Export ab Kilchberg plus Lizenzeinnahmen aus dem Ausland, die sich im Durchschnitt auf zwei Prozent des Umsatzes der Lizenznehmer belaufen, ergeben jenen Millionengewinn, aus dem die Dividenden gezahlt werden. Als nun wohl erstmals in der Geschichte der Firma die Zusammensetzung des Stammhaus-Reingewinns von Finanzchef Hans Borner genauer unter die Lupe genommen wird, kommt Fürchterliches zutage: Das eigentliche operative Schokoladegeschäft der Kilchberger Fabrik ist seit Jahren defizitär. «Die Erträge des Stammhauses, die Jahr für Jahr so stolz dargestellt werden», sagt ein mit den Verhältnissen Vertrauter, «ist das Geld, das in Deutschland, Frankreich oder Italien verdient wird und in Form von Lizenzgebüren nach Kilchberg fliesst.»

Für Rudolph Sprüngli muss diese Einsicht unerträglich sein: In der Fabrik seiner Väter und Vorväter sollen im operativen Geschäft seit Jahren rote Zahlen geschrieben werden? Das Kilchberger Stammhaus, für den Firmenpatron das Mass seiner unternehmerischen Leistung, eine von den Gewinnen der ausländischen Töchter abhängige Schokoladefabrik? Diese Vorstellung ist derart ungeheuerlich, dass selbst Verwaltungsrats-vizepräsident Kurt Reichlin die Lindt & Sprüngli-Manager zur Vorsicht mahnt: Das Stammhaus, so der Jurist im Vieraugen-gespräch, müsse um jeden Preis geschützt werden. Es müsse in der Öffentlichkeit blütenweiss dastehen, als das Haus, das die Dividende zahlt und das Image prägt. Deshalb müsste es gesicherte Einkünfte haben. «Finanzchef Hans Borner hat dann auch alle buchhalterischen Register gezogen, um den Ausweis von operativen Verlusten zu verhindern», sagt ein ehemaliger Managerkollege. Borners Nachfolger gelingt dieses Kabinett-stück nicht mehr. 1991 muss das Stammhaus einen operativen Verlust ausweisen.

Sprünglis Manager rühren jedoch noch an ganz andere Tabus: Die ehrwürdige Fabrik in Kilchberg abzubrechen, so lautet einer ihrer Pläne, und auf der grünen Wiese eine moderne Produktionsstätte zu erstellen. Der Grund: Das Stammhaus mit seinen vier Stockwerken genügt nach mehreren An- und Umbauten den Erfordernissen modernen Materialflusses nicht mehr. Mehrere Arbeiter sind ausschliesslich damit beschäftigt, Rohstoffe und Halbfabrikate hin- und herzuschieben und stehen in Stosszeiten an den Liften Schlange. Eine Lösung könnte sein, das an einer Spitzenlage gelegene Kilchberger Firmenareal für teures Geld zu veräussern und mit dem Erlös einen Neubau zu erstellen. Doch Sprüngli hat – anders als einst sein Ahne Sprüngli-Schifferli – die Courage zu einem derart radikalen Schnitt nicht. Er legt sein Veto ein.

Dem Firmenpatriarchen müssen seine eigenen Manager um die treibende Kraft Hans-Jörg Meier mit der Zeit unheimlich geworden sein. Angesichts des rasanten Wandels muss sich Sprüngli bisweilen in seiner eigenen Firma fast als Fremder vorkommen. Als einer, der nur noch als weitgehend passiver Zuschauer mitansehen muss, wie das von ihm bezahlte Management sein Unternehmen Schritt für Schritt und radikal bis zur Unkenntlichkeit umkrempelt. Als einer schliesslich, der vom täglichen Informationsfluss immer stärker abgeschnitten ist und sich Führungskräften gegenübersieht, die besser über das laufende informiert sind als er selbst. An diesem Zustand der Ohnmacht ändert auch die Tatsache nur wenig, dass sich Sprüngli pausenlos Rapporte schreiben lässt und sich die Akten in seinem Büro mittlerweile türmen. Er kommt mit Lesen gar nicht mehr nach.

Anfang 1988 bringt Sprüngli Gedanken zu Papier, die von Überforderung, aber auch Hoffnung und Zuversicht handeln: «Während meinem Leben hatte ich immer wieder und schicksalshaft mit starken Persönlichkeiten zu tun. Persönlichkeiten, die mir in vielem überlegen waren. Aber was hilft uns immer und immer wieder die sich aufbauenden Schwierigkeiten zu überwinden? Es ist doch die Überzeugung, dass sich dort alles zum besten wendet, wo man das Gute will. Wir können uns an Batterien anschliessen, die uns ausserordentliche Kraft vermitteln. Schliesslich siegt das Licht über das Dunkle.»

Als am 23. Dezember 1988, die Spitzen der Lindt & Sprüngli AG sitzen gerade beim festlichen Diner im Zürcher Nobelhotel Baur au Lac, der Frankreich-Chef und Sprüngli-Vertraute Frédéric W. Zimmer in harten Worten die zentralistische Führung des Direktionsvorsitzenden Meier geisselt, wird möglicherweise auch Sprüngli klar, dass er nun handeln sollte.

Die Entscheidung fällt am 25. Juli 1989. In Würenlingen wird ein gemeinsamer Jagdfreund von Sprüngli und Meier beerdigt. Der Firmenpatriarch verhält sich gegenüber seinem Spitzenmanager, mit dem er seit Jahren per Du ist, auffallend kühl und distanziert. Kaum ist die Trauerfeier beendet, verschwindet Sprüngli. Noch am selben Tag, so wird er später Freunden erzählen, nimmt er bei einem Fachmann einen wichtigen Termin wahr: Er spricht mit ihm über die nagenden Zweifel, die er gegenüber seinem Direktionsvorsitzenden hegt und über seine Angst um die Zukunft der Firma. Der Fachmann rät ihm, unverzüglich den Verwaltungsrat zu informieren und zu handeln. Der Fachmann ist in Wahrheit eine Frau und heisst Alexandra Gantenbein.

VIII

Eine Frau drängt nach oben

*Eine Frau geht dubiosen Geschäftemachern auf den Leim, versucht
sich erfolglos als Erfinderin, gelangt schliesslich über eine Heirat in
eine bessere Gesellschaft und in die Nähe eines wohlhabenden
Kilchberger Schokoladefabrikanten*

Im St. Gallischen Hemberg, wo die Schindeln an den Häusern
noch aus Holz sind, die Luft noch immer nach Heimat, die
Wiesen nach Kindheit riechen, wohnt Mitte der 50er Jahre im
«Unterdorf» ein kleines Mädchen, das einer sonderbaren Lei-
denschaft frönt: Immer, wenn es sich unbeobachtet fühlt,
durchquert es das Dörfli und läuft die sanft ansteigende Strasse
hinauf ins «Oberdorf». Erst bei der Kirche mit dem weitherum
sichtbaren Zwiebelturm hält es inne, drückt die schwere Eingangstüre auf und betritt das Gotteshaus. In der hintersten Reihe
setzt es sich auf die hölzerne Bank, richtet den Blick an die
Decke und betrachtet geraume Zeit und still die bunten Fresken. Es sieht Jesus bei der Taufe; Jesus inmitten seiner Jünger,
Jesus bei der Kreuzigung. Und von überall her blicken
Engelsgesichter auf das einsam dasitzende Kind hinab. Diese
Fresken in der katholischen Kirche in Hemberg müssen auf das
Kind eine magische Anziehungskraft ausüben. Immer und im-
mer wieder kehrt es an diesen Ort zurück.

Nur ein Steinwurf von hier ist das kleine Mädchen am 2.
April 1948 geboren. In einem Haus mit niedrigen Decken, das
im Schatten der zweiten, der Evangelischen Kirche Hembergs
steht und den Blick freigibt zum majestätischen Säntis. Getauft
wird das Neugeborene auf Heidi. Heidi Gantenbein. Es ist eine
bescheidene Welt, in die Heidi hineingeboren wird: Der Vater,

165

Andreas Gantenbein, ein stiller, arbeitsamer Mann, findet sein Auskommen als Schreiner in der nahegelegenen Zimmerei Brunner. Die Mutter, Fanny, eine etwas nervöse Frau, verdient als Näherin einen Zustupf. Nur so lassen sich die chronischen Geldsorgen der dreiköpfigen Arbeiterfamilie etwas lindern. In der kleinen Wohnung herrscht biedere Gemütlichkeit. Das Häkeldeckchen liegt stets akkurat auf dem Wohnzimmertisch, daneben der Ohrensessel.

Gantenbeins sind verwurzelt im 1000-Seelen-Dorf Hemberg, das neben einer malerischen Bergkulisse, sieben Gast- und zwei Gotteshäusern nichts Aufregendes zu bieten hat. In der protestantischen Kirche haben Andreas und Fanny einst vor dem Altar gestanden und den Bund fürs Leben geschlossen. Johannes Gantenbein, der Bruder von Andreas, Landwirt von Beruf, betreibt ganz in der Nähe seinen Hof. Diesen soll der Sohn Fridolin dereinst weiterführen. Trotz der familiären Bande kehren Andreas, Fanny und Heidi Gantenbein nach einigen Jahren dem heimischen Hemberg den Rücken und ziehen ins Appenzellerland, wo ein besserer Verdienst lockt. Im Speicher, oberhalb von St. Gallen, geht Heidi auch zur Schule. Sie ist eine fleissige und disziplinierte Schülerin, aber zur Matura reicht es nicht. Mit Sechzehn bricht Heidi aus dieser ländlichen Enge aus. Lebenshungrig und ohne einen Beruf erlernt zu haben, geht die noch nicht einmal Volljährige nach Paris. In der pulsierenden Grossstadt will sie ihr eigenes Glück versuchen. Doch das aufregende Leben, von dem sie vielleicht geträumt hat, erwartet Heidi Gantenbein nicht an der Seine. Als Haushaltshilfe in einer Pariser Familie schrubbt sie Böden und bügelt Hemden. Eine leichte Verbesserung ihrer Lebensumstände tritt ein, als sie in einem Restaurant Serviererin wird. Nachdem sie einen Franzosen kennengelernt hat, sich mit diesem verlobt, und die Verliebten gemeinsam für ein eigenes Restaurant sparen, sieht Heidi Gantenbein ihre Zukunft rosarot. Kurze Zeit später platzt die Idylle: Der Verlobte hat sich aus dem Staub gemacht, und die tief getroffene Heidi kehrt mit ihrem Ersparten zurück in die Schweiz.

Diese Niederlage frisst sich in ihr Bewusstsein ein. Um diese Zeit fasst Heidi einen Entschluss: Nie wieder soll sie jemand auf solch niederträchtige Art behandeln. Sie will um ihren Aufstieg kämpfen und zu Geld kommen. Denn wer Geld hat, das hat Heidi Gantenbein begriffen, hat auch Macht. Und wer Macht hat, den schiebt keiner mehr so einfach zur Seite. Als sie von einem Immobilienmakler hört, der Partner zur Beteiligung an Liegenschaftsobjekten sucht und sagenhafte Renditen verspricht, wittert Heidi ihre Chance. Sie schlägt alle Warnungen von Freunden und Bekannten in den Wind, gibt einen guten Teil ihrer Rücklagen aus der Hand und hofft auf wundersame Vermehrung. Doch vom Makler und den versprochenen Profiten hat Heidi nie mehr etwas gehört.

Nachdem sich der Traum vom schnellen Geld als Fata Morgana entpuppt hatte, lässt sich Heidi im Schnellverfahren zur Sekretärin ausbilden. Sie arbeitet als Temporärkraft bei Knorr und Philipps.

Im Jahre 1972 erscheinen Inserate in der Schweizer Presse, die Heidi Gantenbein sofort ins Auge stechen. Anzeigen, wie diese: «Ich wollte erfolgreich sein und nicht weniger als 100 000 Franken im ersten Jahr verdienen, mein eigener Chef sein und von anderen respektiert werden. Wenn Sie so denken und 12 600 Franken investieren können (ohne jedes Risiko) und dazu gewillt sind, sich 100prozentig einzusetzen, bin ich gerne bereit, Ihnen – in Verbindung mit einer bekannten Weltfirma – in einem der am schnellsten wachsenden Industriezweige dieselbe Gelegenheit zu bieten, wie sie mir einmal geboten wurde.»

Erfolgreich sein, respektiert werden und das bei einem sagenhaften sechsstelligen Einkommen, das ist Heidis Traum. Für Heidi Gantenbein muss es so scheinen als sei dieses Inserat an sie persönlich gerichtet. Eine «bekannte Weltfirma», in einem «am schnellsten wachsenden Industriezweige», das klingt in ihren Ohren seriös. Und sich das schwindelerregende Einkommen zu erarbeiten, scheint erst noch kinderleicht zu sein. Wer der «Weltfirma» Holiday Magic, einem amerikanischen Kosmetikunternehmen mit einem Schweizer Ableger im aargauischen Döttingen, besagte Summe überweist, darf sich mit dem Titel eines «Master-Grosshändlers» schmücken und bekommt dafür erst noch eine stattliche Menge an Kosmetikartikeln geliefert. Was aber viel mehr zählt: Ein «Master-Grosshändler» vergibt sogenannte Holiday Magic-Konzessionen beispielsweise an Freundinnen und Bekannte, die dann ihrerseits als Beraterinnen die Kosmetika an Private veräussern. Und von jedem verkauften Holiday-Magic-Produkt erhält der «Master-Grosshändler» eine Provision.

Die Rechenbeispiele, die Holiday-Magic-Leute unter den Interessenten kursieren lassen, beflügeln die Phantasie. Ein Händler, für den 50 Beraterinnen im Monat für bescheidene 600 Franken Kosmetikartikel verkaufen und demnach 30 000 Franken umsetzen, erhält ohne einen Finger zu rühren 15 Prozent oder 4500 Franken Provision. Heidi ist von dem todsicher scheinenden, schneeballartigen Geldvermehrungssystem begeistert. Sie investiert die Tausender gleich im Dutzend in die Holiday Magic, nimmt, als ihr eigenes Geld nicht reicht, Kredite auf und investiert sogar das Ersparte der Mutter. Wer bei Holiday Magic aufsteigen will, darf nicht zimperlich sein. Und jeder neue Holiday-Magic-Titel erfordert Nachschub an Barem.

Nach einigen Monaten ist Heidi Gantenbein nicht wohlhabend, wie das in den Inseraten in Aussicht gestellt worden war, sondern bis über beide Ohren verschuldet. Sie sitzt auf Bergen von unverkäuflichen Kosmetikartikeln, besitzt wertlose Phantasietitel und muss weitere Kredite aufnehmen, um ältere Verbindlichkeiten abzulösen. Ein Teufelskreis. Einem Bekannten, dem sie ein paar Cremes zu verkaufen hofft, vertraut sie an, dass sie inzwischen mit einer runden Summe von 100 000 Franken in der Kreide steht.

Mit ihrem Gehalt als Teilzeit-Sekretärin stehen die Chancen schlecht, aus diesem finanziellen Schlamassel in absehbarer Zeit herauszukommen. Ist es Not oder Naivität, dass Heidi auf die Idee kommt, Gebrauchsgegenstände wie Wegwerfwaschlappen oder Säckchen für Wäscheklammern herzustellen und auch noch darauf zu hoffen, dass sie damit das grosse Geld machen könnte? Dass sie sich obendrein von einem Bekannten dazu überreden lässt, diese Zeugnisse ihrer geistreichen Erfindungskraft vor Geschäftsleuten zu präsentieren, im Glauben, das eine oder andere liesse sich in grossem Stile produzieren? Wie dem auch sei. Jedenfalls lautet eine Adresse, die sie von ihrem Bekannten in die Hand gedrückt bekommt, auf Martin Hürlimann, Mitbesitzer und Chef der gleichnamigen Bierbrauerei in Zürich-Enge und Verwaltungsrat von Lindt & Sprüngli. Bestückt mit einer ganzen Liste von potentiellen Interessenten geht Heidi Gantenbein mit ihren Waschlappen unterm Arm Klinken putzen.

Die Geschäftsleute, allesamt männlichen Geschlechts, reagieren gönnerhaft-charmant auf den Besuch der jungen Frau, die ihnen ihre hausbackenen Gebrauchsartikel andrehen will. Ja, das sei ja wirklich ganz nett, was sie da mitgebracht habe, so die immer gleichlautenden Kommentare, es müsse aber gut überlegt sein, was sich damit anstellen lasse. Mehr Neugierde bringen die angesprochenen Herren jedoch der Frau entgegen, die da etwas unbeholfen-naiv in ihrem Büro steht. Eine elegante Erscheinung. Ein Gesicht, das manch einen entfernt an die Filmschönheit Greta Garbo erinnert: hohe Wangenknochen, grosse, mandelförmige Augen, schön geschwungene Lippen. Heidi Gantenbein verbreitet jene leicht unterkühlte Aura, die auf viele Männer wirkt.

Keine ihrer Erfindungen wird je patentiert und keiner dieser Geschäftsleute hat ein Musikgehör für Heidis finanzielle

Zwangslage. Aber mehr als einer schätzt ihre gelegentliche Begleitung beim abendlichen Ausgang. Es sind Verabredungen, bei denen sich Heidi für Stunden in eine Welt versetzt fühlt, in der Geldsorgen ein Fremdwort zu sein scheinen. Das imponiert ihr und stachelt ihren Ehrgeiz an. Und immerhin wird ihr bewusst, dass sie, das Arbeiterkind aus Hemberg, Waffen besitzt, die manch einen gestandenen Manager auf Touren bringen.

Für ein schuldenfreies Leben geben diese Männerbekanntschaften jedoch nicht genug her. Und statt den Aufstieg zu schaffen, rutscht Heidi vorerst abwärts. In ein Milieu, in dem ihr Taufname Heidi wie ein unzeitgemässes Überbleibsel aus einem bieder-bürgerlichen Vorleben klingt. Sie nennt sich fortan Alexandra.

Mitte der siebziger Jahre wird Alexandra Stammgast in der Otterbar an der Oberdorfstrasse im Herzen der Zürcher Altstadt. In die stimmungslose Bar tritt nur ein, wer weiss, was er sucht. Hier verkehren Zuhälter, Halbganoven und Fotomodelle auf der Durchreise, die in dem dazugehörenden Hotel nächtigen. Auf der anderen Strassenseite, im Restaurant «Weisser Wind», trifft sich eine Gesellschaft, die man die «bessere» nennt. Jeweils am ersten Montag im Monat versammeln sich in der Zunftstube im ersten Stock die Zünfter zum Weggen. Auf dem Rodel der im Jahre 1336, im tiefsten Mittelalter gegründeten Zunft, ist manch stadtbekannte Persönlichkeit verzeichnet, währschafte Bäcker und etliche soziale Aufsteiger, die sich von diesem Männerverein gesellschaftliche Anerkennung und geschäftliche Verbindungen erhoffen.

Auch heute noch verkehren in diesem traditionsreichen Verein Mitglieder alter Zürcher Gewerbefamilien: vom Brauereibesitzer bis zum Bäckermeister, vom noblen Juristen aus des Zürichbergs Anwaltskanzleien bis zum lokalen Bau-Grossunternehmer, vom Pianisten, Instruktionsoffizier bis zum protestantischen Pfarrherrn.

Zwei Welten also, die anfangs der 70er Jahre auf beiden Seiten der Oberdorfstrasse verkehren: In der Nummer sieben, in der Otterbar, eher lichtscheue Gestalten; in der Nummer zwanzig, in der Weggen-Zunftstube im «Weissen Wind», betuchte Herren, Persönlichkeiten des Zürcher Establishments. Die Männer, die in der Nummer zwanzig verkehren, besitzen allesamt im Überfluss, was in der Nummer sieben schmerzlich fehlt: gesellschaftliche Anerkennung und materielle Sicherheit.

Zum traditionellen Martinimahl, das stets am 11. November stattfindet, pflegen die Zünfter zum Weggen eine Gans zu verspeisen in Erinnerung daran, dass vor Generationen an diesem Tag im Jahr die Steuern in der Stadt in Form von Naturalien bezahlt worden sind. An diesem Traditions-Anlass sind üblicherweise kaum Absenzen zu verzeichnen.

Wohl auch nicht bei jener Gelegenheit vor knapp zwanzig Jahren, als die zünftigen Herren die traditionelle Mahlzeit mit einer ungewöhnlichen Zutat serviert bekommen. Etwas Frivoles hatte das Organisationskomitee ins Auge gefasst. Auf der anderen Strassenseite, in der Otterbar, war es fündig geworden.

Als die im Zunftsaal ausharrenden Zünfter die Bescherung zu Gesicht bekommen, erreicht die Stimmung den Siedepunkt. Männerhände klatschen vor Begeisterung auf Männerschenkel. Und während der Stäfener Rotwein in rauhen Mengen durch die Kehlen rinnt, der Saal mit Zigarrenrauch vernebelt wird und der männliche Verstand langsam unter den Bauchnabel rutscht, entblättert sich vorne, unter dem Zunftwappen Dessous für Dessous eine zierliche Frau. Ein Gesicht, das entfernt an Greta Garbo erinnert: hohe Wangenknochen, grosse, mandelförmige Augen und schön geschwungene Lippen.

Für einen Weggen-Zünfter endet die Begegnung mit der Schönen «mit Sex Appeal und einer betörenden Ausstrahlung», so ein damals anwesender Zünfter, tragisch. Er verliebt sich über beide Ohren in sie, lädt sie zu teuren Essen und Reisen ein, verwöhnt sie mit Geschenken, macht Schulden und verliert schliesslich seinen gutdotierten Job. Seine Ehefrau verkraftet das alles nicht. Sie begeht Selbstmord.

Lange braucht Alexandra nicht mehr in der Otterbar zu warten. Sie weiss nun, bei welchen Herren sie ihre Reize spielen lassen muss. Das Entreé in die finanziell besseren Kreise hat sie jetzt geschafft. Nach kurzer Zeit empfängt Alexandra in einer unauffälligen Eigentumswohnung. Es ist ein Appartement in einem unscheinbaren Häuserblock in der Bienenstrasse, in unmittelbarer Nachbarschaft zum Zürcher Hotel Nova-Park. Eine mit Bedacht gewählte Adresse, die seinerzeit auch die als Geldwäscher verurteilten Gebrüder Magharian für ihre dubiosen Geschäfte genutzt hatten. Als wären die bei Alexandra Angemeldeten ganz gewöhnliche Hotelgäste, steuern sie die Novapark-Tiefgarage an und gelangen ungesehen per Lift direkt zum Rendezvous. Der gleiche Schleichweg dient dem diskreten Rückzug.

Durch die Novapark-Tiefgarage gelangen Ärzte, Juristen, Architekten, Unternehmer zu Alexandra. Sie bekommt viel zu hören. Von beruflichem Stress; von Managern, die nicht mehr weiter wissen; von kaputten Familien, bei denen nur noch die Fassade aufrecht erhalten wird; von Ehen, die längst keine mehr sind. Oft hört sie nur zu, bekommt Einblick in die Sinnkrisen von Männern, denen es meist nur an einem nicht mangelt: an Geld. «Manchmal», sagt ein ehemaliger Kunde, «hatte auch Alexandra Depressionen.» Doch meistens hält sie die Bewunderung für ihre Besucher in guten Stellungen bei Laune. Mitte der siebziger Jahre hatte sie es geschafft: Sie hat ihren Schuldenberg abgetragen, verfügt über Reserven und einen reichen Erfahrungsschatz im Umgang mit der männlichen Psyche.

Dieser Verschleissjob geht an der sittenstreng erzogenen Alexandra nicht spurlos vorüber. Jahre später erzählt sie einem Bekannten aus dieser Zeit und spricht mit versteinertem Gesicht Worte, die jener nicht vergessen hat: «Ich habe viel mitgemacht. Ich habe in die Hölle gesehen. Ich habe vor dem

Abgrund gestanden. Ich bin auf den Knien gegangen, habe Gott angefleht, er solle mich erlösen.» Als sie den Zwiespalt, in dem sie lebt, immer schlechter erträgt, rät ihr eine Freundin, umzusatteln und einen Kursus in Heilmassage zu besuchen. Ein Bekannter aus anderen Zeiten, ein Zünfter zum Weggen, bringt sie mit einem philippinischen Geistheiler zusammen, der die Suchende in die Geheimnisse seiner Kunst einweiht. Alexandra hat ein neues Betätigungsfeld gefunden, auf das sie sich mit Inbrunst stürzt und das sie zu versilbern hofft. «Sie hat in ihrem Appartement einfach das Sofa durch einen Massagetisch eingetauscht», sagt ein damaliger Weggefährte.

Auf diesem Tisch liegt an einem Tag im Jahre 1979 ein älterer Herr, der in der Zürcher Innenstadt ein Dentallabor betreibt. Dort bastle er, behauptet er jedenfalls, Zahnprothesen für den halben Zürichberg und verdiene sich dumm und duselig. Er erzählt aber auch von einer religiösen Vereinigung namens «I AM». Diese verhelfe zu Reinheit an Körper und Seele. Alexandra, die seinerzeit mit naiver Begeisterung bei Holiday Magic eingestiegen ist und ebenso enthusiastisch einem philippinischen Geistheiler während der Arbeit auf die Finger geschaut hat, ist einmal mehr Feuer und Flamme.

Begierig saugt sie die Worte von dem praktizierenden I AM-Mitglied in sich auf. Hört von Reinkarnation und Wiedergeburt, der Existenz und reinigenden Kraft einer violetten Flamme; hört von einer über jedem Menschen schwebenden göttlichen Lichtquelle, die durch einen Lichtstrahl mit der irdischen Hülle verbunden sei. Hört schliesslich davon, dass I AM-Anhänger durch die Aktivierung dieses übersinnlichen Strahls alle negativen Einflüsse von ihrer Person abwenden und schliesslich in einen transzendentalen Zustand vollkommener Glückseligkeit übertreten könnten. Diese Transformation ins göttliche Licht erlöse den I AM-Gläubigen von allen Verkörperungen, die er auf der Erde je gelebt habe – das sei der Sieg über den Tod; der Sieg des Lichts über das Dunkel. Möglich, dass Alexandra Gantenbein diesem Dentaltechniker ähnlich verzückt an den Lippen hängt, wie sie seinerzeit als kleines Mädchen mit verklärtem Blick die Fresken in der Kirche zu Hemberg angestarrt hatte.

Alexandra ist anfällig für den Erlöserverein I AM. Gerade ist ihr innig geliebter Vater an Krebs gestorben und sie befindet sich in einer Lebenskrise. Mit Eifer vertieft sie sich in die Schriften der religiösen Vereinigung. Verschlingt, was dort geschrieben steht: Dass Gott, der «Grosse I AM», seine Kraft an sogenannte «Ascendent Masters» verleihen würde, wie auch Jesus einer gewesen sein soll. Dieser sei um 1930 einem amerikanischen Bergbauingenieur namens Guy Ballard erschienen, dem Begründer der I AM-Bewegung und natürlich längst selbst zum «Ascendent Master» emporgerückt, genauso wie Ehefrau und Mitgründerin Edna Ballard.

Wer aufsteigen will im ausschliesslich englischsprachigen Club, I AM-Lehrer, oder gar «Representative» einer Niederlassung werden will, muss Ballards Schiften verinnerlichen: «Unveiled Mysteries», in dem dieser über seine «transcendent, illuminating experiences» schreibt oder «The Magic Presence», ein Erguss über ihm widerfahrene Wunderlichkeiten.

All dies tut sich Alexandra Gantenbein an und mehr. Sie besucht die Einführungskurse im Zürcher I AM-Zentrum, dem ein ehemaliger Direktor der Schweizerischen Kreditanstalt vorsteht, übt fleissig und jeden Tag eine gute I AM-Anhängerin zu sein. Ruft die angeblich über ihr schwebende göttliche Lichtquelle ('Beloved Mighty I AM Presence' genannt) an, etwa so, wie das in der Anleitung «Purpose of the I AM Religious Activity» schriftlich fixiert ist:

«A moment of intense Adoration and Call to your «Beloved Mighty I AM Presence» will do wonders. During the activity of the day, when you have a few moments, quiet your attention and say: «Beloved Mighty I AM Presence!» You are the only Intelligence and Power acting here. Just keep acknowledging

It every time you have a few moments; then go on with your work. You will find a great flood of Its Light fill you and all you do. When you arise in the morning, stand and call to the «Presence» with intense Love and Gratitude: «‹Beloved Mighty I AM Presence›, change my mind and body with Your Limitless Energy; with Your Mighty Intelligence; with Your Invincible Protection today! See that I make no mistakes!»

Doch über die frommen Sprüche von I AM vergisst die von einem liederlichen zu einem religiösen Lebenswandel umgeschwenkte Alexandra nie, dass sie zum Leben noch ein zweites Elixier braucht: Geld. Ihre philippinische Geistheilkunst soll ihr zu letzterem verhelfen. Alexandra verlegt ihren Arbeitsort nach Waldstatt, wo Geistheiler ungefähr dieselbe Narrenfreiheit geniessen wie appenzellische Kühe.

In Waldstatt findet sie eine Wohnung, bei der als Vermieterin die Pensionskasse einer Firma namens Wagner AG auftritt. Das kunststoff- und metallverarbeitende Unternehmen gehört einem Mann mit interessantem familiären Hintergrund. Der Sohn eines überaus wohlhabenden Bauunternehmers verlässt nach einigen Semestern betriebswirtschaftlicher Studien die Alma Mater ohne Abschluss, was aber nicht weiter tragisch scheint. 1968, als das ansehliche Familienerbe aufgeteilt wird, erhält der damals dreissigjährige Studienabbrecher die Firma Wagner AG überschrieben und kann sich seither der Verwaltung seines Vermögens sowie seinem Steckenpferd, einem Volksmusikverlag, widmen. Dieser privilegierte Mann heisst Beat Halter und ist der jüngere Bruder von Elisabeth Halter, die in Kilchberg mit dem Schokoladeunternehmer Rudolph R. Sprüngli verheiratet ist. Sprüngli sitzt seit Jahr und Tag im Verwaltungsrat der Wagner AG; Präsident ist mit dem langjährigen Lindt & Sprüngli-Verwaltungsrat Martin Fehle ein weiterer Sprüngli-Vertrauter.

Um diese Zeit macht Alexandra in Waldstatt eine Bekanntschaft, durch die sie kurze Zeit später den sozialen Aufstieg in die lokale Ostschweizer Unternehmerszene schaffen wird: Max Burri, Besitzer der Buntmetallfabrik Mega Gossau AG. Der alte Herr, der die Siebzig bereits weit hinter sich hat, findet in Alexandra die Beraterin, die er gesucht hatte. Bald wird daraus eine viel intensivere Beziehung. Die Haushälterin, die das betagte Ehepaar Max und Klärli Burri betreut, wird plötzlich entlassen. An ihre Stelle tritt Alexandra. Kurz danach stirbt die Ehefrau und die in der Geistheiltechnik Bewanderte kümmert sich intensiv um den schwer zuckerkranken Witwer Burri. Und diesem muss sie sogar unternehmerische Talente offenbart haben: Am 18. Juli 1985 wird Alexandra Gantenbein im Handelsregister St. Gallen als Geschäftsführerin der Mega Gossau AG eingetragen.

Möglicherweise hat Alexandra jedoch schnell einsehen müssen, dass es mit ihren Managementfähigkeiten nicht weit her ist, und eine Buntmetallfabrik doch kein ideales Betätigungsfeld für eine ehemalige Teilzeitsekretärin darstellt. Vielleicht aber hatte das Arbeiterkind aus Hemberg nicht bloss unternehmerischen, sondern ganz anderen Ehrgeiz entwickelt. Am 15. November 1985 setzt Max Burri seinen Namenszug unter den Verkaufsvertrag der Mega Gossau AG. Burri, der sein Lebenswerk ursprünglich in eine Aktiengesellschaft umwandeln und der Belegschaft überschreiben wollte, hatte seine Pläne urplötzlich geändert.

Am 24. Januar 1986 läuten in Waldstatt die Hochzeitsglokken. Als ginge es darum, die Ehe zwischen dem 78jährigen ehemaligen Fabrikbesitzer Max Burri und Alexandra Gantenbein in aller Eile zu schliessen, findet die Vermählung im kleinsten Kreise statt. Und wieder spielen dabei Verbindungen zwischen Alexandra und der in Waldstatt beheimateten Wagner AG, in der Rudolph Sprüngli im Verwaltungsrat sitzt, eine Rolle. Als Trauzeuge fungiert Hermann Fecker, ehemaliger kaufmännischer Direktor der Wagner AG, zudem Verwalter der Wagner-eigenen Wohnungen, von denen Alexandra einst eine bewohnt hatte. Zweiter Trauzeuge ist ein inzwischen verstorbener Treuhänder, der beim Verkauf der Burri-Firma mitgeholfen hatte. Am 31. Januar 1986 gilt es noch eine weitere Amtshandlung zu vollziehen: Die seit sechs Tagen vermählten Eheleute Max und Alexandra Burri-Gantenbein unterzeichnen einen Ehevertrag, in dem es heisst, dass «das Gesamtgut dem überlebenden Ehegatten zufällt.»

Tadellos organisiert hat sich Alexandra im idyllisch gelegenen Waldstatt. Im Hinterdorf 618, in einem schmucklosen Mehrfamilienhaus, rechter Hand, im ersten Stock, betreibt sie eine «Praxis». An der Eingangstüre prangt ein kleines Schild: «Alexandra Gantenbein, Geistheilerin». Es wird später entfernt. An den Briefkästen stehen untereinander zwei Namen: «Gantenbein» im ersten Stock; «Burri» im Parterre.

Wer Alexandras Hilfe als Geistheilerin in Anspruch nehmen will, wird vor dem ersten Termin mitunter angewiesen, über einen längeren Zeitraum und mehrmals täglich das Vaterunser zu beten. Damit der Patient sich innerlich reinige. Wird der nun zwar inwendig gesäuberte, aber noch immer leidende Patient dann schliesslich vorgelassen, rieselt leise Sphärenmusik um seine Ohren, von der die meist wie ein Arzt weiss bekittelte Geistheilerin behauptet, es seien göttliche Klänge und stammten direkt aus dem All. Ansonsten herrscht durchaus irdisch-diesseitige Atmosphäre: Ein weisser Desk, darauf eine Schreibmaschine und eine Patientenkartei. Eine Empfangsdame erledigt den Schreibkram, (und nimmt nach der «Konsultation» auch diskret das Honorar entgegen) weist die Besucher ins Wartezimmer. Dort, auf dem Tischchen, liegt genau die Literatur, die der Besucher hier erwartet: Walter Stanietz: «Der Vollendete. Evangelium des reinen Menschen. Dritte Auflage, neu überarbeitet von Alexandra Gantenbein.»

Im «Behandlungszimmer», wo Hand auf- und angelegt und böse Geister bekämpft werden, steht ein braunfarbener Second-Hand-Massagetisch, bedeckt nur mit einem weissen Tuch. Liegt der «Patient» erst einmal dort, kann er Überraschungen erleben. So geschehen einer Besucherin, die Alexandra von ihrem Leid, dem plötzlichen Tod ihres Sohnes erzählt und erwähnt, dass sie Afro-Tanz betreibt. Da fährt die Geistheilerin wie von der Tarantel gestochen in die Höhe, zeigt auf das Becken der Darniederliegenden und meint, da sei ein riesiger schwarzer Fleck. Dieser Tanz habe mit Sex zu tun, und Sex sei des Teufels. Wenn sie nicht sofort mit der unzüchtigen Tanzerei aufhöre, könne sie nicht geheilt werden.

Alexandra hat längst die Behandlungstechnik philippinischer Geistheiler vermengt mit religiösem I AM-Gedankengut und sich so ein eigenes esoterisches Gebräu Marke Alexandra Gantenbein gemischt. Sex ist für eingefleischte I AM-Anhänger höchstens dazu da, Kinder zu zeugen; Zigaretten sind Teufelswerk und das Verspeisen von Fleisch ein Tabu.

Ihre zusammengeschusterte Heilslehre, die sie nun als Vehikel für den eigenen Aufstieg benutzt, bringt Alexandra mit einer gekonnten Inszenierung unters Volk, so als hätte sie ein Hochschulstudium in Marketing absolviert. Sie mietet sich in die besten Zürcher Hotels wie das «Dolder» oder «Atlantis Sheraton» ein und hält Vorträge, zu denen die Zuhörer sogar aus Deutschland und Österreich und gleich busweise angekarrt werden. Und wenn das Publikum dann dichtgedrängt und erwartungsvoll ausharrt, erschallt Sphärenmusik, an die Wand projiziert ein Dia von Jesus Christus im Gelbton. Irgendwann bewegt sich eine unscheinbare Gestalt in weissem Engelskleidchen und offenem Haar nach vorne ans Mikrophon. Zwei Stunden lang spricht Alexandra Gantenbein in der Regel in breitestem Ostschweizer Dialekt zu ihrem Auditorium. Und manchmal kann sich das Arbeiterkind die Koketterie mit dem eigenen Aufstieg nicht verkneifen und bekennt nicht ganz wahrheitsgetreu: «Wissen Sie, eigentlich bin ich ein Bauernmädchen. Gell, das würde man dieser kleinen Frau gar nicht ansehen!» Die ungläubigen Lacher sind ihr stets gewiss. Wenn allerdings die Zuhörer später gefragt werden, was Alexandra eigentlich zu verkünden habe, fallen vage Worte wie «Lebensgesetze» oder «Ernährungstips», unterbrochen nur von Gebeten und Meditationsübungen. Das Wort I AM fällt nie. Nur die verklärten Augen der Zuhörer beweisen: Diese Frau kommt an, fasziniert, berührt etwas. Alexandra Gantenbein hat den Dreh gefunden, der ihr die Zuhörer für einen Vortrag lang untertan macht. Dem tut keinen Abbruch, dass regelmässige Vortragsbesucher sehr schnell das Gefühl haben, jedes Wort schon einmal gehört zu haben.

Auch in Waldstatt ist das Wirken von Alexandra von Erfolg gekrönt, gehört die Aufsteigerin doch endlich zur besseren Gesellschaft. Als die Firma Wagner AG einen Firmenanlass feiert, werden selbstverständlich auch Max Burri, bis vor kurzem Unternehmerkollege sowie seine junge Ehegattin Alexandra mit einer Einladung bedacht. Und wenn es schon etwas zum Feiern gibt, will Firmenbesitzer Beat Halter natürlich auch, dass sein Schwager und prominentester Verwaltungsrat Rudolph Sprüngli samt Gattin Elisabeth ihn und seine Firma mit ihrer Anwesenheit beehren.

Unter wesentlich veränderten Vorzeichen wird das Schokoladefabrikanten-Ehepaar aus Kilchberg es nur kurze Zeit später erneut mit Alexandra Gantenbein zu tun bekommen.

IX

Götterdämmerung in Kilchberg

In einer Schokoladefabrik werden Manager reihenweise gefeuert, bei
der deutschen Tochter stehen nach einem Urteil des höchsten
Gerichts plötzlich deren zwei in Amt und Würden und in
Kilchberg findet ein eigenartiges Gemälde den Weg in das
Verwaltungszimmer

Am 24. Mai 1987 stirbt Max Burri nach nur 16monatiger
Ehe. Seiner trauernden Witwe hinterlässt er ein Vermögen von
rund 4,5 Millionen Franken. Mit diesem Geld kauft Alexandra
Gantenbein in Forch im Kanton Zürich eine prächtige Villa.
Als sie am 11. Mai 1988 dorthin umzieht, ist an einem Giebel
noch zu sehen, wie das Anwesen unter den Vorbesitzern ge-
heissen hatte: «Chalet Elisabeth». Alexandra tauft ihr neues
Domizil um auf «Haus zur Quelle».

Es ist eine repräsentative Villa, in der Alexandra ihr neues
Zuhause findet. Die Böden sind aus weissem Marmor, die Was-
serhähne goldfarben. Hinten, im Salon, lässt eine offene Fen-
sterfront den Blick frei in Richtung Greifensee. Wo sich früher
ein Cheminée befand, steht heute eine Art Rondelle aus Ple-
xiglas. Eine Röhre von rund einem Meter Durchmesser, die
sich bei Stromzufuhr in eine fluoreszierende, violette, gen
Himmel stechende Flamme verwandelt; «the violet flame» aus
der I AM-Lehre. Im sogenannten Behandlungszimmer, das eher
die Ausmasse eines Saales hat, steht in der Mitte ein Sofa aus
weissem Leder, das in alle Richtungen verstellbar ist. Ihr pri-
vates Reich schirmt die Dame des Hauses sorgfältig gegen aussen ab. Wenn sich Besucher anmelden, brausen diese ohne aus
dem Wagen zu steigen und meist ohne zu bremsen durch das
nur kurz geöffnete Tor am Haupteingang und verschwinden

in der Tiefgarage. Von dort gelangen sie mit Spezial-Schlüssel über einen Lift direkt in die geräumige Wohnung.

Kurz nach ihrem Umzug in das «Haus zur Quelle» gibt Alexandra an einer ihrer Vortragsveranstaltungen im Zürcher Nobelhotel «Atlantis Sheraton» einen programmatischen Satz von sich: «Wissen Sie, die Manager brauchen mich jetzt.» Auch Rudolph Sprüngli befolgt Alexandras Ratschläge. Beispielsweise in Sachen Hans-Jörg Meier, Direktionsvorsitzender, im Herbst 1989. Am 21. September, an einem Donnerstagnachmittag, bietet der Patron seine Verwaltungsräte punkt vier Uhr zu einer dringlichen internen Sitzung auf. Die Zusammenkunft der sieben Männer gleicht einem konspirativen Treff: Kein Geschäftsleitungsmitglied weiss davon; getagt wird nicht wie üblich im Verwaltungszimmer der Lindt & Sprüngli AG, sondern am Bleicherweg 72 in Zürich, am Sitz der Schweizerischen Kreditanstalt. Einziges Traktandum: Auflösung des Arbeitsverhältnisses von Hans-Jörg Meier. Der Verwaltungsratspräsident tritt vor seine Aufsichtsräte und teilt diesen mit, dass er das Vertrauen in seinen Direktionspräsidenten verloren habe. Deshalb beantrage er dessen sofortige Entlassung.

Sprüngli muss sich den Schritt gut überlegt haben, mit Meier eine Führungskraft auf die Strasse zu setzen, über die er auch nach erfolgter Entlassung so urteilen wird: «Ich habe nie an seinen Fähigkeiten als Manager gezweifelt.» Vor allem aber wird sich der Patron den Kopf darüber zerbrochen haben, ob er für seinen überraschenden Vorstoss in seinem Aufsichtsgremium überhaupt eine Mehrheit finden wird. Sprüngli, der seine Verwaltungsräte mit 100 000 Franken für vier reguläre Sitzungen im Jahr geradezu fürstlich entlöhnt, wird gewusst haben, auf welche Mitglieder er zählen kann.

Als unsicher muss Sprüngli das Abstimmungsverhalten von Vizepräsident Kurt Reichlin einschätzen, seit 1982 im Aufsichtsrat und als unabhängiger Wirtschaftsanwalt ein Mann, der die Interessen der Firma im Konfliktfall höher bewerten dürfte als die der Person Sprüngli. Dasselbe gilt auch für den Ciba-Manager Peter Schütz, der 1985 auf Vorschlag von Reichlin in das Gremium geholt worden war. Unklar dürfte für den Patron auch sein, wie sich Rudolf Konrad Sprüngli, der Sohn, zum Begehren des Vaters stellen wird.

Ein sicherer Wert für den Präsidenten ist dagegen Martin Fehle, der beruflich und als Taufpate vom jüngsten Sohn Luzius auch privat aufs engste mit dem Patron verbunden ist. Ebenso wie der Bierbrauer Martin Hürlimann, in dessen Firma Sprüngli das Verwaltungsratspräsidium auf Geheiss von Martins Vater Hans bereits 1971 übernommen hatte. Fest verankert im Dreieck zwischen den Chocoladefabriken Lindt & Sprüngli AG, der Brauerei Hürlimann und der Schweizerischen Kreditanstalt, die bei beiden Unternehmen als Hausbank fungiert, ist auch Lindt & Sprüngli-Verwaltungsrat Kurt Widmer: Bei Hürlimann amtet er seit einigen Monaten als Aufsichtsrat, 1991 wird er als Nachfolger von Sprüngli gar Präsident; bei der Kreditanstalt sitzt Widmer in der Generaldirektion. Dieser passt gut in die traditionsverhafteten Urzürcher Unternehmen Lindt & Sprüngli und Hürlimann. Der «Bankier in Offiziersuniform», so die «Weltwoche», Oberst im Generalstab, der am Kinn einen Schmiss trägt, ist wie der Schokoladefabrikant und der Bierbrauer ein eingefleischter Zünfter: Sein Verein ist die Zunft zur Fluntern. Auch auf diesen Verwaltungsrat kann sich Rudolph Sprüngli verlassen.

Mit seiner eigenen Stimme verfügt der Patron somit über eine sichere Mehrheit. Und wenn es auch an diesem 21. September heiss hergegangen sein mag, wird dafür Sorge getragen, dass Spuren möglicher Konflikte innerhalb des Verwaltungsrates nicht nach aussen dringen. In einer für das Zürcher Handelsregisteramt, einer öffentlichen Behörde, bestimmten Aktennotiz heisst es: «Auf Vorschlag des Herrn Präsidenten beschliesst der Verwaltungsrat einstimmig, das Arbeitsverhältnis mit Herrn Direktionspräsident Meier mit sofortiger Wirkung aufzulösen.»

Doch damit ist Rudolph Sprüngli an diesem Donnerstag noch nicht am Ende seiner Wünsche. Unvermittelt schüttelt er vor seinen verdutzten Aufsichtsräten für den soeben geschassten Hans-Jörg Meier einen Nachfolger aus dem Ärmel; einen Herrn namens Hans-Rudolf Reichlin. Keiner in der Runde hat jemals von einem Manager dieses Namens gehört. Und als den Verwaltungsräten der berufliche Werdegang dieses Unbekannten präsentiert wird, muss der eine oder andere dann doch stutzig geworden sein: Der 46jährige Reichlin, Fernmeldetechniker von Beruf, ist als Marketing- und Verkaufsleiter im Range eines Vizedirektors bei der Zürcher Radiocom tätig, einer defizitären Ascom-Tochter. Kaum die richtige Qualifikation, um einen Schokoladekonzern zu führen, der mittlerweile weltweit knapp 900 Millionen Franken Umsatz macht. Zu vorgerückter Stunde fällt dann an dieser Sitzung auch der Satz, dass bei Reichlin «nach dem objektiven beruflichen Werdegang die berufliche Eignung für diesen Job nicht vorhanden» sei. Der Verwaltungsrat verlangt mindestens einen zweiten Vorschlag. Sprüngli spürt Opposition und weicht zunächst zurück. Erst gegen 22 Uhr gehen die Männer auseinander.

Anderntags wird Hans-Jörg Meier ins Verwaltungszimmer der Lindt & Sprüngli AG bestellt, wo dem völlig überrumpelten Direktionspräsidenten eröffnet wird, dass er entlassen sei und er sein Büro innert weniger Tage zu räumen habe. Einziges Entgegenkommen, das Rudolph Sprüngli dem in Ungnade gefallenen Manager noch zugesteht, ist, dass Meier «die ihn betreffende Pressemitteilung vor dem Erscheinen sehen und sogar noch gewisse Änderungen machen» darf, so der Patriach in einem kurz danach geführten Gespräch mit der «Bilanz». Die euphemistische Umschreibung des Trennungsgrundes freilich lässt sich Sprüngli nicht mehr aus dem für die Öffentlichkeit bestimmten Text herausredigieren. So finden Worte wie «gegenseitiges Einvernehmen» und «Unterschiedlichkeit grundsätzlicher Auffassungen über die Zukunftsgestaltung» ihren Weg in die Zeitungsspalten. Und Meier sieht, nach zehnjährigem Wirken in der engeren Geschäftsleitung und rund vier Jahren als Direktionspräsident der Lindt & Sprüngli AG, seinen Rausschmiss in der «Neuen Zürcher Zeitung» in ganzen sechzehn Zeilen unter der Rubrik «Personalien» rapportiert. Der nun Entlassene hat allerdings immer gewusst, dass er mit seiner Strategie ein hohes Risiko eingeht. Einem Bekannten hat er einmal gesagt, es sei ein Rennen gegen die Zeit, es sei offen, ob er gewinnen könne und ob das Geld für die hochtrabenden Pläne überhaupt ausreiche. Was Meier seinem Bekannten nicht gesagt hat: Es ist auch ein Rennen gegen Rudolph Sprüngli gewesen. Und dieses hat Meier nun verloren.

Für einige an dieser Kündigung Beteiligten bleibt das Handeln des Patrons unverständlich. Einer schreibt: «Dass das bilaterale Vertrauensverhältnis zwischen Sprüngli und Meier barst, lässt sich nur mit tiefem Bedauern registrieren, aber nicht beeinflussen.» Und die opponierenden Verwaltungsräte Reichlin und Schütz sinnieren bei gemeinsamen Spaziergängen in den Tessiner Wäldern darüber nach, ob sie als Konsequenz ihren Rücktritt erklären sollten. Sie entscheiden sich nach intensivem Gespräch dagegen.

Für den Patron, der einmal mehr interimistisch den Direktionsvorsitz übernimmt, ist all dies bereits Vergangenheit. Sein Ziel ist nun, den auserkorenen Nachfolger Hans-Rudolf Reichlin im Verwaltungsrat, dem für die Anstellung zuständigen Gremium, durchzuboxen. Sprüngli kann sich auf seine Seilschaften verlassen. Trotz der von einem Teil des Verwaltungsrats attestierten nicht geeigneten Qualifikation, vermeldet die «Neue Zürcher Zeitung» am 31. Oktober 1989, dass Hans-Rudolf Reichlin zum «neuen Vorsitzenden der Geschäftsleitung von Stammhaus und Gruppe berufen» worden sei. Gleichzeitig wird Rudolf Konrad Sprüngli zum stellvertretenden Direktionsvorsitzenden befördert.

Liegt der Grund für diese von Sprüngli so hartnäckig verfochtene Anstellung vielleicht weniger an der beruflichen Eignung als an der geistigen Verwandtschaft zwischen Reichlin und der Sprüngli-Beraterin und späteren Ehefrau Alexandra Gantenbein, die ihm ja auch geraten hatte, sich von Meier zu trennen? Suzanne Speich, Klatschkolumnistin beim Gratisblatt «ZüriWoche», schreibt Monate später: «Im Zürcher I AM-Sektenlokal an der Limmatstrasse 275 verkehrt auch Hans-Rudolf Reichlin.»

Wie dem auch sei. Dem unbekannten Newcomer steht bei Lindt & Sprüngli jedenfalls eine steile Karriere in Aussicht: Während der Einführungszeit soll Reichlin den schmucken Titel Generaldirektor tragen dürfen und an der Generalversammlung 1991 soll Sprünglis Nachfolger Nummer drei dann zum Direktionsvorsitzenden aufsteigen.

Noch bevor dieser an die Spitze rücken kann, werden noch einige Sessel in der Direktionsetage der Chocoladefabriken Lindt & Sprüngli AG verwaisen.

Hans-Peter Meyer, der Marketingmann, kündigt von sich aus. Er handelt sich Frust ein, als er zusammen mit der Werbeagentur Zinsmeier & Lux einen modernen Markenauftritt, eine neue Corporate Identity für Lindt einführen will. Als Meyer dem Patron Sprüngli die ausgearbeiteten Vorschläge, vor allem auch den neu stilisierten Lindt-Drachen unterbreitet, wird das Projekt Markenauftritt ohne Begründung storniert. Zwei Monate später kommt der Patriarch mit eigenen Vorschlägen: Oberhalb des Lindt-Drachens hatte sich plötzlich ein kleines, geheimnisvolles Herzchen eingeschlichen. Begründung des Patrons für diese ungewöhnliche Veränderung: Er sei schliesslich der einzige, der die Lindt-Marke von Kindsbeinen an im Bauch habe. Widersprechen kann ihm da keiner. Vielleicht ist es aber ganz einfach so, dass das putzige, dem I AM-Symbol zum Verwechseln ähnliche Herzchen die feine Lindt-Schokolade vor allen bösen Geistern schützen soll.

Der nächste, der die Rote Karte zu sehen bekommt, ist Finanzchef Hans Borner. Sprüngli hat wohl nicht vergessen, dass dieser seinerzeit bei dem Kauf des Aktienpaketes von Max Ammann gegen seinen Willen opponiert hatte; und auch nicht, dass Borner es gewesen war, der durch eine transparente Rechnung die operativen Ertragsprobleme des Stammhauses blossgelegt hatte. Am 25. Oktober 1990 entscheidet der Aufsichtsrat in Sachen Borner. Protokolliert wird schliesslich: «Der Verwaltungsrat beschliesst, Herrn Direktor Hans Borner, Leiter Finanz und Informatik auf den nächsten Kündigungstermin und damit auf den 30. April 1991 zu entlassen und ihn mit sofortiger Wirkung freizustellen.»

Von dieser Entscheidung erfährt Borner auf die bewährte Art: Am selben Tag, gegen 16 Uhr wird er aus einer Sitzung ins Verwaltungszimmer gerufen. Dort zückt Rudolph Sprüngli ein Papier und verliest den soeben getroffenen Verwaltungsratsbeschluss. Die letzte Weisung an Borner lautet: Er habe umgehend sein Büro zu räumen und jeden Kontakt mit seiner ebenfalls gekündigten Sekretärin zu meiden. Tage später wird ihm eine Begründung für den Rausschmiss in Form einer Mängelliste nachgereicht. Darin steht unter anderem, dass er öfters das Büro früh, nämlich bereits um 17 Uhr verlassen habe. Offiziell heisst es, der Finanzchef habe im Gefolge des Börsenkrachs 1987 einen Millionenverlust beim betriebseigenen Wertschriftenportefeuille zu verantworten.

Bereits im Jahre 1988 hatte der Verwaltungsrat der Chocoladefabriken Lindt & Sprüngli AG einen Entscheid gefällt, der zwei Jahre später zu einem weiteren Kahlschlag im Kader der Firma führen und die wichtigste Auslandtochter, Lindt-Deutschland, der gesamten Führungsmannschaft berauben sollte.

In Aachen produziert Lindt & Sprüngli in der über hundertjährigen Monheim-Fabrik, die während dem Zweiten

Weltkrieg teilweise ausgebombt worden war. Heute sind die auf fliessendem Sand erbauten historischen Gemäuer teilweise derart baufällig, dass in einzelnen Fabrikgebäuden ein Gefälle von mehreren Metern besteht. Eine beim Basler Generalplanungsunternehmen Suter & Suter in Auftrag gegebene Studie kommt zum Schluss, dass eine Sanierung der Fabrik zwar technisch möglich, aber wirtschaftlich unsinnig sei.

Die Führungscrew um Deutschland-Chef Jürgen Haag projektiert daraufhin eine neue Fabrik auf der grünen Wiese, eine Produktionsstätte, die modernstem Standard entspricht und die die Produktionskosten gemäss Planung gegenüber dem alten Standort pro Jahr um rund 25 Millionen Mark vermindern würde. Kostenpunkt der neuen Anlage: Stolze 220 Millionen Mark oder ein Jahresumsatz von Lindt-Deutschland. Der Verwaltungsrat der Chocoladefabriken Lindt & Sprüngli AG gibt grünes Licht für diese grösste in der Geschichte der Firma je getätigte Investition.

Irgendwann muss bei Rudolph Sprüngli der Angstschweiss ausgebrochen sein. Diese gewaltige Summe, die unweigerlich innert drei Jahren aufzuwerfen wäre, könnte die Finanzkraft der Firma überfordern. Er beschliesst, dieses Projekt zu stoppen. Diese Absicht kann er nur gegen den Willen von seinem Deutschland-Chef Jürgen Haag durchboxen.

Ein Anlass, den Fight gegen den rhetorisch beschlagenen und fachlich versierten Haag durchzustehen, findet sich im Spätherbst 1990. Frankreich-Chef Frédéric W. Zimmer überzeugt den Patron davon, dass in der geplanten Fabrik in Aachen keine Tafelschokolade hergestellt, sondern deren Produktion im französischen Werk in Südfrankreich konzentriert werden sollte. Konsequenz für Haag: Er muss 36 Arbeitsplätze abbauen. Wie das deutsche Betriebsverfassungsgesetz es vorschreibt, informiert der Chef von Lindt-Deutschland seinen Betriebsrat über diese Pläne. Postwendend kündigen zweihundert deutsche Lindt-Gewerkschafter eine Demonstration vor dem ehrwürdigen Stammhaus in Kilchberg an. Die Vorstellung, erstmals in der knapp hundertjährigen Geschichte der Fabrik könnten vor dem Eingangstor in Kilchberg rote Fahnen wehen und deutsche Gewerkschafter unternehmerfeindliche Reden schwingen, veranlasst Sprüngli zu einer raschen und beschwichtigenden Intervention: Er schickt den ihm treu ergebenen Personalchef Franz Peter Gianella in die Höhle des Löwen, verspricht die Angelegenheit nochmals zu überdenken und stellt siebzig Neueinstellungen in Aussicht. Sein Ziel erreicht Sprüngli: Die Gewerkschafter verzichten auf eine Reise in die Schweiz.

Für Haag ist die Sache damit nicht ausgestanden. Kaum ist die Gefahr einer öffentlichen Kundgebung mit entsprechendem Pressewirbel gebannt, tauchen in Aachen zwei Abgesandte Sprünglis, Hans-Rudolf Reichlin und Gianella, zu einer Besprechung auf. Thema der Sitzung: «Weiterführung der Produktionsverlagerung nach Frankreich.» Im Sitzungszimmer angelangt, zückt Reichlin ein vorbereitetes Papier und teilt dem überraschten Haag mit, was ihm Sprüngli zu sagen hat: Dass er fristlos entlassen sei. Daraufhin geleiten ihn Gianella zur Linken, Reichlin zur Rechten zu seinem Wagen. Ad interim erbt Reichlin Haags Posten als Sprecher der Geschäftsführung, Chocoladefabriken Lindt & Sprüngli GmbH, Aachen.

Dieser rüde Stil hat freilich auch für Sprüngli ein Nachspiel. Haag geht vor Gericht und gewinnt prompt in der ersten Instanz. Der Patron, der in Haags Verhalten partout einen Treuebruch sehen will, zieht das Verfahren über zwei Instanzen bis an den Bundesgerichtshof in Karlsruhe weiter, wo Sprüngli endgültig unterliegt. Am 25. November 1992 erlässt das höchste deutsche Gericht ein Urteil, in dem es in schönstem Juristendeutsch heisst: «Die arbeitgeberseitige am 5. November 1990 ausgesprochene fristlose Entlassung hat das Beschäftigungsverhältnis des Klägers mit seiner Anstellungskörperschaft *nicht* beendet.»

Später wird Sprüngli einmal erwähnen, dass er mit seiner persönlichen Beraterin Alexandra Gantenbein die Mutationen bei Lindt-Deutschland besprochen habe. Und wie schon mit Hans-Rudolf Reichlin in der Schweiz, wartet Sprüngli auch bei der Wahl des Haag-Nachfolgers mit einer Überraschung auf. Sein Neuer heisst Eckhard Muhsal, ist Bauingenieur, als Geschäftsführer Ausland bei einem Bauunternehmen namens Emil Steidle GmbH & Co im schwäbischen Sigmaringen tätig. Und als die deutsche «Lebensmittel Zeitung» beim Patron besorgt nachfragt, «ob es nicht ein ungewöhnlicher Schritt sei, jemandem aus der Baubranche mit einer derartigen Position im Süsswarenbereich zu betrauen», zeigt sich Sprüngli gar nicht verlegen und meint, «im Zuge der anliegenden Baumassnahmen in Aachen» sei er froh, «einen Experten aus dieser Branche gefunden zu haben.» Nur scheint die Koordination in Sachen Öffentlichkeitsarbeit zwischen Kilchberg und der Kaiserstadt in diesem Fall nicht sonderlich zu klappen. Der «Aachener Volkszeitung» verrät Muhsal kurze Zeit später: «Ich wurde nicht engagiert, um die Baumassnahmen in Aachen-Süsterfeld zu leiten, sondern um mich um Schokoladetechnologie zu kümmern.»

Der Branchenneuling, der nicht wie einst Haag als Sprecher einer dreiköpfigen Geschäftsleitung, sondern als alleiniger Geschäftsführer auftritt, hat offenbar von Sprüngli noch ganz andere Aufgaben übertragen bekommen: Die unter Interimschef Reichlin operativ in die roten Zahlen gerutschte Tochter mit neuen Führungsleuten zu bestücken. Und so beginnt Ingenieur Muhsal im Frühjahr 1991 seinen Job bei der Schokoladefabrik lautstark: Warum hier eigentlich nur so wenig Schokolade verkauft werde, herrscht Muhsal seine Kader an, das Fünffache müsste doch wohl drinliegen. «Dieser Mann ist», sagt ein ehemaliger Spitzenmanager von Lindt-Deutschland, «nicht nur völlig ignorant, was das Schokoladegeschäft betrifft, sondern auch unfähig zur Menschenführung.» Zwischen Dezember 1991 und September 1992 verlassen nacheinander der Marketing-, der Finanz- sowie der Produktions-Chef aus der Haag-Aera die deutsche Lindt-Tochter.

In Kilchberg ist das Rad bereits in die von Rudolph Sprüngli gewünschte Richtung zurückgedreht worden: Der Verwaltungsrat hatte das Projekt Neubau storniert und stattdessen beschlossen, rund 175 Millionen Mark in die Sanierung des alten Standortes zu investieren. Und nachdem das Generalplanungsunternehmen Suter & Suter seinerzeit noch eine Sanierung als wirtschaftlich unsinnig eingestuft hatte, berufen sich die Aachener nun gewissermassen auf eine höhere Gewalt, um den aus Kilchberg verordneten Sinneswandel auch dem letzten Lindt-Angestellten einsichtig zu machen. In der Firmenzeitschrift «Chocoladeseiten» heisst es: «Nach dem Erdbeben von 13. April 1992 mit einer Stärke von 5,6 auf der Richterskala, das unser Werk unbeschadet überstanden hat, sind jetzt hoffentlich die letzten Zweifel über die Standfestigkeit unserer Gebäude ausgeräumt.» Als gelte es, auch die letzten Skeptiker in der Bevölkerung zu überzeugen, titeln die «Aachener Nachrichten»: «Erdbeben beseitigte die letzten Zweifel: Fabrikmodernisierung lohnt sich doch.»

Am 26. März 1991, am Tag der Bilanzpressekonferenz der Chocoladefabriken Lindt & Sprüngli AG, wollen die Journalisten neben den jüngsten Bilanzzahlen vor allem erstmals den Fernmeldetechniker Hans-Rudolf Reichlin zu Gesicht bekommen, der an der nächsten Generalversammlung zum Direktionsvorsitzenden aufsteigen soll. Doch die Neugierde der Schreiberlinge wird nicht gestillt. Der Grund: Reichlin hat sich das Bein gebrochen und im Gips will er nicht zum ersten Mal in seinem Leben vor die Wirtschaftspresse treten. Vielleicht ist es für Reichlin besser so. Denn an dieser Pressekonferenz scheint Rudolph Sprüngli unter Druck zu stehen wie selten zuvor. Im Kasernenton kommandiert der Patron seine Manager, als wären sie Schuljungen. Während der Fragestunde kommt aus Sprünglis Mund der knappe Befehl, welches Geschäftsleitungsmitglied im Stehen zu antworten habe. Als der neue Finanzchef Hans Gsell und Rudolf Konrad Sprüngli gleichzeitig aufspringen und beide wie begossene Pudel rot anlaufen, kann sich manch einer im Saal ein Lächeln nicht verkneifen.

Eine Woche später ist der Grund für Sprünglis üble Laune auch für Aussenstehende ersichtlich. Die «Neue Zürcher Zeitung» meldet am 3. April: Reichlin wird «mit dem Ablaufen der für die Funktion als Generaldirektor vorgesehenen Einführungszeit das Unternehmen im gegenseitigen Einvernehmen wieder verlassen.» Sprüngli hat Reichlin, den er zuvor aus einer zwar nicht glänzenden, aber immerhin geordneten Laufbahn herausgerissen hatte und gegen alle Widerstände zum Top-Executive aufbauen wollte, fallengelassen wie eine heisse Kartoffel. Einmal mehr hat der Patron bei der Nachfolgeplanung versagt.

Der fahrige Auftritt des Firmenpatriarchen vor der Presse hat allerdings noch einen zweiten, wesentlich einschneidenderen Hintergrund. In diesen Tagen greift Rudolph Sprüngli zum Hörer und tätigt zwei Anrufe. Einen nach Zug zu seinem Verwaltungsratsvizepräsidenten Kurt Reichlin; einen zweiten nach Basel zu Peter Schütz. Beiden überbringt er dieselbe Message: Sie sollten an der in wenigen Tagen stattfindenden Generalversammlung auf eine Wiederwahl verzichten, da Entscheide anstehen, die sie mit Sicherheit nicht mittragen würden. Es geht, so wird Reichlin und Schütz später klar, um den Hinauswurf von Rudolf Konrad Sprüngli, dem eigenen Sohn, aus der Geschäftsleitung.

Doch sein drängendstes Problem hat Rudolph Sprüngli mit diesen zwei Telefonaten nicht gelöst. Unbedingt will er am 18. April 1991 an der Generalversammlung seinen Aktionären einen neuen Direktionsvorsitzenden präsentieren können. Alexandra Gantenbein, die persönliche Beraterin, findet Rat. Einem Bekannten schildert sie später, wie sie Sprünglis Personalproblem gelöst hat. Sie habe einen Presseartikel über Ulrich Geissmann gelesen, der soeben den Migros-Konzern verlassen hatte. Sie sei mit der Hand über das Gedruckte gefahren; es habe geblitzt zwischen Text und Hand. Da habe sie gewusst, dass dieser Ulrich Geissmann der richtige Mann sei für Lindt & Sprüngli. In der «Bilanz» erscheint Ende Januar 1991 ein Artikel mit dem Titel: «Das Vermächtnis des Ulrich Geissmann. Nach zehn Jahren geht der Industriechef der Migros.» In der Bildunterschrift steht: «Ulrich Geissmann legt den Grundstein zu einer neuen Chocoladefabrik.» Den Aktionären stellt Sprüngli seinen Neuen vor als den «wohl qualifiziertesten Lebensmittelindustriellen der Schweiz». Anstandslos wird Geissmann in den Verwaltungsrat gewählt und zum Delegierten ernannt.

Ende April schreibt dasselbe Wirtschaftsmagazin, dass es wohl «eines sanften Druckes von Seiten der Schweizerischen Kreditanstalt bedurft» habe, um Geissmann bei Lindt & Sprüngli an die Spitze zu hieven. Da in Wirklichkeit nicht die Kreditanstalt, sondern ganz andere Kräfte gewirkt hatten, ist es nur recht und billig, dass das Zürcher Blatt umgehend eine von SKA-Präsident Robert A. Jeker und Generaldirektionskollege Kurt Widmer unterzeichnete Richtigstellung abdruckt, in der es unter anderem heisst: «Die personellen Veränderungen in der Geschäftsleitung entsprachen in der Beurteilung des Verwaltungsrates – wie dies Generaldirektor Kurt Widmer als Mitglied betont – den Interessen des Unternehmens.»

Keine zwei Monate später stellt sich derselbe Kurt Widmer erneut in den Dienst der in der Richtigstellung angesprochenen Unternehmensinteressen. Am 28. Juni 1991, einem Freitag, stellt er am Hauptsitz der Schweizerischen Kreditanstalt einen Raum zur Verfügung, in dem eine dringliche Verwaltungsratssitzung der Lindt & Sprüngli AG stattfinden soll. Alle Aufsichtsräte sind anwesend ausser einem: Sprüngli junior. Dieser weiss nichts von der Zusammenkunft, geschweige denn, welches Thema traktandiert ist. Es geht, so notiert es der als Protokollführer amtierende Martin Fehle, um die Demission von Rudolf Konrad Sprüngli. Immerhin ringt sich der Aufsichtsrat noch zu einer protokollarisch festgehaltenen menschlichen Geste durch und «dankt Herrn Rudolf Konrad Sprüngli herzlich für seine Dienste und Leistungen am Unternehmen und wünscht ihm Glück und Erfolg in seinen zukünftigen neuen Aufgaben.» Am 1. Juli, als die entsprechende Mitteilung an die Presse geht, hat Sprüngli junior seine Funktionen in der Geschäftsleitung bereits niedergelegt. Lediglich das Verwaltungsratsmandat darf er weiterführen. Ein klärendes Gespräch zwischen Vater und Sohn hat es nie gegeben. Als der Sohn den Patron einmal nach dem Warum fragt, starrt Rudolph lange vor sich hin. Schliesslich kommt ihm ein «Du bist nicht teamfähig» über die Lippen.

Um diese Zeit, als auch der Frankreich-Chef Frédéric W. Zimmer nach 24 Jahren aus dem Unternehmen ausscheidet, löst sich für den Patriarchen ein Problem psychologischer Art. Zimmer ist, wie auch der ehemalige Deutschland-Chef Jürgen Haag, ein selbstbewusster Manager. Nachdem Sprüngli die beiden Lizenzbetriebe in den Nachbarländern samt Belegschaft aufgekauft hatte, mutieren die beiden Persönlichkeiten, die über Jahre als Lizenznehmer erfolgreich gewesen waren, plötzlich zu Lindt & Sprüngli-Kaderangestellten. Das zuvor über Jahrzehnte gültige Machtgefälle zwischen dem Kilchberger Lizenzgeber und den ehemaligen Lizenznehmern im Ausland gerät durcheinander. Zimmer wie Haag nehmen Einfluss, stellen Forderungen gegenüber der Zentrale, kämpfen für die Interessen ihrer Produktionsstätten und lassen gelegentlich auch einmal durchblicken, dass der Ertrag des Stammhauses ja ganz wesentlich von den in ihren Betrieben erwirtschafteten Gewinnen abhängt. Für Sprüngli sind seine Auslandchefs jedoch immer das geblieben, was sie einst gewesen waren: Manager, die nicht zu seinem Kilchberger Stall gehören. «Zu den ausländischen Geschäftsleitern», sagt ein ehemaliges Kadermitglied, «hat Sprüngli nie ein wirklich vertrauensvolles und kollegiales Verhältnis gefunden.» Und so dreht sich auch bei den sechs Lindt & Sprüngli-Beteiligungsgesellschaften im Ausland munter das Managerkarussell: Innert nur zwei Jahren wechseln die Chefs bei vier Töchtern.

Einzig beim italienischen Lizenznehmer Bulgheroni SpA, Varese, an dem Lindt & Sprüngli eine 11prozentige Minderheitsbeteiligung hält, herrschen stabile Verhältnisse. Zumindest bis Edoardo Bulgheroni, ein Patriarch alter Schule wie Sprüngli, am 22. Juni 1990 stirbt und der Sohn Antonio die Firma alleine managen muss. Der Filius, zeitweiliger Präsident des Basketballclubs Varese, Mitglied im örtlichen Aeroklub und Liebhaber schwerer Motorräder liefert im Frühjahr 1993 Stoff für Schlagzeilen: Antonio Bulgheroni gerät in den Strudel der landesweit wuchernden Korruptionsaffäre und gibt dem Untersuchungsrichter zu Protokoll, dass er als Präsident und im Auftrag des Vareser Industriellenverbandes vor den Parlamentswahlen 1992 den örtlichen Politikern der vier Regierungsparteien insgesamt 200 Millionen Lire bezahlt habe. Nun muss Bulgheroni sich vor Gericht verantworten, und in Kilchberg reagiert Sprüngli rasch auf die instabil gewordene Situation beim italienischen Lizenznehmer. Er kauft Ende Mai 1993 rückwirkend auf Anfang Jahr 90 Prozent der Firma auf, tauft diese um auf Lindt & Sprüngli SpA und kappt damit die 45 Jahre alte Geschäftsverbindung mit der Familie Bulgheroni.

Seit Rudolph Sprüngli sich von Alexandra Gantenbein beraten lässt, deren Dienste er mit einer hohen sechsstelligen Summe honoriert, hat sich auch die personelle Zusammensetzung der Schweizer Geschäftsleitung radikal gewandelt. Fast könnte es scheinen, als hätte da jemand mit systematischer Akribie und hellem taktischen Verstand die entscheidenden Funktionen in der Firma personell neu bestückt. Der einzige Direktor, der bis heute alle Stürme überlebt hat, ist der Personalchef Franz Peter Gianella. Ein Mann, der dem Patron noch nie widersprochen hat.

Als Geissmann im April 1991 in Kilchberg seinen Job antritt, muss ihm rasch bewusst geworden sein, dass in dieser Firma eigene Gesetze gelten. Noch vor der Vertragsunterzeichnung wird dem Ex-Migros-Mann Alexandra Gantenbein vorgestellt. Und bald pilgert Ulrich Geissmann, wie andere Direktionsmitglieder auch, regelmässig in das «Haus zur Quelle», wo Sprüngli mit Vorliebe Spezialsitzungen einzuberufen pflegt.

Einmal im Monat findet dort eine Zusammenkunft im kleinsten Kreise statt. Bei dieser Gelegenheit sitzen auf der Forch drei recht unterschiedliche Personen zusammen und besprechen die Probleme der mittlerweile zum Milliardenkonzern angewachsenen Chocoladefabriken Lindt & Sprüngli AG. Ulrich Geissmann, Generalstabsoffizier, ein mit einer guten Portion Ellbogen ausgestatteter Mann, der gern vom Dienen spricht, wenn er aus dem Nähkästchen seiner Managerlaufbahn plaudert. Rudolph R. Sprüngli, ein zwar in die Jahre gekommener Partiarch, aber noch immer gut für manche Überraschung, der an einer Präsidialansprache den Aktionären verraten hatte, was ihn antreibt: «Dienen». Und Alexandra Gantenbein, die mit ihrem Fistelstimmchen so harmlos klingt wie das Mädchen von nebenan, vor allem wenn sie in breitestem Ostschweizer Dialekt preisgibt, was sie umtreibt: «Das Leben besteht aus Dienen.»

Dass die drei darunter wohl nicht dasselbe verstehen, wird schnell offenbar. Als Geissmann Sprüngli einen schriftlichen Rapport vorlegt, in dem er unter anderem bei Finanzchef Hans Gsell oder auch bei Deutschland-Chef Eckhard Muhsal ungenügende fachliche Qualifikation feststellt und auf andere Lösungen drängt, bekommt er von ganz oben die Anweisung, dass diese Personen nicht angetastet werden dürfen. Damit ist es mit der Eintracht der Dienenden vorbei, der Konfliktstoff zwischen dem Verwaltungsratspräsidenten und dem Delegierten liegt offen da. Ulrich Geissmann weigert sich denn auch, weiterhin an den periodischen Dreier-Treffs im «Haus zur Quelle» teilzunehmen.

Für die Meldung des Tages fischt der «Blick» am 10. März 1992 die ganz grossen Buchstaben aus dem Setzkasten. In vier Zentimeter hohen Lettern titelt das Boulevardblatt auf der Frontseite: «Schoggi-König Sprüngli: Scheidung!» Nach 45 Jahren fällt auch die private Verbindung zwischen Elisabeth Halter und dem Patriarchen Alexandra Gantenbein zum Opfer. Als die Scheidung vollzogen wird, atomisiert sich die Familie Sprüngli. Die Kinder, die Zaun an Zaun zum Elternhaus Wohnungen besitzen, ziehen aus Kilchberg weg, der Vater mietet sich in eine Suite im Hotel «Dolder» ein. Zurück bleibt nur Frau Elisabeth.

Nun überstürzen sich die Ereignisse. An der Generalversammlung vom 23. April sichert Rudolph Sprüngli seine Macht gegen die Ex-Frau, aber auch gegen die Hausbank ab. Dank einer geschickten Statutenrevision gelingt es dem Patron, mit den rund 3500 Namenaktien aus dem «Fonds für Pensionskassenergänzungen» sowie dem eigenen Besitz von etwas mehr als 10 Prozent aller 28 000 Titel, eine Sperrminorität in die Hand zu bekommen, mit der er jede entscheidende Einflussnahme durch Dritte verhindern kann. Auch eine Kündigung des Aktionärsbindungsvertrages mit Elisabeth Halter, die rund 5000 Aktien besitzt, kann nun die Stellung des Patrons nicht mehr erschüttern. Der Weg zur Vermählung mit Alexandra Gantenbein ist frei. Nachdem das Aufgebot bestellt, die kirchliche Trauung in der protestantischen Kirche in Hemberg organisiert ist, wähnt sich Rudolph Sprüngli in Sicherheit und fliegt mit seiner Braut für einige Tage in die Vereinigten Staaten.

Für einmal hat Taktiker Sprüngli eine undichte Stelle übersehen. Und die wird ihm prompt zum Verhängnis. In Zürich kursieren die Heiratsanzeigen der bevorstehenden Trauung. Etliche landen auch in Zeitungsredaktionen. Nie um eine flinke Schlagzeile verlegen, titelt das Zürcher Wirtschaftsblatt «Cash» am 15. Mai: «Lindt & Sprüngli in der Hand einer Sekte?» und löst damit ein beispielloses publizistisches Kesseltreiben gegen Alexandra Gantenbein aus. In der Ringier-Presse finden Worte den Weg in die Zeitungsspalten wie «Erbschleicherin» («Cash»), «Heisse Bett-Karriere» («Sonntagsblick»), «Klauen der Sektenpredigerin» («Blick»).

Als Sprüngli und seine Braut am 20. Mai mit der Swissair-Mittagsmaschine von London kommend in Kloten landen, befindet sich Rudolph Sprüngli unter publizistischem Dauerbeschuss. Kein Verwaltungsrat ist zur Stelle, um den bedrängten Mann in Empfang zu nehmen. Kurt Widmer nicht, der so gern und bedeutungsschwanger von den Unternehmensinteressen spricht; Martin Hürlimann nicht, der dem Patron zahlreiche unternehmerische Ratschläge verdankt; Martin Fehle nicht, der Sprüngli jahrelang durch dick und dünn gefolgt ist; und auch nicht der Delegierte Ulrich Geissmann; niemand von der Familie. Nur ein einsamer Mann steht am Rollfeld: Sprünglis privater PR-Berater Walter Senn.

Unter einem Vorwand trennt Senn die beiden Ankömmlinge und lotst Sprüngli in einen VIP-Raum. Dort muss es zu dramatischen Szenen gekommen sein. Senn eröffnet dem Patron, was die Presse über Alexandras Vorleben zu Papier gebracht hat. Rudolph Sprüngli muss schlagartig klar geworden sein, dass Alexandra eine wohlbekannte Person ist in Zürich und dass er sich zum Gespött einer ganzen Stadt machen könnte, würde er die Trauung vollziehen. Handschriftlich notiert Sprüngli auf ein Blatt Papier, dass die Hochzeit abgesagt ist. Per Fax wird die dreizeilige Mitteilung in das «Haus zur Quelle» übermittelt.

Am nächsten Morgen führt der Patriarch mehrere Telefonate. Jedesmal meldet er sich mit fester Stimme: «Doktor Sprüngli». Er spricht der Reihe nach mit seinen Kindern, mit Geissmann, mit allen seinen Verwaltungsräten, dem Pfarrer und dem Zivilstandsbeamten. Am Nachmittag weist er den Chauffeur seines Mercedes SE 500 an, ihn an die Seestrasse 204 nach Kilchberg zu bringen. Der Patron will sich um das Geschäft kümmern.

Am 27. Mai tritt der Verwaltungsrat der Lindt & Sprüngli AG zu einer Krisensitzung zusammen. Zum Aufstand kommt es jedoch nicht. Die bewährten Seilschaften spielen auch diesmal. Selbst Geissmann ist zum Bleiben bereit, allerdings nur unter der Bedingung, dass künftig er allein die Personalpolitik im Unternehmen bestimmt. Dies lässt er schriftlich zu Protokoll geben. Sprüngli muss seinen Verwaltungsräten ein einziges Zugeständnis einräumen. Eine neutrale Stelle soll die Anstellungspolitik des Unternehmens unter die Lupe nehmen. Der Auftrag, der der Zürcher Wirtschaftsberatungsgesellschaft KPMG Fides übergeben wird, ist jedoch derart eng gefasst, dass die sofort anlaufende Untersuchung Sprüngli kaum schlaflose Nächte bereitet haben wird: Die Rechercheure sollen herausfinden, ob eine systematische Unterwanderung der Firma durch I AM-Mitglieder stattgefunden habe. Nicht im Auftragskatalog steht dagegen die Frage, welchen Einfluss Alexandra Gantenbein konkret bei der Anstellung neuer Kadermitarbeiter gehabt haben könnte.

Damit zielt die Untersuchung haarscharf am Kern des Problems vorbei. Denn Alexandra hat sich von der I AM Organisation längst abgenabelt und ist gegen Entgelt Predigerin in eigener Sache geworden. Ihre Fangemeinde umfasst, wie sie einmal schriftlich festhält, rund 7000 Personen, aber nur vielleicht zweihundert davon sind durch sie auch zu I AM gekommen. In ihren Vorträgen benutzt sie zwar I AM-Gedankengut, vermeidet es jedoch peinlichst, die religiöse Vereinigung beim Namen zu nennen. Der Grund: Es ist oberstes Gebot, dass mit I AM kein Profit gemacht werden darf. Der Schweizer I AM-Niederlassung ist die Umtriebigkeit von Alexandra bereits mehr als einmal sauer aufgestossen und öfter schon hat sie sich vor versammelten Schweizer I AM-Oberen für ihr Tun rechtfertigen müssen.

Und im Herbst 1992 verfasst Alexandra ein achtseitiges Rechtfertigungsschreiben, das sie mit «Verehrte, liebe Verantwortliche für die I AM Aktivität» überschreibt. Darin heisst es in mitunter verworrenem Deutsch: «Ich verstehe, dass es für die I AM Aktivität höchst unangenehm war, dass sie in allen Zeitungen herumgeschmiert wurden. Dass jetzt durch diese Verleumdungskampagne meine Person in Verbindung gebracht wurde mit der Aktivität, ist nur, weil ich beobachtet wurde und bis in meine häusliche Intimsphäre bespitzelt wurde. Das Telefon wird schon lange abgehört und Konferenzen wurden belauscht mit Richtmikrophonen.» Und dann schreibt Alexandra doch noch den Satz, der für die Adressaten fast erlösend wirken muss: «Ausserdem haben meine Kurse mit I AM nichts zu tun.»

Hätten die Wirtschaftsberater der KPMG Fides dieses Monate später verfertigte Schreiben von Alexandra zu Gesicht bekommen können, wäre ihnen wohl bewusst geworden, dass sie an einem Nebenschauplatz recherchieren. So aber studieren sie sechs Wochen lang Personalakten, führen zahlreiche Interviews und formulieren schliesslich einen mehrseitigen Bericht, dessen Inhalt kaum jemanden überrascht hat: «Wir haben das Anstellungsverfahren der Firma Lindt & Sprüngli AG überprüft und können bestätigen, dass es dem in grossen Unternehmen üblichen Ablauf entspricht und dass bei der Besetzung aller Positionen die festgelegte Kompetenzordnung eingehalten wurde. Aufgrund unserer Erhebungen, die sich über die letzten drei Jahre erstreckten, ergeben sich keine Hinweise auf eine personelle Unterwanderung und eine damit verbundene Beeinflussung der Lindt & Sprüngli AG durch Mitglieder der I AM-Bewegung.»

Den Fides-Leuten muss bewusst geworden sein, dass sie während ihren Recherchen wohl in die falsche Richtung gelaufen waren. Sie formulieren in ihrem Bericht an den Verwaltungsrat eine Aufforderung zum Handeln, die an Deutlichkeit nichts zu wünschen übrig lässt: «Hingegen kam Frau A. Gantenbein (...), als Beraterin in personellen Fragen, Gewicht und Einfluss bei der Entscheidungsfindung für die Besetzung von Kaderpositionen zu.»

Als das Aufsichtsgremium am 29. Juli den Fides-Bericht behandelt, wird dieser Satz nicht näher erörtert. Lediglich der für das operative Geschäft zuständige Ulrich Geissmann verlangt von Rudolph Sprüngli eine mündliche Erklärung, dass Alexandra Gantenbein in Zukunft in personellen Fragen nichts mehr zu sagen habe. Nur dann sei er bereit, der vorbereiteten Pressemitteilung zuzustimmen. Sprüngli gibt den gewünschten Satz von sich und PR-Mann Emil E. Jaeggi verlässt eiligen Schrittes die Sitzung, um den Pressetext unverzüglich den Agenturen zu übermitteln. Und während die Verwaltungsräte belegte Brötchen verspeisen, kündigt Rudolph Sprüngli zu später Stunde noch einen Gast an, der bereits vor dem Verwaltungszimmer wartet: Alexandra Gantenbein. Den nicht zum ersten Mal verdutzten Aufsichtsräten erklärt der Patron, dass diese Frau, nachdem ihr soviel Unrecht widerfahren sei, nun ein Recht habe, sich zu erklären.

Zwischen Alexandra Gantenbein und Ulrich Geissmann entwickelt sich ein lautstarkes Rededuell.

Und während sich Alexandra und Geissmann noch mit Worten bekriegen, hat die Presseerklärung ihren Weg in die Redaktionen von Fernsehen, Funk und Presse bereits gefunden. Am 30. Juli steht in etlichen Zeitungen Schwarz auf Weiss: «Die Verdächtigung einer Unterwanderung der Firma Lindt & Sprüngli AG ist angesichts des Untersuchungsberichts unhaltbar und zu Unrecht erhoben worden.»

Zwei Tage später sind Rudolph Sprüngli und Alexandra Gantenbein Mann und Frau, getraut auf dem Standesamt in Forch/ZH. Am 4. August stehen die Chocoladefabriken Lindt & Sprüngli AG wieder einmal ohne operativen Chef da. Ulrich Geissmann hatte vor Alexandra kapituliert und gekündigt.

Nach der Sommerpause startet der frischvermählte Sprüngli eine publizistische Grossoffensive in Sachen eigener PR. Am 24. Oktober 15.57 Uhr rattert als Auftakt der konzertierten Aktion ein Interview der «Schweizerischen Depeschenagentur» über die Ticker; am gleichen Tag wird die «SonntagsZeitung» zum Gespräch vorgelassen und titelt anderntags: «Meine Frau und ich sind sehr glücklich – und wir halten durch.»

Den grossen Coup landet jedoch am 1. November Anton Schaller, stellvertretender Chefredaktor des Schweizer Fernsehens mit seiner Sendung «Sonntagsinterview»: Er bringt Alexandra & Ruedi frei Haus in jedes Wohnzimmer. 161 000 Zuschauer hocken am Sonntagmittag 12.30 Uhr vor der Glotze und erwarten mit Spannung die Frau, die, nach den Presseberichten zu urteilen, nur eins sein kann: Eine Femme fatale, ausgestattet mit geheimnisvollen Kräften. Was das Publikum zu Gesicht bekommt, ist eine züchtige Erscheinung, das Haar zu einem Knoten zusammengebunden, die Bluse, an der ein violettes Herzchen steckt, hochgeschlossen. Daneben Sprüngli, jovial, in dezentem Blauton gekleidet, am Revers das Rotary-Abzeichen. Was über den Äther kommt, ist ein Sammelsurium von Belanglosigkeiten. Glücklich und zufrieden ist ausser dem Ehepaar Sprüngli wohl nur einer: Anton Schaller. Stolz lächelnd lässt er sich nach der Sendung ablichten. In der Hand hält er die Videokassette mit der Aufzeichnung des Sprüngli-Interviews. Darauf prangt ein putziges I AM-Herzchen mit zwei Engelsflügelchen.

Draussen im Lande aber herrscht nicht eitel Freude. Der Grund: Während der Plauderstunde im Leutschenbach hatte Alexandra dem Fernsehpublikum mitgeteilt, dass jene leichtbekleidete Dame, die seinerzeit in einschlägigen Boulevardmedien fotografisch herumgeboten worden war, nicht sie sei. Die Volksseele ist da anderer Meinung: «Wenn dies nicht ein und dieselbe Person ist, dann mache ich einen Kopfstand auf dem Matterhorn», lässt J. M. aus Geroldswil Alexandra via

«Blick»-Leserbriefspalte wissen; S. G. aus dem aargauischen Magden meint: «Wenn Frau Sprüngli nicht diese Dame auf dem Foto ist, dann ist für mich schon jetzt der 1. April».

Ruedi Sprüngli ist das einerlei. Er hat viele Brücken hinter sich abgebrochen und eine neue Heimat gefunden. Eine, in der selbst das Bildnis seines Ururgrossvaters keinen Platz mehr hat. Im Verwaltungszimmer des Kilchberger Stammhauses, wo jahrzehntelang das Ölgemälde von Rudolf Sprüngli-Ammann gehangen hatte, prangt heute ein ganz anderes Bild. Eines, das die Künstlerin Silvia Magnin auf «Drachen» getauft und dazu geschrieben hat:

«Das Heilige, die ewige Liebe und Gnade begegnen dem Unvollkommenen. Himmel und Erde berühren sich und verschmelzen ineinander. Kraftvoll hüllt der blaue Schutz des Himmels das ganze Geschehen ein und im Gleichklang berührt die goldene Farbe – das Symbol der Weisheit Gottes – den Drachen und wird eins mit ihm.

Zwei goldene Flammen kommen von oben auf Maria und Jesus herunter. Die beiden Wissenden, die ganz von der Weisheit des Himmels gelenkt werden, hüllen den Drachen in einen blauen Schutzmantel ein. Eine violette Flamme verbindet die heilige Mutter Gottes mit Jesus, und die beiden Partner in der Gnade, die vom schützenden, kraftvollen Arm der beiden Himmelsboten ausgeht, übergreift auf den Drachen und wird in ihm wirksam.

Das Herz von Maria und Jesus strahlt mit den drei Strahlen Liebe, Weisheit und Kraft in das Herz des Drachens und wird in ihm zur freudigen Erlösung. Diese Freude geht in drei Flammen aus dem Drachen hervor und wir erkennen, dass es ein lieber Drache ist, der sich freut, Jesus und Maria auf sich zu tragen, und der mit den Augen der Liebe vorwärts blickt.»

Es könnte sein, dass die Künstlerin damit den Lindt-Drachen und die violette Flamme von I AM gemeint hat. Die Bild gewordene Verbindung von Ruedi & Alexandra.

Epilog

Perlen und viele Freier: Wohin es eine Schokoladefabrik verschlagen könnte, und wie in einer Confiserie eine Nachfolge geregelt wird

Als Rudolph Sprüngli am 30. März 1993 zur Bilanzpressekonferenz vor die Öffentlichkeit tritt, hält er sich nicht mit der Erörterung von Altlasten auf. Der Patron präsentiert «Good News»: Seinen Nachfolger Nummer fünf, den ehemaligen Johnson & Johnson-Topmanager Ernst Tanner; ausserdem als Vizedirektor seinen zweitgeborenen Sohn Luzius. Und er kann blendende Geschäftszahlen vorweisen: Weltumsatz: 1,181 Milliarden Franken (plus 8,4 Prozent); Umsatz Stammhaus: 257,7 Millionen Franken (minus 1,2 Prozent); Reingewinn Lindt & Sprüngli AG: 15,8 Millionen Franken (plus 7,1 Prozent).

Eine intakte Finanzkraft werden die Chocoladefabriken Lindt & Sprüngli AG in den nächsten Jahren bitter nötig haben. Denn auf die Firma rollt ein gewaltiger Geldbedarf zu. 1993 läuft eine Optionsanleihe über 53,2 Millionen Franken aus; im Jahr darauf eine über 89,7 Millionen und 1997 eine weitere über 40 Millionen Franken. Aller Wahrscheinlichkeit nach wird keine dieser Anleihen in Eigenkapital gewandelt, was bedeutet, dass sie zurückgezahlt werden müssen. Hinzu kommt, dass in Frankreich und den USA weitere Millioneninvestitionen anstehen und vorab im grössten Konsumgütermarkt der Welt, in den Vereinigten Staaten, die Marktdurchdringung ungenügend ist. In Amerika beträgt der Marktanteil der Lindt & Sprüngli AG im Süsswarengeschäft noch nicht einmal ein Prozent.

Verbessern liesse sich dieses magere Resultat nur mit einem Millionen-Marketing-Budget.

So dürften die Aktivposten Wertschriften und Flüssige Mittel, die sich in der Gruppen-Bilanz 1992 noch auf stolze 200 Millionen Franken belaufen, in den nächsten Jahren dahinschmelzen wie Schnee an der Sonne. Der Grund: Die auslaufenden Optionsanleihen müssen umgeschuldet werden, was mit wesentlich erhöhten Zinssätzen verbunden ist. Eine Kapitalerhöhung dürfte aufgrund der derzeitigen Börsenverfassung kaum in Betracht kommen. Es liegt durchaus im Bereich des Möglichen, dass die Chocoladefabriken Lindt & Sprüngli AG in absehbarer Zeit das Dilemma der Refinanzierung über eine wesentlich stärkere Abhängigkeit von der (Haus-) Bank wird lösen müssen. Für den Patriarchen an der Spitze könnte sich dann die Geschichte der eigenen Firma wiederholen. Wie seinerzeit bei der Gründung der Aktiengesellschaft durch seinen Urgrossvater Johann-Rudolf Sprüngli-Schifferli, der diesen Schritt mit der Beteiligung von familienfremden Personen erkaufte, müsste auch Rudolph Sprüngli seine Macht mit Dritten teilen.

Der Gang an den Kapitalmarkt verbietet sich für den Patron auch aus einem ganz anderen Grund: Jede Erhöhung des Aktienkapitals würde sein mühsam gezimmertes Konstrukt der Machtsicherung mit einem Schlag zu Fall bringen, es sei denn, er würde bei jeder Neuemission von Namen- oder Inhaberaktien proportional mitziehen.

Noch funktioniert Rudolph Sprünglis Abwehrdispositiv dank seinen an der Generalversammlung 1992 durchgeboxten Statutenänderungen. Möglicherweise aber haben seine Konkurrenten, vorab Nestlé und Philip Morris (Jacobs Suchard) und die Hausbank bereits ein Szenario für die Nach-Sprüngli-Aera entworfen.

Und sollte sich die Schweizerische Kreditanstalt in absehbarer Zeit tatsächlich bei der Lindt & Sprüngli AG finanziell derart stark engagieren, dass sich eine andere Lösung aufdrängen würde, wäre es durchaus möglich, dass drei Männer und eine Frau über die Zukunft der Schokoladefabrik entscheiden: Elisabeth Halter, die grösste Einzelaktionärin; Nestlé-Chef Helmut Maucher, VR-Vizepräsident bei CS Holding und Kreditanstalt sowie der mit beiden Personen auch privat bekannte CS-Holding und SKA-Chef Rainer E. Gut. Nestlé hat mit ihrer Marke Cailler eins bereits bewiesen: Dass unter dem weltumspannenden Dach des Multis eine Schokolademarke aus der Pionierzeit durchaus ihr unverwechselbares Profil behalten kann.

Während Rudolph Sprüngli mit seiner Fabrik einer eher ungewissen Zukunft entgegensteuert, hat sein Bruder Richard sein Haus bestellt. Als der kinderlose Confiseur seine Firma 1978 in eine Aktiengesellschaft umgewandelt hatte, nahm der vorsichtige Gewerbler eine Aktienverteilung vor, die Einfluss von Dritten ausschliesst. Von den 1000 Aktien (à 1000 Franken Nominalwert) behielt Richard Sprüngli 998 in eigenem Besitz. Eine Aktie erhielt seine aus der ehemaligen Tschechoslowakei stammende Ehefrau Katharina Sprüngli-Egem; eine weitere ein leitender Angestellter der Confiserie.

Am 14. Dezember 1992 werden im Zürcher Handelsregisteramt für die Confiserie Sprüngli AG zwei neue Prokuristen mit fremdländischem Namen eingetragen: Milan Prenosil, geboren 1962, und Tomas Prenosil, geboren 1965. Es sind Neffen von Katharina Sprüngli-Egem. In zwei Jahren, so heisst es am Paradeplatz, soll die Stabsübergabe erfolgen. Damit sich die ehrwürdige Confiserie nicht plötzlich in tschechischer Hand befindet, könnte es vorher noch zur zweiten Adoption in der Geschichte des Confiseriezweiges kommen.

Dann stünde wenigstens in einem der beiden Sprüngli-Unternehmen mit Sicherheit auch zu Beginn des nächsten Jahrtausends noch ein Vertreter dieses Namens an der Spitze.

Ein Gesicht, das entfernt an die Filmschönheit Greta Garbo erinnert. Hohe Wangenknochen, grosse mandelförmige Augen, schön geschwungene Lippen: Alexandra Gantenbein Anfang der siebziger Jahre. (1)

Das ist kein stolzes Fabrikantengesicht. Es ist das Antlitz eines Handwerkers, der ein Leben lang hat rechnen müssen. Die Enge der finanziellen und wohl auch räumlichen Verhältnisse haben dieses Gesicht geprägt: Dynastiebegründer David Sprüngli-Schwarz. (2)

Das Gruppenbild zeigt in der Mitte eine imposante Unternehmerfigur: Rudolf Sprüngli-Ammann. Rechts und links von ihm zwei schmächtige Herren, die neben dem dominanten Vater wie verklemmte Schuljungen wirken. Es sind Johann Rudolf Sprüngli-Schifferli, der erstgeborene Sohn und David Robert Sprüngli-Baud. Der Rest des Personals ist Staffage für den Photographen. Im Bildhintergrund wagt Gattin Elisabeth Sprüngli einen diskreten Blick auf die posierende Männergesellschaft. (3)

Chef - Director : Herr Rud. Sprüngli
Commercieller Director : „ A. F. Spoerri
Technischer Director : „ David Sprüngli

Zürich, 21. Juni 1898

Der Präsident. Der Protokollführer :
Rud. Sprüngli A. F. Spoerri

Für Übereinstimmung dieses Auszuges mit dem Original-Eintrag in dem nun vorgelegten Protokolle beurkundet.

*Zürich den 28. Juni 1898.
Der Notar der Stadt Zürich*

Johann Rudolf Sprüngli-Schifferli fungiert in der ersten Geschäftsleitung der Aktiengesellschaft als «Chef-Director», sein Sohn, David Rudolf Sprüngli-Haubensak, als Technischer Direktor. Lediglich der «Commercielle Director» wird mit dem Aussenstehenden Adolf Friedrich Spoerri besetzt. (4)

DIE FEINE ART, FREUDE ZU BEREITEN

Oberhalb des alten Lindt-Drachens hatte sich ein Herzchen eingeschlichen. Begründung des Patrons für diese Veränderung: Er habe die Lindt-Marke im Bauch. Vielleicht soll aber das dem I AM-Symbol zum Verwechseln ähnliche Herzchen die Lindt-Schokolade nur vor bösen Geistern schützen.

(5)

François-Louis Cailler

Daniel Peter

Philippe Suchard

Henri Nestlé

Rudolf Sprüngli-Ammann

Rodolphe Lindt

1856 wird mit dem Bau der Tiefenhofhäuser am Paradeplatz begonnen.
Auf dem Baugrund steht eine zweihundertjährige Linde. Am 25. März bricht
die dem Fortschritt im Weg stehende «Tiefenhof-Linde» unter den Schlägen des Fällkommandos zusammen. Viele Zürcher stehen dieser Tat fassungslos gegenüber. Noch bevor das Gebäude überhaupt fertiggestellt ist,
unterzeichnet Rudolf Sprüngli-Ammann einen Mietvertrag über nicht weniger als vier Stockwerke im Eckhaus schräg gegenüber des Hotels Baur. (7)

Linke Seite: Schweizer Schokoladepioniere. Cailler, erster Fabrikant überhaupt; Peter, Erfinder der Milchschokolade; Suchard, wegweisender Unternehmer; Nestlé, Erfinder der Milchkondensierung; Lindt, Erfinder der
Schmelzschokolade; Sprüngli-Ammann, steigt erst 1845 in die Branche ein.
(6)

Nächste Doppelseite: Die Confiserie am Paradeplatz um 1914: Ein Hauch
von Grossstadt. (8)

Der Confiserie-Stamm der Familie Sprüngli um 1896: Fanny, Mutter Elise, Robert, Vater David Robert, Hedwig und Hermann. (9)

Chocolat Sprüngli: Belohnung für artiges Benehmen und werbeträchtiger Schriftzug. Im Hintergrund die Fabrik in der Werdmühle und das Zürichseebecken. (10)

Seine Wurzeln findet Josef Friedrich Voltz in Kilchberg. Die Photographie zeigt ihn inmitten von Arbeitern der Fabrik, in vollendeter Haltung und gestreiftem Anzug (sitzend, zweiter von links). Rechts von dem ehemaligen Matrosen sitzt breitbeinig und raumfüllend der ehemalige Politiker Robert Stünzi und ein jüngerer Herr: David Sprüngli-Haubensak. Gebückt schon wirkt Sprüngli-Schifferli auf dem Bild (dritter von links), wie ausgelaugt vom jahrelangen Kampf um die Firma. (11)

Lindt Chocolade ja! aber bitte die echte

Rod. Lindt fils

BERN

Inseratekampagne zum Schutz der von Johann Rudolf Sprüngli-Schifferli
käuflich erworbenen Marke Lindt: Folge eines jahrzehntelangen Rechts-
streits. (12)

Als wäre in der Schokoladeindustrie plötzlich der Lack ab und sich die
früher gern gezeigten pastellfarben-euphemistischen Aquarelle der Kilchberger Produktion angesichts der tristen Gegenwart der 30er Jahre schlicht
verbieten würden, zeichnet die Branche nun ein realistischeres Bild der

eigenen Tätigkeit. Ungeschminkte Photographien zeigen düstere Produktionsräume, in denen sich ein paar wenige Arbeiter zwischen den noch recht primitiven Maschinen fast verlieren. (13)

Eine Photographie Anfang der 30er Jahre zeigt den Familienzweig Sprüngli-Baud, die Confiserielinie, als intakten Familienclan im Sonntags-Look. Die Grosseltern, betagt schon, im Bildmittelpunkt; eingeklemmt zwischen Grosspapa und Grossmama, im Seemannskleidchen der Benjamin unter den Enkeln: Rudolph, heute Fabrikchef. Dahinter im identischen Seemannskleidchen: Richard, heute Confiseriebesitzer. Drumherumdrapiert die aktive mittlere Generation: Sohn Hermann und Ehefrau Trudy, geborene Blumer, Konditoren am Paradeplatz; Lindt & Sprüngli-Verwaltungsrat Walter Grimm, verheiratet mit Tochter Hedwig, Sohn Robert mit Ehefrau Gina (stehend von links nach rechts, letztere sitzend), die Tochter Fanny sowie die Enkelinnen Hedy Grimm und Marlise Sprüngli. (14)

Die Geschäftsleitung im Jahre 1937: Im Mittelpunkt Josef Friedrich Voltz-Sprüngli, der Kopf der Firma, rechts David Rudolf Sprüngli-Haubensak, als Kenner des Lindt-Geheimnisses eine Schlüsselfigur; zur Linken Robert Sprüngli-Baldassarri, Vizedirektor. Die anderen zwei Herren sitzen aufgrund besonderer Umstände in der Direktion: Arthur Weber, Verkaufschef Schweiz (links aussen), wegen seinem Marketing-Know-how; Betriebsdirektor Alfred Lüscher ist einer jener abtrünnigen ehemaligen Lindt & Sprüngli-Angestellten gewesen, die hinter dem Rücken des vormaligen Arbeitgebers illegal Lindt-Schokolade gefertigt hatten. (15)

Werbesujet Lindt: Qualitätsschokolade aus der Schweiz. (16)

Werbesujet Sprüngli: Schokolade als Volksnahrung. (17)

Eine elegante Erscheinung, dieser Voltz, grossgewachsen, stets in Massanzüge gekleidet, hat er etwas von jener steif wirkenden, aber weltgewandten Distinguiertheit eines Commonwealth-Engländers. (18)

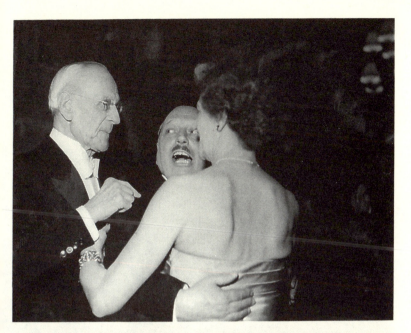

Sein Menjou-Schnäuzlein pflegt Hermann Sprüngli als wär's ein Sprüngli-Wahrzeichen. Wenn er mit Ehefrau Gertrud das Tanzbein schwingt, trägt er stets eine Fliege, die von einer Perle zusammengehalten wird. Links oben Voltz. (19)

Hermann Sprüngli ist ein rabiater Zünfter: Der Zunftmeister zur Schiff-leuten mit Bundesrat Giuseppe Motta am Sechseläuten 1938. (20)

Rudolph Sprünglis Ehefrau Elisabeth tritt nach aussen höchstens in Erscheinung, wenn es beispielsweise bei der Eröffnung der Zweigniederlassung Altendorf eine Bronzetafel zu enthüllen gilt. (21)

Schwierige Vater/Sohn-Beziehung: Rudolf Konrad und Rudolph Sprüngli im Verwaltungszimmer der Lindt & Sprüngli AG. (22)

Managerkarussell bei Lindt & Sprüngli: Die Geschäftsleitung im Frühjahr 1986, angekreuzt jene Führungskräfte, die das Unternehmen inzwischen und oftmals unfreiwillig verlassen haben.

Von rechts nach links in der vorderen Reihe: Rudolph Sprüngli, Hans-Jörg Meier, Theo Bossart, Rudolf Müller, Antonio Bulgheroni, Frédéric W. Zimmer.
Die drei Herren in der mittleren Reihe: Hans Borner, Hans-Peter Meyer, Rudolf Konrad Sprüngli.
In der hinteren Reihe von unten nach oben: David R. Rogers, Jürgen Haag, Alfred Husi, Jürg Kleinert, Oskar Regner, Franz Peter Gianella, Luciano Inaudi, Heinrich Knell, Heinrich Berchtold, Marcel Ebner.

(23)

Schokolade-Dynastie

Sechs Generationen Sprüngli fertigen Schokolade

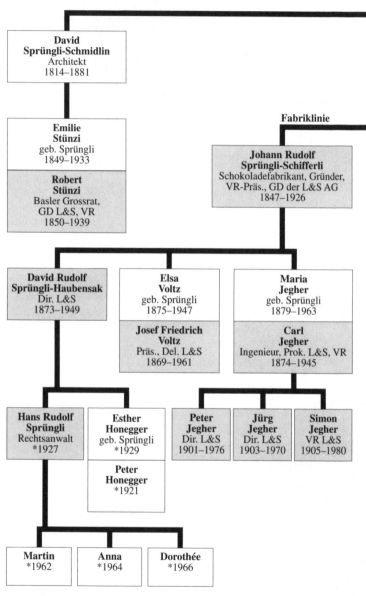

David
Sprüngli-Schmidlin
Architekt
1814–1881

Fabriklinie

Emilie
Stünzi
geb. Sprüngli
1849–1933

Robert
Stünzi
Basler Grossrat,
GD L&S, VR
1850–1939

Johann Rudolf
Sprüngli-Schifferli
Schokoladefabrikant, Gründer,
VR-Präs., GD der L&S AG
1847–1926

David Rudolf
Sprüngli-Haubensak
Dir. L&S
1873–1949

Elsa
Voltz
geb. Sprüngli
1875–1947

Josef Friedrich
Voltz
Präs., Del. L&S
1869–1961

Maria
Jegher
geb. Sprüngli
1879–1963

Carl
Jegher
Ingenieur, Prok. L&S, VR
1874–1945

Hans Rudolf
Sprüngli
Rechtsanwalt
*1927

Esther
Honegger
geb. Sprüngli
*1929

Peter
Honegger
*1921

Peter
Jegher
Dir. L&S
1901–1976

Jürg
Jegher
Dir. L&S
1903–1970

Simon
Jegher
VR L&S
1905–1980

Martin
*1962

Anna
*1964

Dorothée
*1966

Stammbaum (24)

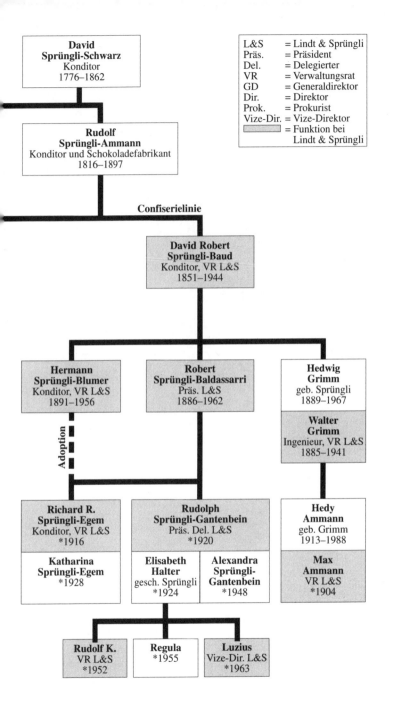

David Sprüngli-Schwarz
Konditor
1776–1862

Rudolf Sprüngli-Ammann
Konditor und Schokoladefabrikant
1816–1897

L&S = Lindt & Sprüngli
Präs. = Präsident
Del. = Delegierter
VR = Verwaltungsrat
GD = Generaldirektor
Dir. = Direktor
Prok. = Prokurist
Vize-Dir. = Vize-Direktor
▨ = Funktion bei Lindt & Sprüngli

Confiserielinie

David Robert Sprüngli-Baud
Konditor, VR L&S
1851–1944

Hermann Sprüngli-Blumer
Konditor, VR L&S
1891–1956

Robert Sprüngli-Baldassarri
Präs. L&S
1886–1962

Hedwig Grimm
geb. Sprüngli
1889–1967

Walter Grimm
Ingenieur, VR L&S
1885–1941

Adoption

Richard R. Sprüngli-Egem
Konditor, VR L&S
*1916

Katharina Sprüngli-Egem
*1928

Rudolph Sprüngli-Gantenbein
Präs. Del. L&S
*1920

Elisabeth Halter
gesch. Sprüngli
*1924

Alexandra Sprüngli-Gantenbein
*1948

Hedy Ammann
geb. Grimm
1913–1988

Max Ammann
VR L&S
*1904

Rudolf K.
VR L&S
*1952

Regula
*1955

Luzius
Vize-Dir. L&S
*1963

Für die Meldung des Tages fischt der «Blick» am 10. März 1992 die ganz grossen Buchstaben aus dem Setzkasten. In hohen Lettern titelt das Boulevardblatt: «Schoggi-König Sprüngli: Scheidung!» Nach 45 Jahren fällt auch die private Verbindung zwischen Elisabeth Halter (links, nach der Scheidung) und dem Patriarchen der neuen Frau zum Opfer. (25)

Wir freuen uns, Ihnen unsere Vermählung mitzuteilen

Alexandra Gantenbein
Rudolph Robert Sprüngli

Unsere Adresse ist

Dr. Rudolph Robert und Alexandra Srüngli-Gantenbein
Haus zur Quelle
Guldenenstrasse 1
8127 Forch

im Mai 1992

Ende Juli 1992 heiraten Alexandra Gantenbein und Rudolph Sprüngli: In der Hitze des Gefechts wird aus der frischvermählten Alexandra eine Frau «Srüngli»-Gantenbein. (26)

Die Verwandlungsfähigkeit der Alexandra Gantenbein: Eine unscheinbar-sympathische junge Frau findet das Entrée in eine Gesellschaft, die sich die «bessere» nennt und verströmt jene leicht unterkühlte Aura, die auf Männer wirkt. (27)

Bildnachweis:

Titelbild: SF DRS, O. Alessio
aus «Die Geschichte der Zunft zur Schiffleuten» 1336–1986,
von Sigmund Widmer, Stäfa 1987, (20)
Irène Monti, (22)
RDZ/Friedli, (25)
Grafik von Torsten Steinbach, (24)